지혜를 키우는 이야기 고사성어

최 웅

북스힐

일러두기

이 책은 휴대하기 쉽게 A5판으로 만든 관계로, 본문이 길어 부득이 다음 쪽으로 넘어갈 경우 "☞ ○○쪽에 계속, ☜ ○○쪽에서 계속"으로 표시하였습니다.

머리말

디지털이 지배하는 21세기에 왜 고사 성어를 알아야 하는가? 이 책은 이러한 질문에 대한 해답을 스스로 찾아가도록 마련되었다. 일찍이 파스칼(1623 ~ 1662)은 자신의 저서 《팡세》를 통해 '인간은 생각하는 갈대'라는 말을 한 바 있다. 작은 바람에도 움직이는 갈대처럼 미약한 존재가 인간이지만 생각할 줄 알기 때문에 우주를 움직이는 위대한 존재라는 의미이다.

그런데 디지털을 통한 소통이 일상화된 현대에 와서 인간은 많은 정보를 빠르게 주고받기는 하되 생각할 줄 아는 힘을 잃어가고 있다. 인간이 생각하는 주체로서 존재 의미를 잃어간다면 작은 바람에도 요동치는 갈대보다 나을 것이 없다.

이 책은 이런 우려에서 출발하여 우리가 잃어가는 것들을 채워주는 지혜의 창고 구실을 하도록 시도하였다. 어찌 보면 고사 성어는 디지털 사회에서 제값을 잃은 골동품처럼 생각되기 쉽지만, 역설적으로 고사 성어는 이 시대에 가장 결핍되기 쉬운 것들을 채워주는 토양이라고 할 수 있다. 고사 성어에는 무수한 역사적 경험과 혜안이 축적되어 있기 때문에, 이 고사 성어에 담긴 뜻을 깊게 생각하고 지혜롭게 통찰한다면 디지털 문명으로 인해 겪게 되는 문화적 지체 현상을 극복하게 될 것이다. 예를 들어 고사 성어에는 지혜로웠기에 위기를 극복하고 천하를 얻거나, 그러지 못했기에 운명에 굴복하고 천하를 잃는 이야기들이 있다. 이러한 이야기들을 통해 우리는 당시의 정치, 역사, 사회를 배우기도 하고 살아가는 데 필요한 지혜와 전략을 배우기도 한다. 선인들의 삶의 방식과 철학이 녹아있는 고사 성어를 익힘으로써 우리의 삶은 한층 풍요롭고 지혜로워질 수 있는 것이다.

고사 성어란 전승되고 있는 옛이야기, 즉 담론이 얽혀져 있는 어휘를 말한다. 고사 성어는 대체로 2～4자로 된 관용적인 어휘로 한문으로 된 담론을 수반하고 있는 경우가 많은데, 한자만의 뜻풀이인 겉뜻과 담론의 배경이나 쓰임에서 의도했던 속뜻을 함께 지니고 있다. 따라서 고사 성어에 관련된 담론을 깊이 있게 읽어냄으로써 고사 성어 자체에 대한 이해는 물론이고 한자 및 한문에 대한 능력을 동시에 기를 수 있는 효과도 얻을 수 있다.

이 책은 이야기 중심의 고사 성어를 정리하고 해독함으로써 생활의 지혜를 닦아나감은 물론 한자를 습득하고 한문 독해능력을 증진시킬 수 있도록 구성하였다. 이 두 가지 목표에 흥미를 가지고 스스로 다다를 수 있도록 하는 데에 역점을 두었기 때문에, 고사 성어를 낳았거나 고사 성어에 관련된 200여 항목을 마련하여 다양한 이야기의 한문 원문을 싣고, 한글세대를 위해 우리말로 번역하였다. 그리고 한자 및 한문 공부를 할 수 있도록 한문 원문에는 주석란을 두었고 우리말 번역도 직역 중심으로 하였다. 한자 한문에 대한 능력보다는 생활의 지혜에 오로지 관심이 있는 이들은 우리말 번역문만 읽어도 무방하다. 사족 같지만 일상생활에서 흔히 사용되고 있기에 꼭 알아두어야 할 고사 성어도 부록에서 정리해 놓았다.

컴퓨터 작업을 도맡아 원고를 체계 있게 구성하고 정리해 준 제자 정연진 대학원생에게 고마움을 표하며, 책의 모양을 잡아주고 아름답게 만들어준 북스힐 출판사 편집부와 어려운 경기에도 불구하고 출판사 경영에 도움이 되지 않을 책을 매번 기꺼이 출판해 주시는 조승식 사장님께 지면을 빌어 특별히 감사의 말씀을 전한다.

2010년 4월

백령서실에서　최 웅

차례

제1편 한국의 고사 성어

제2편 중국의 고사 성어

제 1 편

한국의 고사 성어

1. 自鳴鼓角(자명고각)

王子好童 遊於沃沮 樂浪王崔理出行 因見之 問曰 觀君顔色 非常人 豈非北國神王之子乎 遂同歸 以女妻之 後 好童還國 潛遣人 告崔氏女曰 若能入而國武庫 割破鼓角 則我以禮迎 不然則否 先是 樂浪有鼓角 若有敵兵 則自鳴 故令破之 於是 崔女將利刀 潛入庫中 割鼓面角口以報好童 好童勸王襲樂浪 崔理以鼓角不鳴不備 我兵掩至城下 然後知鼓角皆破 遂殺女子出降.

三國史記

■ ■ ■

- 神王 (신왕) : 고구려 제 3대 임금인 대무신왕(大武神王).
- 好童 (호동) : 대무신왕(大武神王)의 아들.
- 女 : 딸(녀).
- 將 : 가질(장), 동반할(장).
- 利 : 날카로울(리), 예리할(리).
- 掩 : 엄습할(엄), 숨길 · 가릴(엄).
- 三國史記 (삼국사기) : 고려조 인종(仁宗)의 명을 받아 김부식(金富軾) 등이 편찬한 역사서(歷史書). 고구려, 백제, 신라 세 나라의 역사를 기전체(紀傳體)로 기술함.

1. 저절로 우는 북과 뿔피리

왕자 호동이 옥저에서 노닐 때, 낙랑왕 최리가 나와 다니다가 그를 보고서는 물었다. "자네의 얼굴빛을 보니, 보통사람이 아니다. 어찌 북국 신왕의 아들이 아니겠는가?" 드디어 데리고 돌아와서는 딸을 그의 아내가 되게 하였다. 뒤에 호동이 본국으로 돌아와서는 몰래 사람을 보내어 최리의 딸에게 말하도록 하였다. "만약 나라의 무기창고에 들어가서 북과 뿔피리를 찢고 부술 수 있다면 곧 내가 예로써 맞이할 것이고, 그렇게 하지 않으면 맞아들이지 않겠다." 이에 앞서서 낙랑에는 북과 나팔이 있는데, 만약 적병이 있으면 곧 저절로 울리기 때문에 그것을 부수게 하였던 것이다. 이때에 최리의 딸이 날카로운 칼을 지니고 몰래 창고 안으로 들어가 북의 가죽과 뿔피리의 입구를 찢고서 호동에게 알렸다 호동이 왕에게 권하여 낙랑을 습격하였다. 최리가 북과 나팔이 울지 않아 방비하지 않았다가, 우리 군대가 성 아래까지 엄습하여 이르니, 그리한 후에아 북과 나팔이 모두 부서진 것을 알고서 드디어 딸을 죽이고 나와서 항복하였다.

2. 鷄林之臣(계림지신)

朴堤上入倭國 竊遣王弟未斯欣還國 倭主大怒欲降之 堤上曰 寧爲鷄林之犬豚 不爲倭國之臣 寧受鷄林之箠楚 不受倭國之爵祿 倭主愈怒 剝堤上脚 刈蒹葭 使趨其上 問曰 汝何國臣 曰 鷄林之臣 又使立於熱鐵 問 何國臣 曰 鷄林之臣 倭主乃燒殺之.

增補文獻備考

■ ■ ■

- 朴堤上 (**박제상**) : 신라의 충신. 고구려와 왜국에 볼모로 가 있던 왕자들을 귀국시키고 자신은 왜국에서 죽임을 당함. '삼국유사(三國遺事)'에는 김제상으로 되어 있음.
- 未斯欣 (**미사흔**) : 신라 제 17대 임금인 내물왕의 아들로 왜국에 볼모로 갔다가 박제상에 의해 구출됨.
- 箠 : 채찍(추), 채찍질할(추).
- 箠楚 (**추초**) : 볼기를 치는 형벌.
- 剝 : 벗길(박).
- 刈 : 벨(예).
- 蒹 : 물억새(겸).
- 葭 : 갈대(가).
- 增補文獻備考 (**증보문헌비고**) : 조선조 고종(高宗) 때 '동국문헌비고(東國文獻備考)'를 수정하여 만든 책. 우리나라 고금의 문물제도전장(文物制度典章)을 분류하여 집록(集錄)함.

2. 계림의 신하

박제상이 왜국에 들어가서 몰래 왕의 동생 미사흔을 본국으로 돌아가게 하니, 왜의 임금이 크게 화가 나서 그에게 항복을 받으려 하였다. 제상이 말하였다. “차라리 계림의 개, 돼지가 될지언정 왜국의 신하가 되지는 않겠다. 차라리 계림의 형벌을 받을지언정 왜국의 벼슬이나 녹봉은 받지 않겠다.” 왜의 임금이 더욱 화가 나서, 박제상의 다리껍질을 벗기고서 억새와 갈대를 베어다가 그 위를 달리게 하고서는 물었다. “너는 어느 나라의 신하인가?” 대답하였다. “계림의 신하이다.” 또 뜨겁게 달군 철판 위에 세우고서는 물었다. “너는 어느 나라의 신하인가?” 대답하였다. “계림의 신하이다.” 이리하여 왜의 임금이 그를 불태워 죽였다.

3. 溫達顯榮(온달현영)

高句麗平原王之女幼時 好啼 王戱曰 以女將歸于愚溫達 及長 欲下嫁于上部高氏 女以不可食言 固辭 終爲溫達之妻 先時 溫達家貧 行乞養母 時人目爲愚溫達也 一日溫達自山中負楡皮而來 王女訪見曰 吾乃子之匹也 乃賣首飾而買田宅器物 頗富 多養馬以資溫達 終爲顯榮. **明心寶鑑**

■ ■ ■

- 溫達 **(온달)** : 고구려의 장군. 불우했던 시절, 바보 온달로 불렸으나 평강(平岡) 공주와 혼인. 평원왕의 사위가 되어 후주(後周)의 침입을 격퇴하는 공을 세웠음. 그 후 한강 유역을 되찾고자 한 신라와의 전투에서 전사함.
- 平原王 **(평원왕)** : 고구려 제 25대 임금. 온달의 장인.
- 歸 : 시집갈(귀).
- 食言 **(식언)** : 거짓말. 남과 약속한 것을 지키지 아니함. 한 말을 실행하지 아니함.
- 目 : 일컬을(목).
- 乃 : 아무개(내).
- 楡 : 느릅나무(유).
- 匹 : 짝(필), 배필.
- 首飾 **(수식)** : 부녀자(婦女子)의 머리에 꽂는 장식품.
- 顯榮 **(현영)** : 입신하여 번영함.
- 明心寶鑑 **(명심보감)** : 어린이들의 인격 수양을 위해 주로 중국 고전에서 보배로운 글이나 말을 가려 뽑은 교양서. 고려조 충렬왕(忠烈王) 때 추적(秋適)이 엮었다고 함.

3. 온달이 입신하여 번영함

고구려 평원왕의 딸이 어렸을 때에 울기를 좋아하니, 왕이 희롱하여 말하였다. "(이) 딸아이는 장차 바보 온달에게 시집보내겠다." 자람에 이르러 상부 고 씨에게 시집보내려고 하니, 딸이 거짓말을 할 수 없다고 하여 한사코 거절하고서 끝내 온달의 아내가 되었다. 이에 앞서 온달은 집이 가난하여 (여기저기) 다니며 구걸하여 어머니를 봉양하니 그 때의 사람들이 바보온달이라고 일컬었다. 하루는 온달이 산중으로부터 느릅나무 껍질을 짊어지고 오는데 공주가 찾아와 보고서는 말하였다. "나는 아무개로 당신의 배필입니다." 이리하여 머리 장식품을 팔아서 밭과 집과 기물을 사들이니 자못 부유하였다. 말을 많이 길러 온달을 도우니 끝내 입신하여 번영하였다.

4. 世俗五戒(세속오계)

賢士貴山者 新羅牟梁部人也 與同里箒項爲友 二人聞圓光法師入隋回 寓嘉瑟岬 詣門進告曰 俗士顓蒙 無所知識 願賜一言 以爲終身之誡 光曰 佛教有菩薩戒 其別有十 若等爲人臣子 恐不能堪 今有世俗五戒 一曰 事君以忠 二曰 事親以孝 三曰 交友有信 四曰 臨戰無退 五曰 殺生有擇 若等行之無忽 貴山等曰 自今以後 奉以周旋 不敢失墜 後二人從軍事 皆有奇功於國家.

三國遺事

■ ■ ■

- 貴山 (귀산) : 신라의 화랑 출신 무장.
- 箒 : 비(추).
- 箒項 (추항) : 신라의 화랑.
- 圓光 (원광) : 신라의 승려. 세속오계를 지어 화랑도의 이념이 되게 함.
- 牟 : 클(모), 보리(모).
- 岬 : 산허리(갑), 산사이(갑).
- 顓 : 어리석을(전), 오로지(전).
- 顓蒙 (전몽) : 몽매함, 우매함.
- 若 : 너(약).
- 若等 (약등) : 너희들.
- 誡 : 경계할(계), 경계(계).
- 周旋 (주선) : 빙빙 돈다는 뜻인데, 여기서는 실행하겠다는 뜻으로 쓰임.
- 旋 : 돌(선), 돌릴(선).
- 三國遺事 (삼국유사) : 고려조 제 25대 임금인 충렬왕 때 승려(僧侶) 일연(一然)이 엮은 야사집(野史集). 불교에 관한 기사가 많음.

4. 세속의 다섯 가지 계율

어진 선비 귀산은 신라 모량부 사람이다. 같은 마을 추항과 함께 친구가 되었다. 두 사람은 원광법사가 수나라에 들어갔다가 돌아와서 가슬갑에 거처함을 듣고, 문하에 나아가 고하여 말했다. “속세의 선비가 어리석어서 아는 것이 없으니, 바라건대 한 말씀을 내려주시면 종신토록의 계율로 삼겠습니다.” 원광이 말하였다. “불교에는 보살의 계율이 있는데 그 종류가 열 가지가 있다. 너희들은 다른 사람의 신하가 되어 있으니, 감당할 수 없을까 싶다. 지금 세속에서 지켜야 할 다섯 가지 계율이 있으니, 첫째는 임금을 충성으로 섬기고, 둘째는 부모를 효도로 섬기고, 셋째는 친구와 사귐에 믿음이 있고, 넷째는 전투에 임해서는 물러섬이 없으며, 다섯째는 살아있는 것을 죽일 때에는 가림이 있어야 한다. 너희들은 그것을 행하되 소홀히 하지 말라.” 귀산 등이 말하였다. “지금으로부터 받들어 실행하여 감히 잃어버리거나 빼뜨리지 않겠습니다.” 나중에 두 사람은 군사에 종사하여 모두 국가에 뛰어난 공로가 있었다.

5. 見危致命(견위치명)

金春秋入高句麗 過六旬未還 庾信揀得國內勇士三千人 相語曰 吾聞見危致命 臨難忘身者 烈士之志也 夫一人致死當百人 百人致死當千人 千人致死當萬人 則可以橫行天下 今國之賢相 被他國之拘執 其可畏不犯難乎 於是衆人曰 雖出萬死一生之中 敢不從將軍之令乎 遂請王以定行期 時 高句麗諜者浮屠德昌 使告於王 王前聞春秋盟辭 又聞諜者之言 不敢復留 厚禮而歸之.

三國史記

■ ■ ■

- 金春秋 (김춘추) : 신라 제 29대 임금인 태종무열왕(太宗武烈王)의 이름. 백제를 멸망시키고 삼한통일의 터전을 마련함.
- 庾信 (유신) : 김유신, 삼한통일의 주역인 신라의 명장. 태대각간(太大角干)의 지위에 오름.
- 被 : 입을(피), ~되다, ~당하다.
- 執 : 잡을(집).
- 其可畏不犯難乎 (기가외불범난호) : 두려워하여 어려움을 무릅쓰지 않을 수 있겠는가?
- 諜 : 염탐할(첩).
- 諜者 (첩자) : 간첩.
- 浮屠 (부도) : 승려. 중.

5. 위태로움을 보면 목숨을 바침

김춘추가 고구려에 들어간 지 육십 일이 지나도록 돌아오지 아니하니, 김유신이 국내의 용사 삼천 명을 가려 뽑아놓고 말하였다. "내가 듣기로는 위태로움을 보면 목숨을 바치고, 어려움에 닥쳐서는 몸을 잊는 것이 열사의 뜻이다. 무릇 한 사람이 죽기에 이르면 백 사람을 당하고 백 사람이 죽기에 이르면 천 사람을 당하고, 천 사람이 죽기에 이르면 만 사람을 당하니 곧 천하를 횡행할 수 있다. 지금 나라의 어진 재상이 타국에 구속되어 있는데, 두려워하여 어려움을 무릅쓰지 않을 수 있겠는가?" 이에 모든 사람들이 말하였다. "비록 만 명이 죽는 속에 한 사람이 살더라도 감히 장군의 명령에 따르지 않겠습니까?" 마침내 왕에게 청하여 떠날 기일을 정하니, 이때에 고구려 첩자인 승려 덕창이 (고구려)왕에게 알리도록 하였다. (고구려)왕이 이전에 춘추가 맹세하던 말을 들었고, 또 첩자의 말을 들은지라 감히 다시 머무르게 할 수 없어서 두터이 예를 갖춰 그를 돌려보냈다.

6. 階伯鏖戰(계백오전)

階伯百濟人 仕爲達率 唐高宗以蘇定方爲神丘道大總管 率師濟海 與新羅伐百濟 階伯爲將軍 簡死士五千人 拒之 曰 以一國之人 當唐羅之大兵 國之存亡 未可知也 恐吾妻孥沒爲奴婢 與其生辱 不如死快 遂盡殺之 至黃山之野 設三營 遇新羅兵 將戰 誓衆曰 昔句踐以五千人破吳七十萬衆 今日宜各奮勵決勝 以報國恩 遂鏖戰 無不一當千 羅兵乃却 如是進退至四合 力屈而死.

三國史記

■ ■ ■

- 階伯 (계백) : 백제 마지막 임금인 의자왕 때의 장군. 결사대 오천 명으로 신라의 대군을 맞아 결사 항전함.
- 蘇定方 (소정방) : 대군을 이끌고 백제와 고구려를 침공한 당나라의 장군.
- 死士 (사사) : 결사대.
- 孥 : 처자(노). 처와 자식.
- 與其 ~ 不如 (여기 ~ 불여) : ~보다 ~가 낫다.
- 句踐 (구천) : 춘추시대(春秋時代) 월(越)나라 군주로 오(吳)나라 군주 부차(夫差)와 싸워 크게 이김. 와신상담(臥薪嘗膽).
- 勵 : 힘쓸(려).
- 鏖 : 오살할(오).
- 鏖戰 (오전) : 적이든 아군이든 모조리 죽도록 싸움.

6. 계백이 죽을 때까지 싸움

계백은 백제 사람으로 벼슬이 달솔이었다. 당나라의 고종이 소정방을 신구도 대총관으로 삼아 군사를 거느리고 바다를 건너 백제를 치게 했다. 계백이 장군이 되어 결사대 오천 명을 선발하여 이를 방어하며 말하였다. "한 나라의 인력으로 당과 신라의 대군을 당하니 나라의 존망을 알 수가 없다. 나의 처자가 붙잡혀 노비가 될지도 모르니 살아서 욕되기 보다는 차라리 죽어 통쾌한 것이 낫다." 드디어 처자를 모두 죽였다. 황산벌에 이르러 세 개의 군영을 설치하고 신라의 군대를 만나 장차 싸우려 할 때 군중에 맹세하여 말하였다. "옛날 (월왕)구천은 오천 명으로 오나라의 칠십만 무리를 격파하였으니, 오늘 마땅히 각기 분발하여 싸워 결코 승리하여 나라의 은혜에 보답해야 한다." 드디어 죽도록 싸워 한 사람이 천 사람을 당하지 못함이 없으니 신라의 군대가 이에 물러났다. 이와 같이 나아가고 물러나기를 네 번 거듭하다가 힘이 다하여 전사하였다.

7. 富貴在天(부귀재천)

百結先生 不知何許人 居狼山下 家極貧 衣百結若懸鶉 時人號爲東里百結先生 嘗慕榮啓期之爲人 以琴自隨 凡喜怒悲歡不平之事 皆以琴宣之 歲將暮 隣里舂粟 其妻聞杵聲曰 人皆有粟舂之 我獨無焉 何以卒歲 先生仰天嘆曰 夫死生有命 富貴在天 其來也不可拒 其往也不可追 汝何傷乎 吾爲汝作杵聲以慰之 乃鼓琴作杵聲 世傳之 名爲碓樂.

三國史記

■ ■ ■

- 鶉 : 메추라기(순).
- 榮啓期 (영계기) : 중국 춘추시대의 은사(隱士). 남자로 태어나고, 늙도록 살고, 건강함을 세 가지 즐거움(三樂, 삼락)이라고 함.
- 隨 : 따를(수), 본뜸.
- 舂 : 찧을(용).
- 杵聲 (저성) : 방아 찧는 소리.
- 卒 : 마칠(졸).
- 碓 : 방아(대).
- 碓樂 (대악) : 방아 노래.

7. 부귀는 하늘에 달려 있음

백결 선생은 어느 곳 사람인지 알 수 없다. 낭산 아래에 살았는데 집이 몹시 가난하여 옷을 백 번 꿰맨 것이 마치 메추라기를 매달아 놓은 것 같아서 당시 사람들이 부르기를 동리의 백결 선생이라고 하였다. 일찍이 영계기의 사람됨을 사모하여 거문고를 가지고 스스로 본떠 무릇 기쁘고 성나고 슬프고 즐겁고 불평스러운 일을 모두 거문고로써 풀었다. 한 해가 장차 저물어 갈 무렵 이웃 마을에서 곡식을 찧으니 그 아내가 절구질 소리를 듣고 말하였다. "남들은 모두 곡식을 찧고 있는데, 우리만 못하고 있으니 어떻게 이 해를 마치리오." 선생이 하늘을 우러러 탄식하여 말하였다. "대저 죽고 사는 것은 정해진 운명이 있고, 부유하고 귀한 것은 하늘에 달려 있소. 그 오는 것은 거역할 수 없고, 그 가는 것은 좇을 수 없는데, 당신은 어찌하여 마음 아파하는 거요? 내가 당신을 위하여 방앗소리를 만들어 위로해 주겠소." 이에 거문고를 타서 방앗소리를 만들었다. 세상에 그것이 전하는데 이름을 대악이라고 하였다.

8. 埋兒得鐘(매아득종)

孫順者 新羅牟梁里人 父沒 與妻同傭作人家 得米穀 養老孃 順有小兒 每奪母食 順難之 謂其妻曰 兒可得 母不可再求 而奪其食 使母飢甚 且埋此兒 以圖全養 乃負兒歸醉山北郊 掘地 忽得石鍾甚奇 夫婦驚怪 乍懸林木上 試擊之 舂容可愛 妻曰 得異物 殆兒之福 不可埋也 夫亦以爲然 負兒與鍾而還 興德王聞鍾聲 使人檢之 以爲純孝所致 乃賜屋一區 歲給米五十碩.

三國遺事

■ ■ ■

- 孫順 (손순) : 경주(慶州) 손씨(孫氏)의 시조인 효자.
- 傭 : 품팔이할(용).
- 且 : 장차(차).
- 全養 (전양) : 온전히 봉양함.
- 乍 : 잠깐(사).
- 殆 : 거의(태), 아마.
- 舂容 (용용) : 의성어, '웅~'
- 興德王 (흥덕왕) : 신라 제 42대 임금.

8. 어린 아이를 묻으려다가 종을 얻음

손순은 신라 모량리 사람이다. 아버지께서 돌아가시자, 아내와 함께 다른 사람의 집에서 품팔이를 하여 쌀과 곡식을 얻어 늙은 어머니를 봉양하였다. 손순에게는 어린 자식이 있는데 매번 어머니의 음식을 빼앗아 먹었다. 손순이 그것을 난감하게 여겨 그 처에게 말하였다. "아이는 얻을 수 있으나 어머니는 다시 구할 수 없는데, 그 음식을 빼앗아 먹어 어머니로 하여금 굶주림이 심하게 하니 장차 이 아이를 파묻어서 온전한 봉양을 이루자." 이에 어린 아이를 업고 취산 북쪽 부근으로 가서는 땅을 파다가 갑자기 돌로 된 종을 얻었는데 매우 기이하였다. 부부가 놀라고 이상히 여겨 잠깐 재목 위에 걸어놓고서 시험삼아 그것을 두들기니 '웅웅'하는 소리가 듣기에 좋았다. 아내가 말하였다. "이상스런 물건을 얻은 것은 아마 아이의 복인 것 같으니 (아이를) 파묻을 수 없습니다." 남편 또한 그렇게 생각하여 어린 아이와 종을 짊어지고 돌아왔다. 홍덕왕이 종소리를 듣고서는 사람을 시켜서 그것을 검사하게 하고, 지극한 효성이 이른 바라고 여기어 이에 집 한 채를 내려주고 해마다 쌀 오십 석을 보내주었다.

9. 麻衣太子(마의태자)

新羅敬順王 以四方土地盡爲他有 國弱勢孤 不能自安 乃與羣下謀擧土降高麗 羣臣可否 紛然不已 王太子曰 國之存亡必有天命 當與忠臣義士收合民心 力盡而後已 豈可以一千年社稷輕以與人乎 王曰 孤危若此 勢不能全 旣不能强 又不能弱 至使無辜之民肝腦塗地 吾所不忍也 乃請降於高麗太祖太子哭泣辭王 往皆骨山 倚巖爲屋 麻衣草食 以終其身.

三國遺事

■ ■ ■

- 麻衣太子 **(마의태자)** : 신라 경순왕의 태자. 신라가 고려에 항복하자 금강산에 들어가 살았음.
- 敬順王 **(경순왕)** : 신라 제 54대 마지막 임금.
- 擧 : 모두(거).
- 擧土 **(거토)** : 온 국토.
- 可否 **(가부)** : 옳다거니 그르다거니 함. 동사로 쓰였음.
- 紛然 **(분연)** : 시끄러운, 복잡한.
- 當 : 마땅할(당), ~해야 마땅하다.
- 辜 : 허물(고).
- 無辜之民 **(무고지민)** : 죄 없는 백성.
- 肝腦塗地 **(간뇌도지)** : 간과 뇌가 땅에 흩어짐.
- 辭 : 하직할(사).
- 皆骨山 **(개골산)** : 겨울의 금강산을 말함. 봄에는 금강(金剛), 여름에는 봉래(蓬萊), 가을에는 풍악(楓嶽), 겨울에는 개골(皆骨)이라 부름.

9. 마의태자

신라 경순왕 때 사방의 토지가 모두 다른 사람의 소유가 되어 나라는 약하고 세력은 외로워 스스로 편안하게 지낼 수 없었으므로, 이에 여러 신하와 더불어 온 국토를 들어 고려에 항복하기를 꾀하였다. 여러 신하들은 옳다거니 그르다거니 하여 시끄럽게 그만두지 않았다. 왕태자가 말하였다. "나라의 존망은 천명에 달려있으니, 마땅히 충신·의사와 더불어 백성의 마음을 거두어서 힘이 다하고 나서야 그만둘 것입니다. 어찌 천 년의 사직을 가벼이 남에게 줄 수 있겠습니까?" 임금이 말하였다. "외롭고 위태함이 이와 같아서 형세가 온전할 수 없다. 이미 강할 수가 없는데 또한 약할 수도 없다면 죄 없는 백성으로 하여금 간과 뇌가 땅에 흩어지게 함을 나는 차마 못하겠다." 마침내 고려 태조에게 항복하기를 청하였다. 태자는 통곡하면서 임금께 하직하고 개골산으로 가서 바위를 의지하여 집을 짓고, 베옷과 초식으로 지내면서 일생을 바쳤다.

10. 徐熙罷契丹(서희파글안)

高麗成宗十二年 契丹來侵 徐熙爲中軍使 奉國書 如遜寧營 遜寧語熙曰 汝國興新羅地 高句麗之地 我所有也 而汝侵蝕之 又與我連壤 而越海事宋 故有今日之師 若割地以獻 而修朝聘 可無事矣 熙曰 非也 我國卽高句麗之舊也 故號高麗 都平壤 若論地界 上國之東京皆在我境 何得謂之侵蝕乎 且鴨綠江內外 亦我境內 今女眞盜據其間 頑黠變詐 道途梗澁 甚於涉海 朝聘之不通 女眞之故也 今若逐女眞 還我舊地 築城堡通道 則敢不修聘 將軍如以臣言達之 天聰豈不納 辭氣慷慨 遜寧知不可强 遂具以聞 契丹帝曰 高麗旣請和 宜罷兵 熙留契丹營七日而還.

高麗史

■ ■ ■

- 徐熙 **(서희)** : 고려 성종 때의 문신. 거란의 제 1차 침입을 뛰어난 화술로 물리침.
- 契丹 **(글안)** : 거란.
- 成宗 **(성종)** : 고려조 제 6대 임금.
- 遜寧 **(손녕)** : 소손녕(蕭遜寧). 거란의 1차 침입 때 거란군을 인솔한 장군.
- 頑 : 완고할(완).
- 黠 : 약을(할).
- 變詐**(변사)** : 거짓, 허위, 사기.
- 梗 : 막힐(경).
- 澁 : 막힐(삽).
- 高麗史 **(고려사)** : 기전체로 고려시대의 역사를 기술한 역사서. 조선조 세종(世宗) 때에 김종서(金宗瑞), 정인지(鄭麟趾) 등이 왕명을 받아 편찬함.

10. 서희가 거란을 물리침

고려 성종 12년 거란이 쳐들어왔다. 서희가 중군사가 되어 국서를 받들고 소손녕의 군영으로 갔다. 소손녕이 서희에게 말하였다. "너희 나라는 신라 땅에서 일어났고, 고구려의 땅은 우리의 소유인데도 너희가 침략하여 차지하였다. 또 우리와 영토가 인접해 있는데도 바다를 건너 송나라를 섬기고 있다. 그러므로 오늘의 군대가 있는 것이니 땅을 떼어서 바치고 조공을 한다면 무사하게 될 것이다." 서희가 말하였다. "아니다. 우리나라는 곧 고구려의 옛 땅이다. 그러므로 고려라고 부르고 평양에 도읍했다. 만약 땅의 경계를 논한다면 당신 나라의 동경은 모두 우리 경계에 있다. 어찌 침략하여 차지했다고 하는가? 또한 압록강 안과 바깥 역시 우리의 경내인데, 지금 여진이 그 사이를 도둑질하여 점거하고 있으면서 완악하고 약삭빠르게 사기치고 있어서 길이 막힘이 바다를 건너는 것보다 심하니 공물을 바치고 알현함이 통하지 못함은 여진 때문이다. 지금 만약 여진을 쫓아내고 우리의 옛 땅을 돌려주어 성곽과 보루를 쌓아 도로를 통하게 한다면 감히 조공을 하지 않겠는가? 장군이 만일 저의 말을 주달한다면 천자의 총명하심으로 어찌 받아들이지 않겠는가?" 말하는 기운이 강개하니 소손녕이 강요할 수 없음을 알고, 드디어 갖추어 보고하니 거란의 임금이 말하였다. "고려가 이미 화의를 청했으니 마땅히 군대를 거두겠다." 서희가 거란 군영에 7일을 머물고 돌아왔다.

11. 尉貂之孝(위초지효)

尉貂本契丹人 明宗朝 爲散員同正 父永成患惡疾 醫云 用子肉 可治 貂卽割股肉 雜置餛飩中 以饋之 父病稍間 王聞之 詔曰 貂之孝冠絶古今 傳云 孝者百行之源 又曰 求忠臣於孝子之門 則貂之孝在所必賞 命宰相 議加褒賞. 高麗史

■ ■ ■

- 明宗(명종) : 고려조 제 19대 임금.
- 散員同正(산원동정) : 고려시대 특별히 맡은 일이 없는 낮은 벼슬.
- 子 : 너(자), 2인칭.
- 餛 : 만두(혼). 빵(혼).
- 飩 : 만두(돈). 빵(돈).
- 饋 : 권할(궤), 식사를 권함.
- 稍間(초한) : 점점 나아짐.
- 冠絶(관절) : 가장 뛰어나 비견할 만한 것이 없음.
- 傳(전) : '효경(孝經)'을 뜻함.
- 褒 : 가릴(포), 칭찬함.

11. 위초의 지극한 효성

위초는 본래 거란 사람으로 (고려) 명종조에 산원동정이 되었다. 아버지 영성이 몹쓸 병을 앓아 근심하였는데 의원이 이르기를, "자네의 살코기를 쓰면 고칠 수 있다."고 하였다. 초가 즉시 넓적다리 살코기를 베어내어 만두 속에 섞어 넣어 그것을 드시게 하였더니 아버지의 병이 차츰차츰 나았다. 임금이 그 일을 듣고 조서를 내려 말하였다. "초의 효성은 고금에 으뜸이다. 전에 이르기를, '효라는 것은 모든 행실의 근원이다.'라고 하였고, 또 말하기를, '충신은 효자의 가문에서 구한다.'고 했으니 곧 위초의 효성은 반드시 상을 줄 만한 것이다." 재상에게 명하여 의논하여 포상하도록 하였다.

12. 玄德秀守義(현덕수수의)

玄德秀延州人 入爲都官郎中時 散員同正盧克淸 家貧 將賣家未售 因事出外 其妻受德秀白金十二斤賣之 克淸還 謂德秀曰 予初以九斤買此家 居數年 無所增飾 而得十二斤 豈可乎 請還之 德秀曰 爾能守義 而獨予未耶 遂不受 克淸曰 予平生不爲非義 豈可賤買貴賣 以黷于貨 子若不從 當悉還其直 復吾家也 德秀不得已受之 曰 予豈不逮克淸者也 遂施佛寺 聞者莫不嘆息 曰 今世得見如此人耶. 高麗史

■ ■ ■

- 玄德秀 **(현덕수)** : 고려시대 장군. 명종 때 조위총(趙位寵)의 난을 평정하는 데 공을 세움.
- 都官 **(도관)** : 고려시대 수도의 행정을 담당한 관청. 상서도관(尙書都官)의 약칭.
- 散員 **(산원)** : 실무직이 아닌 관직.
- 爾 : 너(이), 2인칭.
- 賤買貴賣 **(천매귀매)** : 싸게 사서 비싸게 팖.
- 黷 : 더러울(독). 탐욕스럽다는 뜻으로 쓰임.
- 直 : 값(치). 値(치)와 같은 뜻.
- 逮 : 미칠(체). 及(급)과 같은 뜻.
- 不得已 **(부득이)** : 어쩔 수 없이.
- 不逮 **(불체)** : 미치지 못함.

12. 현덕수의 의로움

현덕수는 연주 사람이다. 도관낭중이 되었을 때에, 산원동정 노극청이 집이 가난하여 집을 팔려고 하다가 팔지 못했다. 일이 있어서 밖에 나갔는데 그의 아내가 덕수에게 백금 열두 근을 받고 팔았다. 극청이 돌아와서 덕수에게 일러 말하였다. "내가 처음 아홉 근으로 이 집을 샀는데, 여러 해 살면서 늘리거나 꾸민 것이 없는데도 열두 근을 받았으니 어찌 옳겠는가?" 돌려주고자 청하니 덕수가 말하였다. "당신만 의로움을 지키고 나는 그렇지 못하단 말인가?" 드디어 받지 않으니, 극청이 말하였다. "나는 평생토록 의롭지 못한 일은 하지 않았다. 어찌 싸게 사서 비싸게 팔아 돈을 탐내겠는가? 당신이 만약 따르지 않으면 마땅히 그 값을 모두 돌려주고 내 집을 되돌리겠다." 덕수가 어쩔 수 없이 그것(돈)을 받고서 말하였다. "내가 어찌 극청을 미치지 못하겠는가?" 드디어 절에 시주하였다. 듣는 사람들이 탄식하지 않는 이가 없었고, 말하기를 "지금 세상에 이와 같은 사람들을 볼 수 있겠는가?" 하였다.

13. 孫忭能辨(손변능변)

孫忭初名襲卿 樹州人 高宗朝 累遷禮部侍郎 非罪流海島 尋授慶尙道按察副使 人有弟與姊相訟者 弟曰 旣爲同產 何姊獨得父母之財 弟無其分耶 姊曰 父臨絶 擧家產付我 汝所得者 緇衣一 緇冠一 繩鞋一兩 紙一卷而已 文契具存 胡可違也 訟之積年未決 忭召二人至前 問曰 若父沒時母安在 曰 先亡 曰 若等於時年各幾何 曰 姊已有家 弟方髫齔 忭因諭之曰 父母之心於子均也 豈厚於長年有家之女 而薄於無母髫齔之兒耶 顧兒之所賴者姊也 若遺財與姊等 恐其愛之或不至 養之或不專耳 兒旣長 則用此紙作狀 服緇衣冠 穿繩鞋 以告於官 將有能辨之者 其獨遺四物 意蓋如此 弟與姊聞而感悟 相對以泣 忭遂中分家產與之.

高麗史

■ ■ ■

- 高宗(고종) : 고려조 제 23대 임금. 재위 중 몽골의 침입으로 강화도로 천도하였고, 8만 대장경을 주조하였음.
- 尋 : 얼마 지나지 않을(심).
- 按察副使(안찰부사) : 안찰사는 각 도의 행정 관리들의 실적을 조사하여 고과하는 관직. 지역이 넓은 경상·전라·충청도에는 안찰사 밑에 안찰부사를 둠.
- 同產(동산) : 같은 부모에게서 태어남. 형제·자매.
- 髫 : 다박머리(초), 늘어뜨린 머리(초).
- 齔 : 이 갈(츤), 어릴·어린애(츤).
- 髫齔(초츤) : 6 ~ 7세경의 어린 아이.
- 顧(고) : '다만'의 뜻으로 쓰임.

13. 손변이 판결을 잘함

손변은 처음 이름이 습경이고, 수주 사람이다. 고종 때에 여러 번 승진하여 예부시랑이 되었다. 죄가 없는데도 해도에 귀양 갔다가 얼마 되지 않아 경상도 안찰부사가 되었는데 동생과 누이가 서로 소송하는 사건이 있었다. 동생이 말하였다. "이미 같은 남매간인데 어찌 누이만 부모님의 재산을 얻고 동생에게는 나누어주는 것이 없습니까?" 누이가 말하였다. "아버지께서 돌아가실 때 집 재산을 모두 나에게 주셨고, 네가 얻은 것은 검은 옷 한 벌, 검은 관 하나, 미투리 한 켤레, 종이 한 권 뿐이다. 문서가 갖추어져 있는데 어찌 어길 수 있겠는가?" 소송이 몇 년이 되어도 판결이 나지 않았다. 손변이 두 사람을 불러서 앞에 오게 하고 물었다. "너희들의 아버지가 죽을 때 어머니는 어디에 있었는가?" "먼저 돌아가셨습니다." "너희들은 그 때에 나이가 각각 얼마였는가?" "누이는 이미 시집갔고, 동생은 이제 어린 아이였습니다." 손변이 그래서 그들을 깨우쳐 말하였다. "부모의 마음은 자식에게 균등한 것이다. 어찌 나이가 많은 시집 간 딸에게는 후하고, 어머니 없는 어린 아이에게는 박하겠느냐? 다만 아이가 의지할 사람은 누이뿐이다. 만약 재산을 물려주기를 누이와 똑같이 한다면 그(동생)를 사랑함이 지극하지 못하고, 그를 양육함이 온전하지 못할까 염려했던 것이다. 아이가 이미 자라면 곧 이 종이를 사용하여 고소장을 작성하고, 검은 옷을 입고 검은 관을 쓰고, 미투리를 신고서 관청에 고하면 장차 분변해 줄 사람이 있을 것이어서, 오직 네 가지 물건만을 물려주신 것은 뜻이 대개 이와 같았을 것이다." 동생과 누이는 듣고서 감동하여 깨닫고 서로를 마주하여 울었다. 손변은 마침내 집 재산을 똑같이 나누어 그들에게 주었다.

14. 鐵餻(철고)

安戩竹州人 少登第 歷侍御使 累遷至左承旨 王欲以參官 授一內官 戩執不可 一日王謂戩曰 此人服勤左右 歲月已久 卿强爲予與六品職 命卽除之 戩不得已擬以郎將 旣而辭曰 臣以不才 昵侍帷幄 題品銓注 非臣所堪 乞擇賢者代之 言甚剴切 王怒起入內 戩隨之 白曰 臣罪當罷 然內豎之除 乞須後日 王已逾閫 厲聲曰 可 左右皆懼 戩退徐曰 殿下已許臣矣 遂削除目 人皆歎服 戩典銓注 每守正不阿 時稱鐵餻. 高麗史

■ ■ ■

- 鐵餻 (철고) : 무쇠찰떡.
- 餻 : 떡(고), 맛있는 떡, 찰떡. 糕(고)와 같음.
- 安戩 (안전) : 고려조 충렬왕(忠烈王) 때의 문신.
- 參官 (참관) : 육품(六品) 이상의 관직.
- 執 : 잡을(집), 고집스럽다는 뜻으로 쓰임.
- 服勤 (복근) : 성실히 근무함.
- 昵 : 친할(닐).
- 昵侍 (닐시) : 가까이 모심.
- 銓注 (전주) : 관리의 임명을 심사 결정하는 것.
- 剴 : 간절할(개).
- 內豎 (내수) : 내시.
- 逾 : 넘을(유). 지날(유)
- 閫 : 문지방(곤).
- 除目 (제목) : 제수 목록, 곧 임명 명단.

14. 무쇠찰떡

안전은 죽주 사람이다. 젊어서 과거에 급제하여 시어사를 역임하고, 여러 번 (관직을) 옮겨 좌승지에 이르렀다. 임금이 한 내시에게 참관 직을 주고자 바랐으나 안전이 옳지 않음을 고집하였다. 하루는 임금이 안전에게 말하였다. "이 사람은 좌우가 성실히 근무하였다고 하고, 세월이 이미 오래 되었으니 경은 강제로라도 나를 위하여 육품 직을 주어야 한다." 즉시 그에게 제수하라고 명하니 안전이 부득이하여 낭장을 (주려고) 헤아리고 나서, 사직하며 아뢰었다. "신은 재주 없는 사람으로 유악에서 가까이 모시면서 평가하고 심사 · 결정하는 일을 하였지만, 신이 감당할 만한 것이 아니었습니다. 바라건대 현명한 사람을 가려서 대신하게 하십시오." 말이 매우 간절하고 적절하였다. 임금이 화가 나서 일어나 안으로 들어가니, 안전이 뒤따르면서 아뢰었다. "신의 죄는 파직하여 마땅합니다. 그러나 내시를 임명하는 것은 바라건대 다른 날을 기다리십시오." 임금이 이미 문지방을 넘어가면서 큰 소리로 말하였다. "알았다!" 좌우가 모두 두려워하였다. 안전이 물러나와 천천히 말하였다. "전하께서 이미 신에게 허락하셨다." 마침내 임명 명단에서 삭제하였다. 사람들이 모두 탄복하였다. 안전이 관리의 임명을 심사 · 결정함에 언제나 바른 것을 지키고 아부하지 않았다. 그 때의 사람들이 '무쇠찰떡'이라고 일컬었다.

15. 見金如土(견금여토)

崔鐵城瑩少時 其父常戒之曰 見金如土 瑩常以四字書諸紳 終身服膺而勿失 雖兵國政 威行中外 而一毫不取於人家 纔足食而已 當時宰樞相邀迓 以棋局消日 爭設珍饌 以務豪侈 公獨邀客 過午不設饌 日暮糅黍稻炊飯 兼陳雜菜 諸客枵腸 盡啖菜飯曰 鐵城之飯甚甘也 公笑曰 此亦用兵之謀也 太祖爲侍中 嘗占聯云 三尺劒頭安社稷 一時文士皆未對 公遽曰 一條鞭末定乾坤 人皆嘆服 公每憤林廉所爲 盡誅宗族 及其臨刑之日 乃曰 平生未嘗造惡業 但誅林廉過當耳 我若有貪欲之心 則墓上生草 不然則草不生矣 墓在高陽 至今禿赭無一把茅 俗謂之紅墳也.

慵齋叢話

■ ■ ■

- 崔瑩 (최영) : 고려 말의 무장. 8도 도통사(都通師)가 되어 요동정벌을 하고자 했으나 이성계의 위화도 회군으로 실각하고 처형됨.
- 服膺 (복응) : 가슴에 간직하다.
- 糅 : 섞일(유), 잡곡밥(유).
- 枵 : 빌(효), 공허함.
- 林廉 (임염) : 임견미(林堅味)와 염흥방(廉興邦). 이인임(李仁任)과 함께 고려 말 정권을 휘두른 권신들임.
- 禿 : 민둥산(독).
- 赭 : 벌거벗을(자).
- 慵齋叢話 (용재총화) : 조선조 성종(成宗) 때의 문신 용재(慵齋) 성현(成俔)의 수필집. 문장이 아름다워 조선시대 수필 중의 우수작으로 손꼽힘.

15. 금 보기를 흙같이 함

철성의 최영이 어렸을 때 그 아버지가 항상 경계하여 말하기를, "금 보기를 흙같이 하라."고 하였는데 최영이 항상 이 네 글자를 큰 띠에 써서 죽을 때까지 가슴에 간직하고 다니면서 잊지 아니하였다. 비록 국정을 잡아 위엄을 나라 안팎으로 떨쳤으나 한 터럭이라도 남의 집에서 취하지 아니하여 겨우 먹고 살 만할 뿐이었다. 당시 대신들은 서로 맞이하여 바둑으로 날을 보내면서 다투어 성대한 음식을 차려 호사하고 사치함에 힘썼다. 공만 홀로 손님을 맞이하여 한낮이 지나도록 음식을 차려내지 않다가 날이 저물어서야 기장과 쌀을 섞어 밥을 짓고, 아울러 여러 가지 나물을 내오니 여러 손님들은 배가 고파서 나물과 밥을 다 먹고 말하기를, "철성 집의 밥이 매우 맛있다." 라고 하니 공이 웃으면서 말하기를, "이 또한 군대를 쓰는 계략이요." 라고 하였다. 태조가 시중이 되었을 때 일찍이 시 구절을 읊기를, "석자 칼머리에 사직이 편안하구나."라고 하니 당시의 문사들이 아무도 대구를 짓지 못했는데 공이 재빨리 "한 가닥 채찍 끝으로 천지를 평정한다."라고 하니 사람들이 모두 탄복하였다. 공은 매번 임(견미)와 염(홍방)의 소행을 분하게 여겨 그들의 종족을 모두 죽였는데 공이 형벌을 받는 날에 이르러 이에 말하였다. "평생 동안 일찍이 나쁜 일을 한 적이 없으나 다만 임(견미)와 염(홍방)을 죽인 일이 지나쳤을 뿐이다. 내가 만약 탐욕스런 마음이 있었다면 내 무덤 위에 풀이 날 것이요, 그렇지 않으면 풀이 나지 않을 것이다." 그의 무덤은 고양 군에 있는데 지금까지도 민둥산으로 벌거벗어 한 줌의 띠 풀조차 없으니 세상에서 이르기를 붉은 무덤이라고 한다.

16. 丹心歌(단심가)

鄭夢周字達可 號圃隱 官至門下侍中 封佐命功臣益陽君 自李成桂威化島回軍之後 夢周同陛爲相 謀與共扶社稷 及知成桂有異志 潛謀傾之 成桂子芳遠 設宴 請夢周作歌侑之 曰 如此亦如何 如彼亦如何 城隍堂後垣頽圮亦如何 吾輩若此 不死亦何如 夢周遂作歌送酒 曰 此身死了死了 一百番更死了 白骨爲塵土 魂魄有也無 向主一片丹心有改理也歟 芳遠遂議害之 後夢周問病于成桂 芳遠俟其歸 使人邀擊于善竹橋殺之.

燃藜室記述

■ ■ ■

- 鄭夢周 (정몽주) : 고려 말기의 충신. 고려를 끝까지 지키려다가 태조 이성계(李成桂)의 아들인 이방원(李芳遠)에게 선죽교에서 피살됨.
- 門下侍中 (문하시중) : 문하성(門下省)의 장관으로 고려시대 최고의 관직.
- 陛 : 층계(폐).
- 芳遠 (방원) : 이방원(李芳遠). 조선조 제3대 임금인 태종(太宗).
- 侑 : 권할(유).
- 頽 : 무너질(퇴).
- 圮 : 무너질(비).
- 燃藜室記述 (연려실기술) : 조선조 정조(正祖) 때에 실학자(實學者) 연려실(燃藜室) 이긍익(李肯翊)이 엮은 조선조 역사서. 태종(太宗) 때부터 현종(顯宗) 때까지의 역사적 사실(史實)을 기사본말체(紀事本末體)로 기술함.

16. 단심가

정몽주의 자는 달가이고 호는 포은이다. 벼슬이 문하시중에 이르고 좌명공신 익양군에 봉해졌다. 이성계가 위화도에서 회군한 뒤에 몽주도 같이 재상의 지위에 올라 함께 사직을 돕자고 꾀하였으나 성계가 다른 생각이 있는 줄을 알게 되자 은밀히 그를 제거하기를 도모하였다. 성계의 아들 방원이 술자리를 만들고 몽주를 청하여 놓고 노래를 지어 그에게 권하였다.

이런들 어떠하며 저런들 어떠하리
성황당 뒷담이 무너진들 어떠하리
우리도 이렇게 하여 죽지 않는 것이 어떠하리

몽주가 드디어 노래를 지어 술을 보내며 말하였다.

이 몸이 죽고 죽어 일백 번 고쳐 죽어
백골이 진토 되고 넋이라도 있든 없든
임 향한 일편단심이야 고칠 리가 있겠는가

방원이 마침내 그를 해칠 것을 모의하였다. 뒤에 몽주가 성계에게 문병을 갔는데 방원이 그가 돌아가는 것을 기다렸다가 사람을 시켜서 선죽교에서 요격하여 죽였다.

17. 不事二君(불사이군)

吉再字再父 號冶隱 少時與太宗同學于太學 情義甚款 高麗朝登第 仕禑王 爲門下注書 及恭讓王立 棄官歸善州 至李氏革命 太宗在潛邸 令三軍府 移牒徵之 公堅臥不起 州官督就道 公乘傳至京 太宗啓于定宗 授奉常博士 乃上書于太宗曰 再於昔日與邸下讀書泮宮 今之召臣 不忘舊也 然再於前朝登科筮仕 今者托舊徵召 再欲上謁耳 從仕則非再志也 太宗曰 子之所言 乃綱常不易之道 難以奪志 然召之者吾也 官之者上也 告辭於上可也 再乃上書于定宗 乞放歸田里 以遂不事二姓之志 定宗嘉其節義 優禮以遣 命復其家. 燃藜室記述

■ ■ ■

- 吉再 (길재) : 고려조 말기의 학자. 조선 왕조로 교체되자 고향 선산으로 돌아가 후진 양성에 힘씀.
- 再父 (재보) : 父는 본음이 '부'이나, 고유명사 곧 땅이름이나 사람의 칭호에 해당될 때에는 '보'로 읽음.
- 禑王 (우왕) : 고려조 제 32대 임금. 재위 시절 위화도 회군이 있었음.
- 恭讓王 (공양왕) : 고려조 제 34대 임금. 고려의 마지막 임금.
- 傳 (전) : 驛馬(역마).
- 泮宮 (반궁) : 태학의 별칭.
- 筮仕 (서사) : 처음 벼슬할 적에 길흉을 점쳐 태도를 결정하는 일. 처음 벼슬한다는 뜻으로 쓰임.
- 復 : 면할(복).

17. 두 임금을 섬기지 않음

길재는 자는 재보, 호는 야은이다. 젊었을 적에 태종과 함께 태학에서 공부하여 정의가 매우 진실하였다. 고려조에 과거에 올라 우왕에게 벼슬하여 문하부의 주서가 되었다가 공양왕이 왕위에 오르기에 이르러 벼슬을 버리고 선주로 돌아왔다. 이 씨가 새로운 왕조를 세우기에 이르러 태종이 아직 임금이 되기 전에 삼군부로 하여금 공문을 보내어 그를 부르도록 하였으나 공은 완강하게 누워 일어나지 않았는데, 주의 관리가 길에 나서라고 독촉하므로 역마를 타고 서울에 이르렀더니 태종이 정종에게 말씀드려 봉상박사에 제수되었다. (공은) 이에 태종에게 글을 올려 말하였다. "재가 옛날 저하와 태학에서 글을 읽었으니 오늘 저를 부른 것은 옛정을 잊지 않은 것입니다. 그러나 재는 전 왕조에서 과거에 올랐고 처음으로 벼슬하였으니, 오늘날 옛정에 의탁하여 부르셨기에 재는 올라와서 뵈옵자고 한 것뿐이요, 벼슬을 하는 것은 곧 재의 뜻이 아닙니다." 태종은 말하였다. "그대가 말하는 것은 강상의 바꿀 수 없는 원칙이고 그대의 뜻도 꺾기가 어렵다. 그러나 그대를 부른 것은 나였지만 벼슬을 시킨 것은 주상이니 주상께 사직을 고하는 것이 옳다." 길재는 마침내 임금께 글을 올리어 '시골로 놓아 보내어 두 성씨의 임금을 섬기지 않으려는 뜻을 이루게 하여 달라.'고 청하였다. 정종은 그의 절의를 가상히 여기어 후하게 예를 베풀어 보내주고 명하여 그 집에 대하여 국가에 대한 의무를 일체 면제해 주도록 하였다.

18. 兄弟投金(형제투금)

高麗恭愍王時 民有兄弟 偕行 弟得黃金二錠 以其一與兄 至孔巖津 同舟而濟 弟忽投金於水 兄怪而問之 答曰 吾平日愛兄甚篤 今而分金 忽萌忌兄之心 此乃不祥之物也 不若投諸江而忘之 兄曰 汝言誠是 亦投金於水 時同舟者 皆愚民 故無有問其姓名邑里云.

新增東國輿地勝覽

■ ■ ■

- 恭愍王 **(공민왕)** : 고려 제 31대 임금.
- 偕 : 함께(해).
- 錠 : 제기 이름(정), 제사지내는데 쓰는 그릇.
- 萌 : 싹틀(맹).
- 諸 **(저)** : 之於.
- 新增東國輿地勝覽 **(신증동국여지승람)** : 조선조 중종(中宗) 때 이행(李荇) 등이 왕명을 받들어 '동국여지승람(東國輿地勝覽)'을 증보한 지리서(地理書).

18. 형과 아우가 금을 버림

고려 공민왕 때 백성 가운데 형제가 함께 길을 가다가, 아우가 황금 제기 2개를 주워서 그 하나를 형에게 주었다. 공암진에 이르러 배를 같이 타고 건너가다 아우가 갑자기 금을 강물에 던지니 형이 괴이하게 여기고 그 까닭을 물었다. 대답하기를, “제가 평일에 형을 사랑함이 매우 돈독했는데 지금 금을 나누어 가짐에 갑자기 형을 꺼리는 마음이 싹트니 이는 바로 상서롭지 못한 물건입니다. 그것을 강물에 던져버려 잊어버리는 것만 같지 못합니다.”라고 하니 형이 말하기를, “네 말이 참으로 옳다.”하고는 또한 금을 강물에 던져 버렸다. 그 때 같이 배를 탔던 사람들이 모두 어리석은 백성이었던 까닭에 그 성명과 사는 마을을 물어보는 이가 없었다고 한다.

19. 事王事李(사왕사이)

開國後 賜宰臣宴于政府 皆前朝宰相入仕新朝者也 妓雪梅才貌過人 喜淫甚 政丞醉而戲之曰 聞汝朝食東家 暮宿西家 亦爲老夫薦枕 雪梅對曰 以東家食西家宿之賤軀 得侍事王氏事李氏之政丞 豈不宜哉耶 政丞面赤低頭 座中噓唏或墮涙者.

閑居漫錄

■ ■ ■

- 開國 (개국) : 조선왕조 창건을 뜻함.
- 事 : 섬길(사).
- 薦 : 드릴(천).
- 枕 : 베개(침).
- 薦枕 (천침) : 잠자리를 같이함.
- 賤軀 (천구) : 천한 몸.
- 噓唏 (허희) : 탄식함, 한탄함.
- 墮涙 (타루) : 천한 몸.
- 閑居漫錄 (한거만록) : 조선조 효종(孝宗) ~ 현종(顯宗) 시기의 여러 가지 사항에 관한 수필집. 숙종(肅宗) 때의 학자 정재륜(鄭載崙)이 지음.

19. 왕 씨를 섬기다가 이 씨를 섬김

나라(조선조)가 열린 후에 (임금이) 재상들에게 의정부에서 잔치를 열어 주었다. 모두 앞선 왕조(고려조)의 재상들로 새로운 조정에 들어와 벼슬하는 사람들이었다. 기생 설매는 재주와 생김새가 다른 사람들보다 뛰어나고 음란함을 좋아함이 심하였는데 정승이 술에 취하여 그를 희롱하여 말하였다. "너에 대해서 들으니, 아침은 동쪽 집에서 먹고 저녁은 서쪽 집에서 잠잔다 하니, 또한 늙은이를 위하여 잠자리를 같이 하자꾸나." 설매가 대답하여 말하였다. "동쪽 집에서 먹고 서쪽 집에서 자는 천한 몸으로서 왕 씨를 섬기다가 이 씨를 섬기는 정승을 모시는 일이 어찌 마땅하지 않겠습니까?" 정승은 얼굴이 붉어져 머리를 숙였으며 앉아있는 사람들이 탄식하고, 어떤 이는 눈물을 흘리기도 하였다.

20. 一白一黑(일백일흑)

鄭三峯道傳嘗赴早衙 穿靴一白一黑 及公坐 胥吏以告 三峯俯視一笑 竟不易 及衙罷 騎馬而行 笑謂傔從曰 爾毋怪乎吾靴之黑白也 左者見白不見黑 右者見黑不見白 亦何傷乎 其不外飾如此.

筆苑雜記

■ ■ ■

- 鄭道傳 **(정도전)** : 태조 이성계를 도와 조선왕조를 여는 데에 크게 공헌한 조선조 초기의 공신. 삼봉(三峯)은 그의 호.
- 赴 : 갈(부).
- 傔從 **(겸종)** : 하인.
- 爾 : 너(이).
- 毋 : 없을(무). 말(무), 금지의 말.
- 乎 **(호)** : ~에 대해서. 於(어).
- 筆苑雜記 **(필원잡기)** : 조선조 성종 때의 문인 학자인 서거정(徐居正)의 수필집. 고대로부터 전하는 일화(逸話) 또는 한담(閑談)을 모았음.

20. 한 짝은 희고, 한 짝은 검음

삼봉 정도전이 일찍이 관아로 들어가는데 한 짝은 희고, 한 짝은 검은 신을 신고 있었다. 공이 자리에 앉기에 이르러 서리가 알렸는데, 삼봉이 굽어보며 한 번 웃고는 끝내 바꾸어 신지 아니 하였다. 관아가 파하기에 이르러 말을 타고 가면서 하인에게 말하였다. "너는 내 신이 한 짝은 검고 한 짝은 흰 것에 대해서 괴상하게 여기지 말라. 왼쪽 사람은 흰 것만 보고 검은 것은 보지 못할 것이며, 오른쪽 사람은 검은 것만 보고 흰 것은 보지 못할 것이니 또한 무엇을 근심하겠느냐?" 그가 겉치레를 하지 않음이 이와 같았다.

21. 咸興差使(함흥차사)

太祖怒其子兄弟出 幸咸興 太宗遣問安使(差使) 太祖輒用法無得還 太宗問羣臣誰可遣 羣臣莫有應者 朴淳請行 不用使車 自持子母馬 入咸興 望見行在所 故以其子繫于樹 騎其母以進 子馬跼顧相呼 徊徨不前 旣上謁 太祖怪而問之 淳曰 妨於路繫其子 子母不忍相離 雖微物有至情也 上慽然不怡 以潛邸故人 留之不遣 一日 上與淳局戲 適有鼠抱其子 墮自屋角 至死不相捨 淳推局 伏泣開臂益切 上乃許回鑾. **大東奇聞**

■ ■ ■

- 幸 : 거둥(행).
- 朴淳 **(박순)** : 조선조 태조 ~ 태종 시기의 문신.
- 行在所 **(행재소)** : 거둥 때에 임금이 머무는 곳.
- 跼 : 구부릴(국).
- 妨 : 거리낄(방), 헤살 놓을(방).
- 慽 : 근심(척), 근심할(척).
- 慽然 **(척연)** : 근심하는 모양. 마음 상한 모양.
- 潛邸 **(잠저)** : 임금이 임금 되기 전에 거처하던 곳.
- 局戲 **(국희)** : 바둑 놀이.
- 鑾 : 방울(란), 임금의 수레를 장식하는 방울로, 임금의 수레를 뜻함.
- 大東奇聞 **(대동기문)** : 일제강점기 강효석(姜斅錫)이 1926년에 편찬한 조선시대의 일사기문집(逸事奇聞集).

21. 함흥차사

태조(이성계)가 그 아들이 형제를 내쫓은 것에 화가 나서 함흥으로 거둥하였다. 태종이 문안사(차사)를 보내면 태조가 문득 법을 적용하여(죽여서) 돌아올 수가 없었다. 태종이 여러 신하들에게 누구를 보낼 수 있는지 물었다. 여러 신하들 중에 대답하는 사람이 있지 않았는데, 박순이 가기를 청하고서는 사신이 타고 가는 수레를 사용하지 않고 스스로 새끼 달린 어미 말을 타고서 함흥으로 들어가 행재소가 보이는 곳에 일부러 그 새끼를 나무에다가 매어 놓고 그 어미 말을 타고서 나아갔다. 새끼 말과 어미 말이 몸을 구부려 돌아보며 서로를 부르고 빙빙 돌며 앞으로 나아가지 않았다. 임금을 뵙기에 이르러서 태조가 괘씸하게 여겨 물었다. 박순이 대답하였다. "길에 방해가 되어서 그 새끼를 매어 놓았는데 새끼와 어미가 차마 서로 헤어지지 못하니 비록 미물이라도 지극한 정이 있습니다. 임금이 마음이 상해서 즐거워하지 않았으나 임금이 되기 이전의 친구인 까닭에 그를 머무르게 하고 보내지 않았다. 하루는 임금이 박순과 함께 바둑놀이를 하는데 마침 쥐가 그 새끼를 안고 있다가 스스로 천정 모서리로부터 떨어졌는데, 죽기에 이르도록 서로를 놓지 않았다. 박순이 바둑판을 밀어놓고서는 엎드려 울면서 더욱 간절하게 비유하니, 임금이 이에 임금의 수레를 돌릴 것을 허락했다.

22. 朦朧宰相(몽롱재상)

黃翼成當英廟有爲之日 制禮作樂 論大事決大議 日思贊襄而其於家事之大小 皆不關念 一日家婢相鬪喧鬨 移時 一婢至公之前 叩榻而訴曰 某女人與我相抗 所犯如是極爲奸惡公曰 汝言是也 俄而一婢又來 叩榻而訴亦如之 公曰 汝言是也 公之姪某在公之傍 慍色而進曰 甚矣 叔氏之朦朧也 某也如彼而某也如此 此乃是而彼爲非也 甚矣 叔氏之朦朧也 公曰 汝之所言亦是也 讀書不輟 終無分辨歸一之語. **松窩雜說**

■ ■ ■

- 翼成 **(익성)** : 조선조 초기의 명재상인 황희(黃喜)의 시호.
- 英廟 **(영묘)** : 조선조 제 4대 임금인 세종의 묘호.
- 翼 : 도울(익).
- 贊 : 도울(찬), 기릴(찬).
- 襄 : 도울(양).
- 鬨 : 싸울(홍), 시끄러울(홍).
- 喧鬨 **(훤홍)** : 싸워서 시끄러움.
- 移時 **(이시)** : 잠시, 잠깐.
- 榻 : 걸상(탑).
- 松窩雜說 **(송와잡설)** : 조선조 제 13대 임금인 명종(明宗) 때의 문신 이기(李墍)가 저술한 일화·한담집.

22. 흐리멍덩한 재상

황 익성공이 세종이 일하는 시기를 당하여 예법을 제정하고 음악을 정리하며, 큰일을 의논하고, 큰 논의를 결단하여, 날마다 국가의 일을 돕는 것을 생각하고 그 집안일의 크고 작은 것에 대해서는 모두 관계되는 생각을 하지 않았다. 하루는 집안의 여종들이 싸워서 시끄러웠는데 잠깐 한 여종이 공의 앞에 이르러서는 걸상을 두드리면서 호소하여 말하였다. "모 여인이 나와 함께 서로 다투었는데, 범한 것이 이와 같이 간악합니다." 공이 말하였다. "네 말이 옳다." 조금 있다가 한 여종이 또 와서 걸상을 두드리면서 호소하는 것이 또한 그와 같았다. 공이 말하였다. "네 말이 옳다." 공의 조카 아무개가 공의 옆에 있다가 성난 빛을 띠고서는 나아와 말하였다. "심합니다. 삼촌의 흐리멍덩함이. 아무개는 저와 같고 아무개는 이와 같으니, 이것이 옳으면 저것은 그릅니다. 심합니다. 삼촌의 흐리멍덩함이." 공이 말하였다. "네가 말한 것이 또한 옳다." 글 읽기를 그치지 않고 끝내 분변하여 결론짓는 말이 없었다.

23. 古佛(고불)

崔政丞潤德 丁母憂 匹馬單奴下南 路由開寧 有二三守令 張幕縱飮於川上 相與言曰 彼有服衰者騎馬而去 此必近縣村民也 而敢向守令無禮至此 不可不大懲也 使人捽其奴而去 問汝主爲誰 曰 崔古佛也 其名爲誰 又曰 崔古佛也 皆怒曰 汝主犯馬 已爲有罪 汝復匿名 奴主同惡 遂毆其項 奴徐曰 崔古佛名潤德 今歸昌原田庄也 皆大驚恨 卽撤幕罷飮 相與馳謁於宿所 以謝其罪 俗謂老人古佛 子之稱父 亦然. 青坡劇談

■ ■ ■

- 崔潤德 (최윤덕) : 조선조 제 4대 세종 때의 무신(武臣). 사군(四郡)을 개척함.
- 丁 : 당할(정).
- 衰 : 상옷(최).
- 縱 : 방종할(종).
- 捽 : 잡을(졸).
- 毆 : 몰(구).
- 毆項 (구정) : 정수리를 잡아끎.
- 庄 : 전장(장).
- 青坡劇談 (청파극담) : 조선조 성종 때의 문인 청파(青坡) 이륙(李陸)의 견문집(見聞集).

23. 고 불

정승 최윤덕이 어머니상을 당해서 말 한 필, 노비 한 명과 함께 남쪽으로 내려가는데 길이 개녕을 지났다. 두 세 명의 수령이 냇가에다 천막을 치고서 술을 질탕하게 마시면서 서로 말하였다. "저기 상복을 입은 사람이 말을 타고 가는데 이것은 반드시 가까운 촌백성일 텐데 감히 수령을 향하여 예의가 없음이 이에 이르렀으니 크게 징치하지 않을 수 없다." 사람을 시켜서 그 노비를 붙잡아가서는 네 주인이 누구인가 물었다. 대답하기를 "최고불입니다." "그 이름이 누구인가?" 또 말하였다. "최고불입니다." 모두 화를 내며 말하였다. "네 주인이 말 타고 가는 죄를 범했으니 이미 죄가 있는데, 네가 다시 이름을 감추니 노비와 주인이 한가지로 나쁘다." 드디어 그 정수리를 잡아끄니 노비가 천천히 말하였다. "최고불은 이름이 윤덕입니다. 지금 창원의 전장으로 가고 계십니다." 모두 크게 놀라고 한스러워하며 천막을 거두고 술자리를 피하고는 서로 힘께 숙소에 달려가 뵙고서 사죄하였다. 민간에서 노인을 일러 '고불'이라 하고 자식이 아버지를 일컬을 때도 또한 그러하다.

24. 忍辱而待(인욕이대)

公(尹淮)少時有鄕里之行 暮投逆旅 主人不許宿 坐於庭畔 主人兒持大眞珠出來 落於庭中 旁有白鵝 卽呑之 俄而主人索珠不得 疑竊取縛之 朝將告官 公不之辨 只云 彼鵝亦繫吾傍 明朝珠從鵝後出 主人慙 謝曰 昨何不言 公曰 昨若言之 則主人必剖鵝覓珠 故忍辱而待.

海東名臣錄

■ ■ ■

- 尹淮 **(윤회)** : 조선조 제 4대 임금인 세종 때의 문신. 학자, 호(號)는 청향당(淸香堂). 팔도지리지(八道地理志)를 편찬함.
- 逆旅 **(역여)** : 여관, 객사.
- 竊 : 훔칠(절), 절(竊)의 속자(俗字).
- 覓 : 구할(멱), 찾아 얻음.
- 海東名臣錄 **(해동명신록)** : 조선조 개국 이래 명신(名臣)의 사적(史蹟)을 수록한 책. 효종 때 김육(金堉)이 편찬함. 일명 '국조명신록(國朝名臣錄)'.

24. 욕됨을 참고 기다림

공(윤회)이 젊었을 적에 고향에 가는 일이 있었다. 저녁이 되어서 여관에 투숙하려 하는데 주인이 숙박하는 것을 허락하지 않았다. 뜰가에 앉아 있는데 주인 집 아이가 큰 진주를 가지고 나와서는 뜰 가운데 떨어뜨렸는데 곁에 흰 거위가 있다가 곧 그것을 삼켜버렸다. 조금 있다가 주인이 진주를 찾았으나 찾지 못하고 훔쳐 가진 것으로 의심하고서는 그를 묶어 두고서 아침이 되면 장차 관아에 고발하려 하였다. 공이 변명을 하지 않고 단지 말하였다. "저 거위도 또한 내 곁에 묶어 두시오." 다음 날 아침에 진주가 거위의 꽁무니로부터 나왔다. 주인이 부끄러워하며 사과하여 말하였다. "어제 무엇 때문에 말하지 않았습니까?" 공이 말하였다. "어제 만약 말하였더라면 곧 주인께서 거위의 배를 가르고 진주를 찾았을 것입니다. 그러므로 욕됨을 참고 기다렸습니다."

25. 手傘庇雨(수산비우)

柳寬字敬夫 初名觀 號夏亭 世宗朝拜右議政 性公廉方正 雖位極人臣 茅屋一間 布衣芒鞋 淡如也 公退之暇 教誨不倦 摳衣者坌集 有來謁者 頷之而已 不問姓名 所居屋外無闌垣 太宗命繕工監 夜半設把子於公第 不令公知 嘗霖雨經月 屋漏如痲 公手傘庇雨 顧夫人曰 無傘之家 何以能堪 夫人曰 無傘者 亦自有備 公笑 對賓設酌 必以濁醪一瓦盆 置于階上 一老婢以沙鍾進酒 各飮數鍾而罷.

青坡劇談

■ ■ ■

- 庇 : 덮을(비), 감쌀(비), 가리다.
- 柳寬 (유관) : 조선조 세종 때의 문신. 학문이 깊고 시와 문장에 능했음.
- 茅屋 (모옥) : 초가.
- 芒鞋 (망혜) : 짚신.
- 淡 : 담박할(담), 싱거울(담).
- 摳 : 걷어잡을(구).
- 摳衣 (구의) : 높은 데 올라갈 때 옷자락이 밟히지 않게 걷어잡는 것이니, 곧 스승 앞에 조심스레 나아가는 모습을 가리킨 것.
- 坌 : 나란히(분).
- 頷 : 끄덕일(암), 턱(함).
- 闌 : 난간(란), 울타리.
- 繕工監 (선공감) : 건물 또는 시설을 보수, 수리하는 일을 관장하던 관청.
- 把子 (파자) : 나무 · 목책.
- 手 : 손수(수).
- 醪 : 막걸리(료).
- 沙鍾 (사종) : 사기 종지.

25. 손수 우산을 들고 비를 가림

유관의 자는 경부, 처음 이름은 관이고 호는 하정이다. 세종 때에 우의정에 임명되었다. 성품이 공평하고 염치 있고 곧고, 올발랐다. 비록 지위가 신하로서 극에 이르렀으나 초가집 한 칸, 삼베옷, 짚신으로 조촐하였다. 공은 퇴근한 여가에 가르치는 데에 게으르지 않아서, 배우러 오는 사람이 나란히 모여들었다. 와서 뵙는 사람이 있으면 고개를 끄덕일 뿐으로 성명을 묻지 않았다. 거처하는 집밖에 담이 없었는데 태종이 선공감에게 명하여 한밤중에 공의 집에 울타리를 설치하고서는 공이 알지 못하도록 했다. 일찍이 장마 비가 한 달을 넘겼는데, 집이 새는 것이 삼대와 같았다. 공이 손수 우산을 들고 비를 가리면서 부인을 돌아보며 말하였다. "우산이 없는 집은 어떻게 감당할 수 있을까?" 부인이 말하였다. "우산이 없는 사람은 또한 스스로 준비한 것이 있을 것입니다." 공이 웃었다. 손님을 대할 때 술자리를 마련하면 반드시 탁한 막걸리 한 동이를 뜨락 위에 놓고서는 한 늙은 여종을 시켜 사기 종지로 술을 드리게 하고서는 각기 몇 잔씩 마시고서 헤어졌다.

26. 八馬碑(팔마비)

崔碩知昇平府 以廉謙稱 府故事 邑倅替還 必贈八馬 惟所擇 碩秩滿還 邑人進馬 請擇良 碩笑曰 馬能至京足矣 何擇爲 至家歸其馬 邑人不受 碩曰 吾守汝邑 吾有牝馬生駒 今帶以來 是我之貪也 並其駒還之 自是贈馬之弊遂絶 邑人頌德入石 號八馬碑.

東國輿地勝覽

- 崔碩 **(최석)** : 고려조 충렬왕(忠烈王) 때의 문신. 고려사에 선량한 신하로 꼽힘.
- 昇平府 **(승평부)** : 지금의 전라남도 순천(順天).
- 碩 : 클(석).
- 倅 : 원님(수).
- 秩 : 벼슬(질), 차례(질).
- 秩滿 **(질만)** : 관리의 임기가 만료됨.
- 牝 : 암컷(빈).
- 駒 : 망아지(구).

26. 팔마비

최석이 승평부를 맡았을 때 염치 있고, 겸손한 것으로 알려졌다. 부에서는 예로부터 고을 원님이 교체되어 돌아갈 때는 반드시 여덟 마리의 말을 기증해서 (마음대로) 선택하게 하였다. 최석이 임기가 만료되어 돌아갈 때에 고을 사람들이 말을 드리고서는 좋은 것을 택하게 했다. 최석이 웃으면서 말하였다. "말이 서울에 갈 수만 있으면 되는 것이지 무엇을 가리겠는가?" 집에 도착해서는 그 말을 돌려보냈다. 고을 사람들이 받지 않으니 최석이 말하였다. "내가 너희 고을에 수령으로 있을 때 내가 가지고 있었던 암컷 말이 망아지를 낳았는데, 지금 데리고 왔으니 이것은 내가 욕심을 부린 것이다." 아울러서 그 망아지도 돌려보냈다. 이로부터 말을 바치던 폐단이 없어졌다. 고을 사람들이 그 덕을 기려 비석을 세우고서는 '팔마비'라고 하였다.

27. 王兄佛兄(왕형불형)

讓寧大君禔太宗長子 孝寧大君補太宗第二子也 初封讓寧爲世子 不務學業 淫於聲色 太宗乃廢之 而立第三子忠寧大君祹爲世子 是爲世宗 或云 讓寧知太宗意在世宗 卽陽狂 以讓之云 平生自奉甚厚 酒色游獵之外 一不着手 孝寧佞佛 嘗作佛事 請讓寧 讓寧率田人射士 牽黃犬 載獵具 陰使擊兎伐狐 往預佛事 俄而田人進獸 庖人進炙 御人進酒 補乃拜佛叩頭 讓寧撮炙飮酒自若 補正色曰 大兄今日姑止酒肉 讓寧笑曰 僕平生天授福甚厚 生爲王兄 死爲佛兄 不可作苦 佛指補也 士論快之.

秋江冷話

■ ■ ■

- 讓寧大君 (양녕대군) : 태종의 장남. 시와 글씨가 뛰어났음.
- 太宗 (태종) : 조선조 제 3대 임금. 태조 이성계의 다섯 째 아들로 두 차례 왕자들 간의 골육상쟁에서 승리하여 왕위에 오른 이방원(李芳遠).
- 孝寧大君 (효령대군) : 태종의 둘째 아들. 문장에 뛰어났음.
- 聲色 (성색) : 聲(성)은 음악. 色(색)은 여자를 뜻함.
- 陽 : 거짓(양), 佯(양).
- 自奉甚厚 (자봉심후) : 스스로 받들음이 매우 두터웠다.
- 佞 : 아첨할(녕), 재주 있을(녕).
- 田人 (전인) : 田(전)은 佃(전)과 같이 씀. 곧 사냥하는 사람.
- 預 : 참여할(예).
- 庖人 (포인) : 음식 만드는 사람.
- 撮 : 잡을(촬), 모을(촬).
- 秋江冷話 (추강냉화) : 생육신의 한 사람인 추강(秋江) 남효온(南孝溫)의 문집.

27. 임금님의 형이면서 부처님의 형

양녕대군 제는 태종의 맏아들이고 효녕대군 보는 태종의 둘째 아들이다. 처음에 양녕을 세자로 봉했는데, 학업에 힘쓰지 않고 음악과 여색에 빠지니 태종이 이에 그를 폐하고, 셋째 아들 충녕대군 도를 세워서 세자로 삼으니, 이 이가 세종이다. 어떤 이는 말하기를, "양녕은 태종의 뜻이 세종에게 있는 것을 알고 곧 거짓으로 미친 척함으로써 그에게 양보했다."고 한다. 평생토록 스스로 받들어 줌이 매우 두터웠고 술과 여색과 사냥 이외에는 한 가지도 손대지 아니하였다. 효녕은 불교에 탐닉하였는데 일찍이 불교행사를 열고서는 양녕을 청하였다. 양녕은 사냥꾼과 엽사를 거느리고서 누런 개를 끌고 사냥하는 도구를 싣고 와 몰래 토끼를 잡고 여우를 잡도록 시키고는 가서 불교행사에 참여하였다. 조금 있다가 사냥꾼들은 잡은 짐승을 들여오고, 음식 만드는 사람들은 구운 고기를 들여오고, 시중드는 사람들은 술을 들여왔다. 보(효녕대군)는 이에 부처님께 설하고 머리를 조아리는데 양녕은 구운 고기를 들고 술을 마시면서 태연하였다. 보가 얼굴빛을 바로하고 말하였다. "큰형께서는 오늘 잠시 술과 고기를 그만하십시오." 양녕이 웃으며 말하였다. "나는 평생토록 하늘로부터 복을 받음이 매우 두텁다. 살아서는 왕의 형이요, 죽어서는 부처님의 형이 될 터이니 고생할 수가 없다." 부처는 보를 가리킨 것이다. 선비들의 의론이 그것을 유쾌하게 여겼다.

28. 燈下不明契(등하불명계)

李文景公種善牧隱之子 權摠制踐陽村之子 文景爲摠制妹壻 摠制嘗醉語文景曰 君爲牧隱之子 而文章不足 我是陽村之兒 而文名又不及 君吾兄弟 當作燈下不明契 聞者皆笑. 筆苑雜記

■ ■ ■

- 李種善(이종선) : 고려조 말 조선 초의 문신.
- 牧隱(목은) : 고려조 말 학자 이색(李穡)의 호.
- 權踐(권천) : 고려조 말 조선조 초의 문신.
- 摠制(총제) : 고려조와 조선조 초기의 무관직, 총제사(摠制使).
- 陽村(양촌) : 조선조 초 문신 권근(權近)의 호.
- 妹壻(매서) : 매제(妹弟). 매부(妹夫).

28. 등잔 밑이 어두운 모임

문경공 이종선은 목은의 아들이고 총제 권천은 양촌의 아들이다. 문경공이 총제의 매부가 되었다. 총제가 일찍이 술에 취하여 문경공에게 말하였다. “자네는 목은의 아들인데 문장이 부족하고, 나는 양촌의 아들인데도 문명이 또한 미치지 못하는데, 자네와 내가 형제이니 마땅히 ‘등하불명계(등잔 밑이 어두운 모임)’를 만들어야 할 것이다.” 듣는 이들이 모두 웃었다.

29. 五歲神童(오세신동)

金時習江陵人 字悅卿 號梅月堂 生八月知書 三歲能綴文 五歲通庸學 號神童 集賢殿學士崔致雲 見曰奇才 乃命名時習 世宗聞之 召致承政院 命知申事朴以昌試之曰 童子之學 白鶴舞青空之末 時習對曰 聖主之德 黃龍飜碧空之中 以昌抱置膝上 屢試以詩 果捷而佳 上仍敎曰 予欲親見 恐駭俗聽 宜勗其家 韜晦敎養 待年長學業成就 將大用 卽賜帛五十匹 使自運去 時習遂綴其端 曳之而出 由是名振天下 稱以五歲神童而不名.

大東奇聞

■ ■ ■

- 金時習 **(김시습)** : 조선조 제 7대 임금인 세조 때의 문인으로 생육신(生六臣)의 한 사람.
- 綴 : 지을(철). 이을(철).
- 庸學 **(용학)** : '중용(中庸)'과 '대학(大學)'.
- 崔致雲 **(최치운)** : 조선조 제 4대 임금인 세종 때의 문신.
- 知申事 **(지신사)** : 도승지의 옛 칭호.
- 朴以昌 **(박이창)** : 조선조 세종 때의 문신. 명나라에 사신으로 갈 때 과다한 곡식을 가져간 것이 죄가 되어 자결함.
- 韜晦 **(도회)** : 재주를 감춤.
- 韜 : 감출(도).
- 飜 날(번). 나부낄(번).
- 勗 : 권면할(욱).

29. 다섯 살 신동

김시습은 강릉 김 씨로 자는 열경, 호는 매월당이다. 태어난 지 팔 개월에 글자를 쓸 줄 알았고, 세 살 때는 글을 지었으며, 다섯 살 때 '중용'과 '대학'에 통달하니 신동이라고 불렸다. 집현전 학사 최치운이 보고서 기이한 재주라고 하고 시습이란 이름을 지어주었다. 세종이 그 소식을 듣고는 승정원으로 불러들여 지신사 박이창으로 하여금 재주를 시험해 보게 하여 말하였다. "어린 아이의 학문이 마치 흰 학이 푸른 하늘가에서 춤추는 것 같구나." 시습이 마주하여 아뢰었다. "성스런 임금의 덕은 누런 용이 푸른 하늘에서 번뜩이는 것 같습니다." 이창이 안아 무릎에 앉혀놓고 여러 차례 시로 시험해 보았으나 응대하는 것이 과연 빨랐고 (시도) 좋았다. 이에 임금이 하교하여 말하였다. "내가 친히 보고 싶으나 괜히 사람들의 이목을 놀라게 할까 두렵다. 마땅히 아이 집안에 권하여 (아이) 재주를 감추고 잘 양육하도록 하라. 나이가 차고 학업이 성취되기를 기다렸다가 크게 쓰리라." 즉시 비단 오십 필을 내려주고, 스스로 운반해가도록 하였다. 시습은 그 끝과 끝을 연결해서 끌고 나갔다. 이로부터 이름이 천하에 떨쳤으며 사람들은 다섯 살 신동이라 칭하고 이름을 부르지 않았다.

30. 百年壽又百年(백년수우백년)

閔大生驪興人 年九十餘元日 諸姪來謁 一人進曰 願叔主享壽百年 公怒曰 我年九十餘 若享百年 只有數年 何口之無福如是 遂逐出 一人進曰 願叔主享壽百年 又享百年 公喜曰 此眞頌禱之體也 乃厚饋而送之 官至崇政判中樞. 太平閑話滑稽傳

■ ■ ■

- 閔大生 (민대생) : 조선조 초기 음관(蔭官)으로 군수를 지냄. 세조～성종 시기의 권신(權臣)인 한명회(韓明澮)의 장인.
- 元日 (원일) : 정월 초하루.
- 叔主 (숙주) : 삼촌을 높여 부르는 말.
- 姪 : 조카(질).
- 崇政 (숭정) : 종 1품의 문무관직.
- 禱 : 빌(도).
- 太平閑話滑稽傳 (태평한화골계전) : 조선조 성종 때의 문인 학자인 서거정이 엮은 소화집(笑話集).

30. 백 년을 살고 또 백 년을 삶

민대생은 여흥 민 씨다. 나이 아흔이 넘은 어느 정월 초하룻날 조카들이 뵈러 왔다. 한 사람이 나아와 말하였다. "숙부님께서는 백 년 동안 수를 누리십시오." 공이 노하여 말하였다. "내 나이 아흔이 넘었는데 만약 백년을 살라면 몇 년 만 더 살라는 말이냐? 무슨 복 없는 말을 이와 같이 하는고?" 마침내 쫓아내버렸다. 또 한 사람이 나아와 말하였다. "숙부님께서는 백 년 동안 수를 누리시고 또 백 년을 더 누리십시오." 공이 기뻐하여 말하였다. "이것이 참으로 복을 비는 말이다." 이에 후하게 대접해 보냈다. 공의 관직은 숭정대부 판중추부사에 이르렀다.

31. 松都契員(송도계원)

韓明澮淸州人 少時 不遇落拓 四十始補景德宮直 時當令節 府僚會滿月臺設宴 酒爛 約曰 吾儕皆以京洛故人 宦遊此地 宜設契 永作修好 明澮願入參 諸人眇視不諾 其翌年 左世祖 爲一等勳 又再爲國舅 當時結契人 皆落拓悔恨 挾小勢而傲 人者 謂之松都契員也.

青邱野談

■ ■ ■

- 韓明澮 **(한명회)** : 조선조 제 7대 임금 세조 때의 공신. 세조가 등극하기 전 책사(策士) 구실을 함.
- 落拓 **(낙척)** : 불우한 지경에 빠짐.
- 補 : 맡길(보), 관직을 맡김.
- 令 : 아름다울(령).
- 令節 **(영절)** : 좋은 계절.
- 故人 **(고인)** : 친구.
- 眇 : 외눈질할(묘).
- 國舅 **(국구)** : 임금의 장인.
- 靑邱野談 **(청구야담)** : 조선조 말기에 편찬된 한문 야담집. 민담 내지 야담을 소설체로 기록함. 조선조 3대 야담집 중의 하나임.

31. 송도계원

한명회는 청주 사람이다. 젊을 적에 불우한 시절을 보내다 마흔 살에 경덕궁(개성에 있는 궁궐) 궁지기를 맡았다. 좋은 계절을 당해서 관아의 동료들이 만월대에서 잔치를 열었다. 술이 한창일 때 약속하여 말하였다. "우리 동료들은 모두 서울에 살던 벗들로 이곳에 벼슬하러 왔으니 마땅히 계를 맺어 오래 우의를 돈독히 하자." 명회도 끼이기를 원했으나 모두들 흘겨보고 허락하지 않았다. 그 다음해 세조를 도와 일등 공신이 되고 또 두 번이나 임금의 장인이 되었는데, 당시 계를 맺었던 사람들은 모두 불우한 신세가 되어 후회하고 한스러워했다. 이로부터 자그마한 세력을 가지고 다른 사람에게 오만하게 구는 사람들을 송도계원이라고 부르게 되었다.

32. 皮鞋盃(피혜배)

李文安公思哲體質豊大 飮食過人 每食一大器飯二蒸鷄一壺酒 患背腫臨絶 醫云 宜忌炙肉毒酒 公曰 與其不食而生 毋寧食之而死乎 飮酒啗炙如常 卒獲平善 人皆曰 享富貴者 飮食亦異於常矣 文安之少也 與諸輩遊三角山僧寺 各佩壺 但無飮器 時權斯文枝穿新制馬皮套鞋 文安先酌飮之 諸公以次飮之 相視大笑曰 皮鞋盃自我作古 不亦可乎 後文安貴顯 語權曰 今日金杯酒味 大不如遊山時皮鞋盃也. 筆苑雜記

■ ■ ■

- 李思哲 (이사철) : 조선조 세종 ~ 세조 시기의 문신. 계유정난(癸酉靖難)때 세조를 도와 김종서 등을 제거함.
- 炙肉 (자육) : 불고기.
- 啗 : 먹을(담), 마실(담).
- 與其 (여기) ~ 毋寧(무녕)~ : ~보다 ~가 낫다. ~라기 보다 ~이다.
- 權枝穿 (권지천) : 생몰연대 미상.
- 斯文 (사문) : 유학(儒學).
- 套 : 덮개(투).

32. 가죽신 술잔

문안공 이사철은 몸체가 뚱뚱하고 컸다. 마시고 먹는 것이 보통사람에 지나쳐서 매번 한 큰 그릇 밥과 두 마리 삶은 닭과 한 동이 술을 먹었다. 등에 종기가 나서 거의 죽기에 이르자 의원이 말하기를 "마땅히 불고기와 독한 술을 금하라."고 하니, 공이 말하였다. "먹지 않고서 살기보다는 차라리 그것을 먹고서 죽는 것이 낫다." 술을 마시고 불고기를 먹는 것이 평상시와 같았다. 마침내 평상시와 같이 회복되었다. 사람들이 모두 말하였다. "부귀를 누리는 사람은 마시고 먹는 것 또한 보통사람과는 다르구나." 문안공이 젊었을 때 여러 벗들과 함께 삼각산 절에 놀러갔는데 각기 술동이를 옆에 찼으나, 단지 마실 그릇이 없었다. 이때에 사문 권지천이 새로 만든 말가죽 신을 신었는데, 문안공이 그것으로 먼저 마시니 다른 사람들이 차례로 그것으로 마셨다. 서로 보면서 크게 웃으며 말하였다. "가죽신 술잔이 우리들로부터 선조가 되었다 해도 또한 옳지 아니한가." 뒤에 문안공이 귀하게 현달하여 권지천에게 말하였다. "오늘 금잔의 술맛이 산에 가서 놀 때의 가죽신 술잔과 크게 같지 못합니다."

33. 終日飮罰(종일음벌)

具致寬綾城人 字而栗 世祖丁亥 拜領相 野人餘孼窺覦邊境 命致寬爲鎭西大將軍 以備之 語左右曰 綾城吾之萬里長城 申叔舟與致寬 俱爲上所重 申爲領相 具爲新拜右相 一日召兩相于內殿曰 今日有問 卿等能對則已 不能對則罰不可辭 俄而上召申政丞 申卽對 上曰 予呼新政丞 卿失對 罰一大爵 又呼具政丞 具卽對 上曰 予呼舊政丞 卿失對 又罰一大爵 如是終日飮罰 皆極醉而罷.

青坡劇談

■ ■ ■

- 具致寬(구치관) : 조선조 제 7대 임금인 세조 때의 문신. 변방을 침략하는 여진족을 정벌하였음.
- 野人(야인) : 옛날 압록강과 두만강 이북에 살던 종족. 여진족을 이름.
- 孼 : 서자(얼). 천민(얼).
- 窺 : 엿볼(규).
- 覦 : 넘겨다 볼(유).
- 窺覦(규유) : 넘겨다 봄.
- 申叔舟(신숙주) : 조선조 세종 ~ 세조 시기의 문신. 세조의 찬탈에 협력하여 세인의 비난을 받음.

33. 종일토록 벌주를 마심

구치관의 본관은 능성이고 자는 이율이다. 세조 정해년에 영의정에 제수되었다. 여진족 여얼이 변경을 넘보자 구치관을 진서대장군으로 삼아 대비케 하고, 좌우의 신하들에게 말하였다. "능성은 나의 만리장성이다." 신숙주와 구치관을 모두 임금이 중히 여겨 신숙주를 영의정으로 삼고 구치관은 새로 우의정으로 삼았다. 하루는 (임금이) 두 정승을 내전에 불러놓고 말하였다. "오늘 물을 것이 있으니 경들이 능히 대답하면 그만이거니와 대답을 못하면 벌 받기를 거절할 수 없다." 조금 있다가 임금이 신 정승을 부르니 신숙주가 즉시 대답했으나 임금은 말하였다. "나는 새 정승을 불렀거늘 경이 잘못 대답하였다." 벌로 큰 잔의 술을 내리었다. 또 구 정승을 불러 구치관이 즉시 대답하니 임금이 말하였다. "내가 옛 정승을 불렀거늘 경이 잘못 대답하였다." 또 벌로 큰 잔의 술을 내리었다. 이와 같이 종일토록 벌주를 마시고는 모두 크게 취한 후 자리를 끝냈다.

34. 天道十年必復(천도십년필복)

具忠烈公致寬 性方嚴公正 嘗判吏曹 關節不行 前此 長詮曹者 例於除授之際 親執官案 恣行胷臆 亞官以下裒手傍觀 公嘗憤之 思欲矯其弊 凡進退人物 博採羣議 雖小官卑職 未嘗獨薦 又有或干請者 當遷不敍 時居正爲參議 一日在政房 適醉睡 公厲聲曰 參議謂致寬 注擬人物恣行胷臆 不欲與聞耶 他日 有用人之失 參議其日在家 不知耶 嘗擬一文士知名者爲臺官 駁者曰 此子滑稽不可 公曰 若然則漢武帝何取於東方朔耶 竟擬臺官 又一文士調外郡 敎官十年不遷 公欲擬縣職 駁者曰 此子迂濶不可 公曰 天道十年必復 安可使人久屈如是 遂爲縣職 果有治効 公之用捨 一出至公如此. 筆苑雜記

■ ■ ■

- 關節 (관절) : 세력이 있는 사람에게 붙음.
- 胷臆 (흉억) : 마음, 자기의 소견.
- 裒 : 모을(부), 모일(부).
- 裒手傍觀 (부수방관) : 손을 모으고 바라보기만 함.
- 居正 (거정) : 서거정(徐居正). 조선조 세조~성종 시기의 문신으로 문장에 능했음.
- 擬 (의) : 살피고 헤아림.
- 詮曹 (전조) : 이조(吏曹). 문관의 인사권을 담당함.
- 詮 : 법(전) · 길(전)
- 漢武帝 (한무제) : 한(漢)나라 제 7대 임금.
- 東方朔 (동방삭) : 한나라 무제 때의 사람으로 해학과 변설에 능함.

34. 하늘의 도리도 십년이면 돌아옴

충렬공 구치관이 성품이 엄하고 공정하여 일찍이 그가 이조판서로 있을 때에 아부함이 통하지 않았다. 전에 이조판서가 관직을 제수하던 예로는 친히 관안을 쥐고서 마음대로 자행하고, 참판 이하는 손을 소매 속에 넣고 옆에서 보기만 하였다. 공이 그것을 분하게 여겨 폐단을 바로 잡으려고 생각하여 무릇 인물을 진퇴시킬 때에는 널리 여러 사람의 의론을 채택하고 비록 소관 말직이라도 일찍이 홀로 천거하지 않았다. 혹 간청하는 사람이 있으면 승진이 될 것도 시키지 않았다. 그 때에 참의 서거정이 하루는 정방에서 마침 취하여 졸고 있었는데 공이 소리를 질러 말하였다. "참의는 구치관이 인물을 천거하는데 제 생각대로만 함부로 한다고 하여 함께 들으려하지 않는 것인가? 다른 날 사람을 잘못 쓴 실수가 있으면 참의는 집에 있었기 때문에 알지 못하였다고 할 것인가?" 일찍이 한 번은 사람을 대관으로 천거하는데 반대하는 사람이 발하였다. "그 사람은 익살스러운 사람이니 안 됩니다." 공이 대답하였다. "만약 그렇다면 한 무제는 어찌하여 동방삭을 취하였는가?" 마침내 대관으로 천거하였다. 또 10년 동안이나 승진하지 못한 선비 한 사람을 수령 자리에 천거하니 반대하는 사람이 "이 사람은 오활하여 안 됩니다."고 하였다. 공은 말하였다. "하늘의 도리도 10년이면 돌아오는데 어찌 사람을 이다지 오래도록 억울하게 할 수 있는가?" 드디어 고을 원이 되게 하니 과연 다스림에 효과가 있었다. 공이 (사람을) 쓰고 내침에 한결같이 공정함이 이와 같았다.

35. 洪逸童不畏死(홍일동불외사)

洪逸童字日休 號麻川子 世宗朝登第 官至提學 嘗於世祖前論佛事 甚忤君意 世祖佯怒曰 當殺此虜 以謝佛氏 命左右取劒來 公論辨自若 左右佯以劒撫項再 亦不顧 視無懼色 王壯之曰 汝能飮乎 公曰 樊噲漢士也 項王他主也 巵酒彘肩猶不敢辭 況聖賜乎 賜酒一銀盆 卽健倒 王曰 頗畏死乎 公曰 當死則死耳 敢以生死而易其心乎 王喜 賜貂裘一領. **筆苑雜記**

■ ■ ■

- 洪逸童 **(홍일동)** : 조선조 세조 때의 문신. 중국에 두 번 사절로 다녀왔고, 호조판서(戶曹判書)를 지냄.
- 忤 : 거스를(오).
- 佯 : 거짓(양).
- 虜 : 포로(로), 노예(로). 상대방을 나쁘게 지칭할 때 씀.
- 樊噲 **(번쾌)** : 한(漢) 고조(高祖)의 부하 장수. 홍문(鴻門)의 잔치에 항우(項羽) 앞에서 거침없는 행동으로 기개를 세운 것으로 유명함.
- 巵 : 술잔(치).
- 彘肩 **(체견)** : 돼지다리.
- 一領 **(일령)** : 한 벌. 領(령)은 옷을 세는 단위.

35. 홍일동이 죽음을 두려워하지 아니함

홍일동은 자가 일휴, 호는 마천자이다. 세종 때에 과거에 올라 벼슬이 제학에 이르렀다. 일찍이 세조의 앞에서 불교에 관한 일을 논의하다가 임금의 뜻을 심히 거스르게 되었다. 세조가 거짓 화를 내며 말하였다. "마땅히 이 놈을 죽여서 부처에게 사과해야겠다." 좌우에게 칼을 가지고 오게 하였는데도 공은 태연하게 논변하였다. 좌우가 거짓으로 칼을 이마에 두 번이나 들이댔는데도 또한 돌아보지 않았고 두려워하는 기색이 없었다. 임금이 그를 장하게 여겨 말하였다. "네가 술을 마실 수 있겠는가?" 공이 말하였다. "번쾌는 한나라의 장사요 항왕은 다른 나라의 군주인데도 잔술과 돼지다리를 오히려 감히 사양하지 않았는데 하물며 성상께서 내리시는 것이겠습니까?" 술을 한 은동이 내려주니 즉시 씩씩하게 기울였다. 임금이 말하였다. "자못 죽음이 두려운가?" 공이 말하였다. "마땅히 죽으면 곧 죽을 뿐이지, 감히 살고 죽는 것으로 그 마음을 바꾸겠습니까?" 임금이 기뻐하며 담비 털옷 한 벌을 내려주었다.

36. 三死無與(삼사무여)

世祖靖難時 有一賈竪 功最多 御筆書賜曰 三死無與 成宗初卽位 其人殺人 有司論以依律 其人上御敎 貞熹大妃敎曰 先王旣有手敎其原之 上難之曰 先王之敎 一時之私恩也 殺人者死 萬世之公法也 豈可循一時之私恩 廢萬世之公法乎 大妃曰 雖然先王遺敎不可不用 特赦之 上難之再三曰 大妃不聽予言 不敢承國事 願更付他人 大妃曰 唯汝之爲 上雖杖其人 然終得不死.

五山說林

■ ■ ■

- 世祖 (세조) : 조선조 제 7대 임금. 계유정난(癸酉靖難)을 통하여 반대파를 제거하고 단종(端宗)의 선위를 받아 임금이 됨.
- 靖 : 다스릴(정), 편안히 할(정)
- 靖難 (정난) : 세조가 수양대군(首陽大君) 시절에 김종서 · 황보인 등을 제거하고 정권을 잡은 일.
- 竪 : 아이(수), 내시(수).
- 賈竪 (고수) : 상인을 천하게 일컫는 말.
- 貞熹大妃 (정희대비) : 조선조 제 7대 임금인 세조의 정비(正妃).
- 原 : 풀(원), 놓아줄(원).
- 循 : 좇을(순). 순
- 五山說林 (오산설림) : 조선조 선조 때의 문인 차천로(車天輅)가 약술한 일화 · 한담집.

36. 세 번 죽을 짓을 해도 용서함

세조가 정난할 때에 한 상인이 있었는데, 공이 가장 많았다. 임금(세조)이 글씨를 써서 내려주며 말하였다. "세 번 죽을 짓을 해도 용서하겠다." 성종이 처음 즉위 했을 때 그 사람이 살인을 하여 법을 맡은 관리들이 법에 따를 것을 논하니, 그 사람이 임금(세조)의 교서를 올렸다. 정희대비가 하교하여 말하였다. "선왕께서 이미 손수 하교하신 것이 있으니 그를 용서하시오." 임금이 그것을 곤란하게 여겨서 말하였다. "선왕께서 명령하신 것은 한 때의 사사로운 은혜이고, 사람을 죽인 사람을 죽이는 것은 만세의 공정한 법입니다. 어찌 한 때의 사사로운 은혜를 좇아서 만세의 공정한 법을 폐할 수 있겠습니까?" 대비가 말하였다. "비록 그러하나 선왕께서 남기신 명을 받들지 않을 수 없으니 특별히 그를 용서하시오." 임금이 곤란히 여겨 두 번 세 번 말하였다. "대비께서 제 말을 듣지 않으신다면 감히 나랏일을 받들 수 없으니 돌아보아 다시 다른 사람에게 (나라를) 맡기십시오." 내비가 말하였다. "오직 임금이 할대로 하시오." 임금이 비록 그 사람에게 곤장을 때렸으나 끝내 그를 죽일 수는 없었다.

37. 直臣諛臣(직신유신)

成宗有敎曰 人臣敢諫導正者 是謂直臣 進媚稱善者 謂曰諛臣 因賜承旨史官六曹三司 筆各四十枚 墨各二十笏 曰 以此書吾得失 夫人主之求言誠篤 至於如此 受其賜者 雖欲含嘿心不能自安 將進諛辭 羞赧內作矣. **星湖僿說**

■ ■ ■

- 成宗 **(성종)** : 조선조 제 9대 임금. 경국대전(經國大典)의 완성 등 문화적인 업적을 이룸.
- 諛 : 아첨할(유).
- 媚 : 아첨할(미), 아양떨(미).
- 三司 **(삼사)** : 조선조 때의 사헌부(司憲府) · 사간원(司諫院) · 홍문관(弘文館)의 총칭.
- 笏 : 홀(홀).
- 嘿 : 잠잠할(묵).
- 赧 : 붉힐(난), 두려워 할(난).
- 星湖僿說 **(성호사설)** : 조선조 제 19대 임금인 숙종 때의 실학자 성호(星湖) 이익(李瀷)이 평생에 수시로 지은 글을 모아 편찬한 실학서(實學書).

37. 올곧은 신하와 아첨하는 신하

성종이 훈계하여 말하였다. "다른 사람의 신하가 되어 감히 간하여서 바른 데로 이끄는 이를 일러 올곧은 신하라고 하고, 잘한다고 칭찬하여 아첨함을 드리는 이를 일러 아첨하는 신하라고 한다." 그리고 승지, 사관, 육조, 삼사에게 각기 붓 사십 자루, 각기 먹 이십 개씩을 내려주며 말하였다. "이것으로써 나의 잘하고 잘못함을 기록하거라." 무릇 다른 사람의 임금이 되어서 성실함과 독실함을 구하는 말이 이와 같음에 이르면 그 내려준 것을 받은 사람은 비록 잠잠하고자 하나 마음이 스스로 편안할 수 없고, 장차 아첨하는 말을 드리고자 하는 사람은 부끄럽고 두려워함이 마음속으로부터 생길 것이다.

38. 琮沈橋(종침교)

成宗廢尹妃時 許琮相公晨赴闕 歷謁其姉 曰 何早也 曰 將賜廢妃死 有命會議 曰 相公議如何 曰 上意也誰敢違之 曰 吾女子也 無見識 以淺近易知者言之 設令人家僕隷 不敢違家主父之意 其殺其家主母 他日服事主母之子 果安於心 而且保其無禍患乎否 於是 公大悟 到琮沈橋 自墜橋下 仍擔舁歸家 托以落傷殊死 不參其議 其後獨免慘禍 琮沈橋之得名 以是云.

大東奇聞

■ ■ ■

- 尹妃(**윤비**) : 성종의 계비(繼妃). 조선조 제 10대 임금 연산군(燕山君)의 생모로 투기가 심하다 하여 폐위 · 사사(賜死)됨.
- 許琮(**허종**) : 성종 때의 문신. 연산군의 생모인 폐비 윤씨를 사사(賜死)하라는 묘의(廟議)에 불참함으로써 갑자사화(甲子士禍) 때에 참화를 면함.
- 沈 : 빠질(침).
- 淺 : 얕을(천).
- 僕隷(**복예**) : 노비.
- 服 : 좇을(복), 따르다.
- 仍 : 인할(잉), 이에(잉).
- 舁 : 마주들(여).
- 殊 : 거의 죽을(수).

38. 허종이 떨어진 다리

성종이 윤비를 폐위시켰을 때에, 허종 재상이 새벽에 대궐로 들어가다가 지나는 길에 그 누이를 뵈니, (누이가) 말하였다. "무엇 때문에 이렇게 이른가?" "장차 폐비에게 죽음을 내리려고 모여서 회의하라는 명이 있었습니다." "상공의 의견은 어떠한가?" "임금의 뜻인데 누가 감히 그것을 거스르겠습니까?" "나는 여자라 보고 아는 것이 없으니 얕고 가깝고 쉽게 아는 것으로써 그것을 말하겠다. 설령, 어떤 사람의 집 노비들이 감히 집주인 아버지의 뜻을 어기지 못해서 그 집주인 어머니를 죽인다면, 다른 날에 그 집주인 어머니의 아들을 섬기게 될 때에 과연 마음이 편안하며, 또한 그 재앙과 환난이 없이 보전할 수 있겠는가?" 이때에 공이 크게 깨달아서 종침교에 이르러 스스로 다리 아래로 떨어졌다. 이에 마주 들고 메고 해서 집에 돌아와서는 낙상하여 거의 죽기에 이르렀다고 핑계대고 그 회의에 참석하지 아니하였다. 그 후에 홀로 참화를 면하였다. 종침교라는 이름을 얻은 것은 이래서다.

39. 計理分明(계리분명)

金安國字國卿 號慕齋 登文科 官至左贊成 與弟正國爲儒林宗匠 公治家有道 成立田園 積穀斂散 姊妹之寡 咸率養之 闢書齋 以延游學 嘗家有成造 方與瓦工計功定價 一宰樞往謁揖升敍阻 卽與瓦工數計土木價幾 役人價幾 手功價幾 未畢宰樞辭去 族人規之曰 宰相來見 不與敍話 而執此務 可乎 安國曰 吾所以爲此者 非但爲己 乃爲一國通用之例 若金安國見欺於瓦工 則一國之寡婦貧士 將無以買瓦而用之矣 適吾有事而宰樞來 豈可因此而中輟耶. 燃藜室記述

■ ■ ■

- 金安國(김안국) : 조선조 중종 때의 문신. 조광조와 함께 개혁정치를 시도했음.
- 金正國(김정국) : 김안국의 동생으로 형과 함께 유림(儒林)의 추앙을 받았음.
- 宗匠(종장) : 도덕과 학예가 뛰어난 사람.
- 斂 : 거둘(렴), 추수해 들임.
- 散 : 흩을(산), 남에게 나누어 줌.
- 斂散(염산) : 거두어들이고 쓸 데에 씀.
- 咸 : 다(함), 모두. 皆(개)와 같은 뜻.
- 延(연) : 迎(맞이할 영)과 같은 뜻으로 쓰임.
- 成造(성조) : 건축.
- 揖升(읍승) : 몸을 굽혀 인사하고 마루에 올라감.
- 阻 : 막을(조), 험할(조).
- 敍阻(서조) : 서로 보지 못했던 동안의 안부를 물음.

39. 계산을 분명히 함

김안국의 자는 국경이고, 호는 모재이다. 문과에 올라 관직이 좌찬성에 이르렀다. 동생 정국과 함께 유림의 종장이 되었다. 공은 가정을 다스림에 일정한 도리가 있었는데, 농장을 이루어 세우고서는 곡식을 저장하여, 거두어들이고 쓸 데에는 썼다. 누이 중에 과부가 된 사람은 모두 데려다가 양육하고, 서재를 열어서 유학생을 맞이하였다. 일찍이 집에 건축하는 일이 있어서 바야흐로 기와장이와 함께 일의 성과에 대해 가격을 정하고 있었는데, 한 대신이 와서 뵈었다. 몸을 굽혀 인사하고 집안에 들이고서는 그 동안의 안부를 물은 뒤에 즉시 기와장이와 더불어 재료값이 얼마, 일꾼 품삯이 얼마, 기술자의 품삯이 얼마인지를 계산하는데, (계산이) 끝나지 않았는데 재상이 하직하고 가버렸다. 친족인 사람이 그를 경계하여 말하였다. "재상이 와서 보는데 함께 말을 나누지 않고 이 일에만 집착하니 괜찮은가?" 안국이 말하였다. "내가 이렇게 하는 까닭은 비단 나난을 위함이 아니고, 한 나라의 통용하는 예를 위함입니다. 만약 김안국이 기와장이에게 속임을 당했다고 하면, 곧 한 나라의 과부와 가난한 선비들은 장차 기와를 사서 쓸 수가 없게 될 것입니다. 마침 내가 일이 있을 때에 대신이 왔으니 어찌 이로 인해서 중간에 그만 둘 수가 있겠습니까?"

40. 爪甲穿掌(조갑천장)

梁淵少時卓犖不羈 至四十始學 發奮決心 握左手 不爲文章 誓不開手 讀書于北漢中興寺 歲餘文理貫通 詩格淸高 寄詩於婦翁曰 書榻燈光暗 硯池水色淸 管城吾所願 兼望楮先生 蓋請四友之意也 婦翁佳其晩學速成 戱而答之曰 梁忠義四十讀書山堂 嗚呼晩矣 世人傳爲美談 後登科日 始欲開手 則爪甲穿掌.

大東奇聞

■ ■ ■

- 梁淵 **(양연)** : 조선조 제 11대 임금인 중종 때의 학자.
- 犖 : 뛰어날(락).
- 卓犖 **(탁락)** : 탁월.
- 榻 : 걸상(탑).
- 管 : 붓대(관), 관(관).
- 管城 **(관성)** : 붓을 의미함.
- 楮 : 종이(저).
- 四友 **(사우)** : 붓 · 벼루 · 먹 · 종이, 즉 문방사우(文房四友).
- **大東奇聞 (대동기문)** : 조선조 말 강효석(姜斅錫)이 고려시대와 조선시대의 기이한 행적이나 이야기를 모아 엮은 책.

40. 손톱이 손바닥을 뚫음

양연은 젊었을 때에 뛰어나서 틀에 얽매이지 않았다. 사십에 이르러서 배움을 시작했는데 발분하여 마음을 단단히 하기를 왼손을 꽉 쥐고, 문장이 이루어지지 않으면 손을 펴지 않겠다고 맹세했다. 북한산 중흥사에서 글을 읽으니 한 해 남짓하여 문장의 이치를 꿰뚫어 통하게 되고, 시의 격조가 맑고 높았다. 장인에게 시를 보내어 말하였다. "책상의 등불 빛은 어두운데, 벼루 속에 물빛은 맑다. 붓은 내가 바라는 바고, 겸하여 종이도 바라노라." 대개 문방사우를 청하는 뜻이다. 장인이 그가 늦게 공부하였으면서도 빨리 이루어짐을 가상하게 여겨 장난삼아 그에게 답하여 말하였다. "양충의가 사십에 산당에서 글을 읽으니, 아 늦었도다." 세상 사람들이 아름다운 이야기로 전하게 되었다. 뒷날 과거에 급제하던 날에 비로소 손을 펴니 곧 손톱이 손바닥을 뚫고 있었다.

41. 不言短處(불언단처)

尙震木川人 字起夫 號泛虛亭 登文科 以檢閱歸鄕 見田夫牧二牛 問其優劣 不答 密語曰 畜心與人心同 若聞評言 其稱優者喜而劣者怒矣 其實少者較勝 震謝曰 公隱君子也 謹奉敎 自是未嘗忤人 人有短脚而蹇者 或指曰蹇脚 公曰 短脚與人同 但一脚長而已 平生不言人之短處類如此 吳判書祥有詩曰 義皇樂俗今如掃 只在春風盃酒間 公見之曰 何言之薄耶 改以義皇樂俗今猶在 看取春風盃酒間 官至領議政. **大東奇聞**

■ ■ ■

- 尙震 **(상진)** : 조선조 제 13대 임금인 명종 때의 문신. 조정과 민간에서의 신망이 두터웠던 재상이었음.
- 田夫 **(전부)** : 농부.
- 密語 **(밀어)** : 귓속말.
- 隱君子 **(은군자)** : 시골에 묻혀 사는 훌륭한 인물.
- 忤 : 거스를(오), 미워할(오).
- 蹇 : 절름거릴(건), 굼뜰(건).
- 義皇 **(희황)** : 복희씨(伏羲氏). 중국 태고의 태평무사했던 시대를 희황시대라고 함.
- 吳祥 **(오상)** : 조선조 명종 때의 문신. 문장으로 유명했음.

41. 남의 못한 점을 말하지 아니함

상진은 목천 사람으로 자는 기부고 호는 범허정이다. 문과에 올라 검열로서 고향에 돌아가는데, 농부가 소 두 마리를 부리는 걸 보고서 그 낫고 못함을 물었다. 대답하지 않고 귓속말로 말하였다. "짐승의 마음도 사람의 마음과 같아서 만약 평가하는 말을 듣는다면, 그 낫다고 칭한 것은 기뻐할 것이고, 못하다고 칭한 것은 화가 날 것입니다. 사실은 젊은 것이 비교하여 낫습니다." 상진이 사과하여 말하였다. "공은 숨어사는 군자입니다. 삼가 가르침을 받들겠습니다." 이로부터 일찍이 다른 사람을 미워하지 않았다. 사람 가운데 (한쪽이) 짧은 다리여서 저는 이가 있었는데 어떤 사람이 그를 지목하여 절름발이라 하니 공이 말하였다. "짧은 다리는 다른 사람과 같으나 단지 한쪽 다리가 길 뿐이다." 평생토록 다른 사람의 단점을 말하지 않음이 이와 같았다. 판서 오상의 시에서 말하였다. "복희씨의 즐거운 풍속이 지금은 사라지고 다만 훈훈한 봄바람이 술잔 가운데에만 남아있네." 공이 그것을 보고 말하였다. "어찌 말이 야박한가?" 고쳐서 말하였다. "복희씨의 즐거운 풍속이 지금도 오히려 남아 있으니 훈훈한 봄바람을 술잔에서도 볼 수 있네." 관직이 영의정에 이르렀다.

42. 喫吏曹肝(끽이조간)

越川君金吉通 爲吏曹正郎 魚孝瞻 爲集賢殿校理 時有朝士設宴以邀吏郎 魚不知 先就其第 暫設小酌 而盃盤草草 無下箸之物 旣而金至 主人遽催進饌具 如獐肝等味 極爲芳鮮 魚擧動寬緩 語不輕發 鄙其爲人 執箸攝肝 徐曰 吾亦喫吏曹肝也.

靑坡劇談

■ ■ ■

- 金吉通 **(김길통)** : 조선조 세종～성종 시기의 문신.
- 正郎 **(정랑)** : 조선조 때 육조(六曹)의 정 5품 벼슬.
- 魚孝瞻 **(어효첨)** : 조선조 세종～성종 시기의 문신.
- 集賢殿 **(집현전)** : 조선조 제 4대 임금인 세종 2년에 설치한 각종 고제(古制)의 연구와 편찬 사업을 담당한 국가기관.
- 校理 **(교리)** : 조선조 때 홍문관의 정 5품 벼슬.
- 草草 **(초초)** : 엉성함.
- 箸 : 젓가락(저).
- 遽 : 급할(거).
- 催 : 재촉할(최).
- 芳鮮 **(방선)** : 향내 나고 신선함.

42. 이조의 간을 먹자고 함

월천군 김길통이 이조정랑이 되고 어효첨이 집현전 교리가 되었을 때이다. 한 조정 관리가 잔치를 준비하여 이조정랑을 맞이하였다. 어효첨은 알지 못하고 먼저 그 집에 들렀더니, 잠깐 사이 조그마한 술상을 차려오는데 술과 안주가 엉성하여 젓가락을 댈 만한 것이 없었다. 조금 있다가 김길통이 도착하자 주인이 급히 재촉하여 찬 그릇을 내어오는데 노루 간 같은 맛 좋은 것이 아주 향기 좋고 신선하였다. 어효첨이 거동이 느슨하고 찬찬하여 말을 가벼이 하지 않는데, 그 주인의 사람됨을 비루하게 여겨서 젓가락을 들어 노루 간을 집으며 천천히 말하였다. "나 또한 이조 간을 먹어 보자."

43. 爲主報讐(위주보수)

柳灌文化人 字灌之 號松庵 進士 文宗丁未 文科 明宗乙巳 大拜至左相 謚忠肅 乙巳被罪 鄭順朋搆以謀逆 圖錄僞勳 灌家屬及臧獲 並沒爲其家奴婢 有一婢 名甲伊 年僅十四五歲 聰慧絶人 鄭甚加愛憐 衣服飮食視如子母 甲伊又先意迎合 隨事盡誠 每遇舊主之說 則必詈辱之曰 彼嘗遇我少恩 我以此報之 鄭愈信之不疑 一日 甲伊匿其寶器 鄭詰甲伊 甲伊涕泣言曰 自吾來此 衣主公之衣 食主公之食 恩遇無比 何故而爲穿窬之事乎 鄭疑而釋之 甲伊曾與其少奴通 乃謂奴曰 主若責我 不耐楚毒 將引汝爲證 奴大懼曰 爲之奈何 甲伊因曰 吾欲禳之 須覓新死者肢體來 奴依其言 斫得疫死人一臂與之 甲伊潛納于順朋枕囊中 未久 順朋遘癘死 厥後 鄭家覺而按之 甲伊卽罵曰 爾殺吾主 卽吾讐也 吾欲死之久矣 吾今報讐 知死所矣 尙何問哉 竟死杖下.

東平尉見聞錄

■ ■ ■

- 柳灌 (유관) : 조선조 중종～인종 시기의 문신. 대윤파(大尹派)로 지목되어 을사사화(乙巳士禍) 때 희생되었음.
- 文宗丁未 (문종정미) : 중종정묘(中宗丁卯)의 오기(誤記).
- 大拜 (대배) : 높은 벼슬에 제수됨.
- 鄭順朋 (정순붕) : 조선조 제 13대 임금 명종이 즉위하자 을사사화를 일으켜 대윤파와 신진사류를 박해한 권신.

☞ 88쪽에 계속

43. 주인을 위해 원수를 갚음

유관은 문화 사람으로 자는 관지이며 호는 송암이다. 진사가 되어 중종 정묘년 문과에 급제하고 명종 을사년에 높은 벼슬을 제수 받아 좌의정에 이르렀으며 시호는 충숙이다. 을사년 죄를 입었는데, 정순붕이 역모로 엮어냄으로써 거짓 공신에 기록되고, 유관의 가속과 노비들은 모조리 적몰되어 그 집의 노비가 되어버렸다. 한 여종이 있는데 이름이 갑이로 나이가 겨우 열 네 다섯이었으나 총명함과 지혜가 아주 빼어났다. 정순붕이 갑이를 매우 아끼고 애련히 여겨 옷과 음식을 어미가 자식을 대하듯 돌보아 주니, 갑이 또한 먼저 그 뜻에 영합하여 일마다 정성을 다했다. 매번 옛 주인에 대한 이야기가 나오기만 하면 반드시 욕지거리를 해대며 말하였다. "저가 일찍이 나에게 은혜로움이 적었기에 내가 이렇게 욕으로 갚는 것입니다." 정순붕이 갑이를 더욱 믿어 의심치 않았다. 하루는 갑이가 그 집에서 보배로 여기는 그릇을 몰래 감추자 정순붕이 갑이를 힐난했다. 갑이가 울면서 말하였다. "제가 여기에 온 뒤로 주인 대감의 옷을 입고 주인 대감의 음식을 먹어 은혜로운 대우를 받은 것이 비할 데 없는데 무엇 때문에 좀도둑질을 하겠습니까?" 정순붕이 의심은 하나 내버려두었다. 갑이가 미리 젊은 종과 사통하고 있었는데 이에 그 종에게 말하였다. "주인이 만약 나를 책망하여 매질의 아픔을 견뎌내지 못한다면 장차 너를 끌어들여 증인을 삼겠다." 그 종이 크게 두려워하여 말하였다. "어떻게 하면 될 것인가?" 갑이가 그래서 말하였다. "내가 신에게 빌어 재액을 물리치려고 하니 반드시 갓 죽은 시신의 사지를 찾아가지고 와야 한다." 그 종이 그 말대로 돌림병으로 죽은 사람의 팔뚝 하나를

☞ 89쪽에 계속

44. 捫鼻宰相(문비재상)

姜士尚晉州人 字尙之 號月浦 癸卯 進士 明宗丙午 文科 宣祖戊寅 拜右相 每曰 國家治亂在天 非在人力也 居官 不張公論 不循私情 任其自然 喜飮酒 人問時事 只捫鼻不答 時稱捫鼻宰相.

大東奇聞

■ ■ ■

- 姜士尙 **(강사상)** : 조선조 명종~선조 시기의 문신.
- 捫 : 어루만질(문).
- 鼻 : 코(비).
- 公論 **(공론)** : 공평한 의론. 정책을 뜻함.

☞ 86쪽에서 계속

- 搆 : 끌(구). 끌어당김.
- 僞勳 **(위훈)** : 정순붕은 을사사화를 꾸며내어 보익공신(保翼功臣) 1등에 올랐다가 선조 3년에 추탈(追奪)되었음.
- 臧獲 **(장획)** : 노비. 속어로 남종을 장(臧), 여종을 획(獲)이라 부름.
- 詈辱 **(이욕)** : 꾸짖고 욕함.
- 穿窬 **(천유)** : 뚫을(천). 뚫을(유). 좀도둑을 말함.
- 楚毒 **(초독)** : 매질의 아픔.
- 禳 : 물리칠(양). 신에게 제사지내어 재액을 물리침. 푸닥거리.
- 斫 : 찍을(작). 찍어 끊음.
- 遘 : 만날(구).
- 癘 : 염병(려), 돌림병(려).
- 東平尉見聞錄 **(동평위견문록)** : 조선조 효종의 부마(駙馬)인 동평위(東平尉) 정재륜(鄭載崙)이 공사간(公私間)의 견문을 적은 책.

44. 코나 문지르는 재상

강사상은 진주 사람으로 자는 상지이고 호는 월포였다. (중종) 계묘년 진사가 되고, (명종) 병오년 문과에 올랐으며, 선조 무인년에는 우의정 벼슬에 제수되었다. 늘 말하였다. "나라가 다스려지고 어지러워짐은 하늘에 달려 있는 것이지, 사람의 힘에 달려 있는 것이 아니다." 관직에 있으면서 공론을 펴지 않고 사사로운 정도 좇지 아니하며 오직 되어가는 대로 맡겨 두었다. 술 마시기를 즐겼고, 사람들이 당대의 일을 물으면 다만 코를 어루만질 뿐 대답하지 않으니 당시 사람들이 '코나 문지르는 재상'이라고 불렀다.

☞ 87쪽에서 계속

끓어가지고 그녀에게 주니 갑이가 몰래 정순붕의 베개 속에 넣어 놓았는데, 오래지 않아 정순붕이 염병에 걸려 죽었다. 그 후에 정가 집안에서 알아채고 그녀를 조사하자 갑이가 즉시 욕하여 말하였다. "너희가 내 주인을 죽였으니 곧 나의 원수이다. 내가 죽고자 한 지 오래되었는데 지금에야 원수를 갚았으니 죽을 곳을 알겠다. 더 무엇을 물으려 하느냐?" 끝내 매질을 당해 죽었다.

45. 正人君子(정인군자)

趙靜菴當中廟朝 以弼違格非 爲己任 其於諫爭之際 不得兪音 則不止 且疾惡揚善 無所回避 一友人語之曰 公雖有龍逢比干之風 無乖明哲保身之道乎 靜菴曰 吾以直道事君 幸而生則生矣 或不幸而死則死矣 禍福在天 吾何畏焉 宣廟之待李退溪禮遇甚隆 而退溪造朝甚稀 來亦卽歸 或問之曰 主上待公 無異於昭烈之待武侯 未嘗久留 何也 退溪曰 唐虞之際君臣契合 千古罕比 猶有都兪吁咈之辭 今者主上於老臣之言不問可否 輒皆從之 吾是以不敢留耳 兩公處身之不同如此而俱爲正人君子云 靜菴文正公趙光祖別號 退溪李文純公滉別號也.

公私見聞錄

■ ■ ■

- 弼違格非 (필위격비) : 어그러진 것을 펴고 그릇된 것을 바로 잡음.
- 兪 : 응답할(유), 그러할(유)
- 龍逢 (용봉) : 하(夏)나라 걸왕(桀王)의 신하로, 걸왕의 폭정을 간하다 죽음.
- 比干 (비간) : 은(殷)나라 주왕(紂王)의 숙부로 주왕의 폭정을 간하다 죽음.
- 造 : 갈(조). 가다.
- 昭烈 (소열) : 중국 삼국시대 촉한(蜀漢)을 세운 유비(劉備)의 제호(帝號).
- 武侯 (무후) : 중국 삼국시대 촉한의 승상이었던 제갈량(諸葛亮)의 시호(諡號).
- 契合 (계합) : 꼭 들어맞음.
- 都兪吁咈 (도유우불) : 찬성과 반대, 군신 간의 토론·심의의 뜻으로 쓰임.
- 公私見聞錄 (공사견문록) : 조선조 숙종 때의 학자 정재륜이 궁궐을 드나들며 보고 들은 것을 기록한 책.

45. 올바른 사람, 덕 있는 사람

조정암이 중종 때에 어그러진 것을 펴고 그릇된 것을 바로잡는 것으로써 자기 임무를 삼았다. 그가 간쟁할 때에는 허락한다는 대답을 얻지 못하면 곧 멈추지 않았고, 또한 악한 것을 미워하고 선한 것을 드러내는 데에 회피함이 없었다. 한 친구가 그에게 말하였다. "공에게는 비록 용봉과 비간의 풍도가 있지만 밝게 몸을 보전하는 도리에 어긋남은 없습니까?" 정암이 말하였다. "나는 곧은 도리로써 임금을 섬김에 다행히 살면 사는 것이고, 불행히 죽으면 곧 죽는 것이니, 화와 복이 하늘에 있는데 내가 무엇을 두려워하겠는가?" 선조가 이퇴계를 대접할 때 예우함이 매우 두터웠는데 퇴계가 조정에 들어가는 것이 매우 드물었고, 들어와도 곧 돌아갔다. 어떤 이가 물었다. "주상께서 공을 대접함이 유비가 제갈량을 대접함에 다르지 않은데도 일찍이 오래 머물지 않으려 함은 무엇 때문입니까?" 퇴계가 말하였다. "요순시절에 임금과 신하가 꼭 들어맞음이 천고에 비할 데가 드문데도, 오히려 찬성한다는 말과 반대한다는 말이 있었는데, 오늘의 주상께서는 노신의 말에 대해서는 가부를 묻지 않으시고 문득 모두 따라주시니 내가 감히 머물지 못하는 것입니다." 두 사람의 처신하는 것이 같지 않음이 이와 같은데도 모두 한가지로 정인 · 군자가 되었다. 정암은 문정공 조광조의 별호이고, 퇴계는 문순공 이황의 별호이다.

46. 松都三絶(송도삼절)

徐敬德字可久 號花潭 專心學問 以讀書窮理爲事 不治產業 屢空忍飢 人所不堪 而處之晏如也 開城盲女之子眞娘 性倜儻 類男子 工琴善歌 嘗遨遊山水間 自楓岳歷太白智異 至錦城 州官方宴節使 聲妓滿座 眞娘以弊衣垢面 捫蝨自若 謳彈無少怍 諸妓氣懾 平生慕花潭爲人 必携琴釃酒詣焉 盡歡而去 每言 知足老禪三十年面壁 亦爲我所壞 惟花潭先生昵處累年 終不及亂 眞聖人也 嘗白于花潭曰 松都有三絶 曰 云何曰 朴淵瀑及先生暨我也 花潭笑之.

燃藜室記述

■ ■ ■

- 徐敬德(서경덕) : 조선조 명종 때의 성리학자. '유기론(唯氣論)'을 주장했음.
- 晏 : 편안할(안), 맑을(안).
- 眞娘(진랑) : 황진이(黃眞伊). 조선조 명종 때의 기생으로 시와 음률에 능했고, 격조 높은 시조 작품이 전하고 있음.
- 倜 : 기개 있을(척), 뛰어날(척).
- 儻 : 기개 있을(당).
- 倜儻(척당) : 뜻이 크고 기개 있음.
- 節使(절사) : 중앙에서 임금의 명을 받고 온 사절.
- 懾 : 두려워할(섭).
- 釃 : 술거를(시).
- 昵 : 친할(닐).
- 昵處(닐처) : 가까이 지냄.
- 暨 : 및(기), 미칠(기).

46. 송도의 세 가지 빼어난 것

서경덕의 자는 가구이고 호는 화담이다. 학문에 마음을 오로지하여 글을 읽고 이치를 탐구하는 것으로 일을 삼았다. 생업을 돌보지 아니하여 자주 텅 비어서 배고픔을 참는데 다른 사람들은 감당할 수 없는, 그런 상황에 처해서도 편안하였다. 개성에 앞 못 보는 여인의 딸 진랑은 성품이 뜻이 크고 기개가 있어서 남자와 같았는데, 가야금을 잘 타고 노래를 잘 불렀다. 일찍이 산수 간에 즐겁게 노니는데 풍악으로부터 태백산과 지리산을 지나서 금성에 이르니, 고을의 관장이 바야흐로 중앙에서 온 사절을 위해 잔치를 열었는데 소리 잘하는 기생들이 자리에 꽉 차 있었다. 진랑이 떨어진 옷, 때 묻은 얼굴로 이를 잡으면서 태연하게 노래 부르고 연주를 하면서 조금도 부끄러워함이 없으니 모든 기생들이 기가 질렸다. 평생토록 화담 선생의 사람됨을 사모하여 반드시 가야금을 지니고 술을 걸러서 찾아가서는 즐거움을 다한 후에야 돌아갔다. 매번 말하였다. "지족 노선사가 삼십 년 동안 면벽을 했는데도 또한 나에게 무너진바 되었는데, 오직 화담 선생만은 가까이 친하게 거처함이 여러 해인데도 끝내 어지럽힘에 미치지 못했으니 참으로 성인이다." 일찍이 화담에게 말하였다. "송도에는 세 가지 빼어난 것이 있습니다." 이르기를 "무엇을 말함인가?" 말하기를 "박연폭포와 선생님과 저입니다." 화담이 그 말에 대해서 웃었다.

47. 輪遞天子(윤체천자)

林白湖悌 氣豪不拘檢 病將死 諸子悲號 林曰 四海諸國未有不稱帝者 獨我邦終古不能 生於若此陋邦 其死何足惜 命勿哭 又嘗戱言 若使吾値五代六朝 亦當爲輪遞天子 一世傳笑 及壬辰之變 漢陰李相伴接天將 天將奬許之 至有不敢言之說 事雖非情 亦不自安 李白沙善詼諧 一日夜對 閭巷俚俗無不奏陳 以爲樂 仍及林事 上爲之發笑 白沙又白云 近世更有可笑之人 上曰 誰也 對曰 李德馨擬於王望矣 上大噱 白沙仍白曰 非聖上之大德深仁 渠安敢容貸覆載之間乎 上曰 吾豈置懷耶 遂促召 錫爵盡歡而罷.

星湖僿說

■ ■ ■

- 輪 : 돌(륜).
- 林悌 (임제) : 조선조 명종~선조 시기의 문인. 백호(白湖)는 그의 호.
- 値 : 만날(치), 당할(치).
- 漢陰 (한음) : 조선조 선조~광해군 시기의 문신인 이덕형(李德馨)의 호.
- 白沙 (백사) : 조선조 선조~광해군 시기의 문신인 이항복(李恒福)의 호.
- 詼 : 기롱할, 농지거리(회).
- 詼諧 (회해) : 농담, 익살.
- 噱 : 껄껄 웃을(갹).
- 渠 : 어찌(거).
- 貸 : 용서할(대).
- 覆載之間 (복재지간) : 천지지간(天地之間).
- 爵 : 잔(작), 참새부리 모양의 술잔.

47. 돌림천자

백호 임제는 기질이 호방하고 구속되거나 억제됨이 없었다. 병이 들어 장차 죽으려 할 때 여러 자식들이 슬퍼 울부짖으니 임제가 말하였다. "사방에 모든 나라들이 황제라 칭하지 않음이 없는데 오직 우리나라만 예로부터 끝내 그러지 못했다. 이와 같이 누추한 나라에 태어났는데 그 죽음이 어찌 애석할 수 있겠는가?" 울지 못하도록 명했다. 또한 일찍이 장난삼아 말하였다. "만약 나로 하여금 오대 육조시기를 만나도록 하였다면, 또한 마땅히 돌림천자가 되었을 것이다. "세상 사람들이 전해 듣고 웃었다. 임진의 변란을 맞이해서 한음 이재상이 명나라 장수의 접반사가 되었는데, 명나라 장수가 그를 권장하고 편들어서 감히 하지 못할 말이 있기에 이르러서는 일이 비록 본심은 아니었으나 또한 스스로 편안치 못하였다. 이백사가 농담을 잘했는데, 하루는 밤에 (임금에) 대하여 민간의 속언을 아뢰지 못할 것이 없는 것으로써 즐거움이 되있는데, 이에 임세의 일에 이르러서는 임금께서 웃으셨다. 백사가 또 아뢰었다. "요사이 다시 웃기는 사람이 있습니다." 임금이 말하였다. "누구인가?" 대답하여 아뢰었다. "이덕형이 임금이 될 후보자라고 헤아려지고 있습니다." 임금이 크게 껄껄 웃었다. 백사가 이에 아뢰어 말하였다. "성상의 큰 덕망과 깊은 어짊이 아니라면 어찌 감히 하늘과 땅 사이에 용서함이 있겠습니까?" 임금이 말하였다. "내가 어찌 마음속에 두겠는가?" 드디어 부르게 하고서는 술잔을 하사하여 즐거움을 다한 후에 헤어졌다.

48. 不受請託(불수청탁)

李後白字季眞 號靑蓮 明宗朝文科 官至吏曹判書 公爲銓長 務崇公道 不受請託 雖親舊若頻往候 則甚不韙之 一日有族人來謁 示求官之意 公變色 示以一小冊子 多記人姓名 將以除官者也 族人姓名亦在其中 公曰 吾錄子名 將以擬望 今子有求官之語 若求者得官 則非公道 子若不言 可以得官 惜哉 公每除一官 遍問其人可否 若誤除不合之人 則輒終夜不眠 恐誤國事.

石潭日記

■ ■ ■

- 李後白 (이후백) : 조선조 선조 때의 문신. 시와 문장에 능하였음.
- 明宗 (명종) : 조선조 제 13대 임금. 재위시(在位時) 을사사화(乙巳士禍)가 일어났음.
- 銓 : 저울(전), 가릴(전).
- 銓長 (전장) : 관리를 전형하는 관청의 장관. 곧 이조판서.
- 公道 (공도) : 공정한 방법.
- 候 : 물을 (후). 안부를 물음.
- 韙 : 옳을(위), 좋음.
- 除官 (제관) : 벼슬을 시키는 것.
- 擬 : 헤아릴(의).
- 擬望 (의망) : 임관 후보자로 정하는 것.
- 石潭日記 (석담일기) : 조선조 선조 때의 문신, 학자인 율곡(栗谷) 이이(李珥)가 경연(經筵)의 기사 및 당대의 시사(時事)를 수시로 기록하여 평론한 책.

48. 청탁을 받지 아니함

이후백은 자는 계진이고, 호는 청련이다. 명종 때에 문과에 올라서 관직이 이조판서에 이르렀다. 공이 이조판서가 되었을 때 공정한 방법을 숭상하도록 힘쓰고 청탁을 받아들이지 아니하였다. 비록 친구가 이에 자주 와서 안부를 묻더라도 그것을 옳지 않게 여겼다. 하루는 친척인 사람이 와서 뵈며 관직을 구하는 뜻을 나타내니 공이 얼굴빛을 변하면서 한 작은 책자를 보여주는데, 사람들의 성명을 많이 기록한 것으로, 장차 관직을 제수하려는 사람들이었다. 친족의 사람 이름도 또한 그 가운데 있었다. 공이 말하였다. "나는 자네의 이름을 적어서 장차 임관 후보자로 정하려 했는데, 지금 자네가 관직을 구하는 말을 하였네. 만약 구하는 사람이 관직을 얻게 된다면 곧 공정한 방법이 아니니, 자네가 만약 말을 하지 않았다면 관직을 얻을 수 있었을 터인데 아깝게 되었네." 공은 매번 하나의 관직을 제수할 때마다 그 사람이 합당한가, 그렇지 않은가를 두루 물었다. 만일 합당치 못한 사람을 잘못 임명했으면 곧 종일토록 잠을 이루지 못하면서 나라일이 잘못될까 걱정하였다.

49. 洪暹退蛇(홍섬퇴사)

洪文信公彦弼 方遭憂 廬墓側 時下夏月 其子暹方六歲 往父所 見其父抵枕就睡 有蛇盤橫胸腹上 張口弄舌 父心之 而恐蛇噬 不敢動 但如木石臥耳 暹卽往草中 捕蛙三四來 放之地上 衆蛙跳散 蛇乃盤旋 捨人而逐 於是 父方得起身 大奇之 暹應機慧敏 自幼如此 及長 果爲名相.

海東名臣錄

■ ■ ■

- 洪暹 (홍섬) : 조선조 제 14대 임금인 선조 때의 문신.
- 洪彦弼 (홍언필) : 홍섬(洪暹)의 아버지로 조선조 제 13대 명종 때의 문신.
- 遭憂 (조우) : 상(喪)을 당함.
- 遭 : 만날(조).
- 盤 : 서릴(반).
- 噬 : 깨물(서).
- 海東名臣錄 (해동명신록) : 조선조 인조 때 김육(金堉)이 엮은 우리나라 명신(名臣)들의 전기를 기록한 책.

49. 홍섬이 뱀을 물리침

문희공 홍언필이 상을 당해서 묘 곁에서 여막을 짓고 시묘살이를 하는데, 시절이 늦여름 철이었다. 그의 아들 섬이 여섯 살이었는데 아버지가 계신 곳에 와서 보니, 그 아버지께서 베개를 베고 낮잠을 주무시는데 뱀이 (아버지의) 가슴과 배 위에 가로 걸쳐 똬리를 틀고 입을 벌려 혀를 날름거리고 있었다. 아버지는 마음속으로 느끼고 있었으나 뱀이 깨물까 염려하여 감히 움직이지 못하고 목석과 같이 누워만 있을 따름이었다. 홍섬은 즉시 수풀 가운데로 가서 개구리 서너 마리를 잡아와 그것들을 땅 위에 풀어 놓으니 개구리들이 뛰어 흩어졌다. 뱀이 이에 똬리를 풀고 사람을 놓아두고서는 쫓아갔다. 이래서 아버지는 몸을 일으킬 수 있었고, (홍섬을) 기특하다고 여겼다. 홍섬은 때에 따라 지혜롭고 민첩하기가 어려서부터 이와 같았다. 자라서 과연 유명한 재상이 되었다.

50. 遞官焚衣(체관분의)

鄭以周光州人 字邦武 號醒齋 戊午 生員 戊辰 文科檢閱 以書狀如明 歸槖蕭然 或曰 書籍購之何妨 曰 在我國者 亦不能盡讀 爲定州牧使 歸示裝 有新衣籠二 怒而立焚之 到家之日稱貸於人 方始擧火.

人物考

■ ■ ■

- 鄭以周 (정이주) : 조선조 제 14대 임금인 선조 때의 문신. 직언으로 일관하여 권신(權臣)들의 배척을 받았음.
- 遞官 (체관) : 관직이 갈림.
- 書狀 (서장) : 서장관. 외국에 보내는 사신 중 정사(正使)와 부사(副使)의 아래 벼슬. 이 셋을 삼사(三使)라 부름.
- 槖 : 전대(탁). 행낭(탁).
- 蕭然 (숙연) : 오그라든 모양.
- 稱貸 (칭대) : 돈이나 물건을 꾸어줌.
- 擧火 (거화) : 불을 지펴 밥을 지음. 곧 살림을 함.
- 人物考 (인물고) : 조선조 정조가 초계문신(抄啓文臣) 등에게 명하여 편술(編述)하게 한, 조선조 개국 초부터 숙종 때까지의 명인(名人)의 약력을 모아 서술한 책.

50. 관직이 갈릴 때 새 옷을 불태움

정이주는 광주 정씨로 자는 방무, 호는 성재이다. (명종) 무오년 생원이 되고 (선조) 무진년 문과에 올라 검열이 되었다. 서장관으로 명나라에 사신 갔다가 돌아올 적에 행낭이 텅 비어 있었다. 어떤 사람이 말하였다. "서적은 사와도 괜찮지 않소?" 그는 말하였다. "내 나라에 있는 것도 또한 다 읽을 수 없소." (평안도) 정주 목사로 있다가 돌아가게 되었는데, 여장을 펴보고는 새 옷이 담긴 농짝 두 개가 나오자 화를 내며 그 즉시 불태워버렸다. 집에 돌아와서는 다른 사람에게 돈을 꾸어서야 비로소 불을 지필 수 있었다.

51. 養兵十萬(양병십만)

(李珥)嘗於筵中 請預養兵十萬 以備緩急 否則不出十年 將有土崩之禍 西厓柳成龍 謂無事養兵 是養禍也 時久安恬嬉 筵對之臣 皆以珥言爲過 珥出謂成龍曰 國勢如累卵 俗儒不達時務 他人固無望 君亦有此言耶 今不預養 後必無及矣 壬辰之亂 西厓語人曰 當時 吾亦慮其騷擾而非之 到今見之 李文成眞聖人也.

昭代紀年

■ ■ ■

- 李珥(이이) : 조선조 제 14대 임금 선조 때의 학자이며 문신. 십만양병설(十萬養兵說)을 주장함.
- 筵中(연중) : 임금에게 경서를 강론하는 경연(經筵) 자리.
- 緩急(완급) : 위급한 상황.
- 土崩之禍(토붕지화) : 흙이 무너지듯이 사물이 점차 무너져 손댈 수 없는 지경에 이름. 곧 큰 재앙.
- 柳成龍(유성룡) : 조선조 선조 때의 문신. 임진왜란 때 영의정으로 도체찰사를 겸하여 전란을 극복하는 데에 많은 공을 세웠음.
- 恬 : 편안할(염).
- 恬嬉(염희) : 직무를 게을리 함.
- 累卵(누란) : 계란을 쌓듯 아주 위태로움.
- 時務(시무) : 지금 해야 할 시급한 일.
- 文成(문성) : 이이의 시호.
- 昭代紀年(소대기년) : 조선조 국초부터 숙종 때까지의 사실(史實)을 수록한 역사서. 편자 미상이나 영조~정조 연간에 편찬된 것으로 추측됨. 조선조의 역사를 미화함.

51. 군사 십만을 기름

(이이가) 일찍이 경연 자리에서, 군사 십만을 미리 양성하여 위급한 상황에 대비하도록 청하며 그렇지 않으면 십 년이 못 되어 장차 엄청난 재앙이 있을 것이라고 아뢰었다. 서애 유성룡은 일없이 군사를 양성하는 것은 바로 화를 기르는 것이라고 하였다. 오랫동안 무사안일하던 때라, 경연에 마주한 신하들도 모두 이이의 말이 지나치다고들 했다. 이이가 나와서 성룡에게 말하였다. "나라의 형세가 계란을 포개 놓은 듯한데, 속된 선비들이야 시무에 밝지 못하니 딴 사람은 바랄 것도 없지만 당신도 또한 이와 같은 말을 하는가? 지금 미리 양성하지 않으면 뒤에 반드시 어쩔 수 없을 것일세." 임진년 왜란에 서애는 사람들에게 말하였다. "당시에 나도 소요를 일으킬 것 같아 반대했지만, 지금에 이르러 돌이켜보니 문성공이야말로 참으로 성인이시네."

52. 鵷班之鶚 殿上之虎(원반지악 전상지호)

鄭澈延日人 字季涵 號松江 辛酉進士 明宗壬戌文科 爲直提學 時朝著有東西色目 而最被東人忌惡 故謝歸田里 爲吏判請竄朴謹元洪汝諄許篈等三人 以明示好惡 金宇顒等 爭以爲不可 因劾澈 交構煽禍 上曰 鄭澈 其心也正 其行也方 惟其舌也直 故不容於時 見憎於人 若其當職盡瘁 忠清節義 草木亦知其名 眞所謂鵷班之鶚 殿上之猛虎 若罪此人 是朱雲可斬之謂也 除大司憲 上手書 孤忠自許 獨立敢言 以賜之.

大東奇聞

■ ■ ■

- 鵷 : 원추(鵷雛)새 (원), 봉(鳳)과 같은 가상적인 새.
- 鵷班 **(원반)** : 조정에 줄지어 선 만조백관의 고상한 모양을 뜻함. 곧 만조백관의 뜻으로 쓰임.
- 鶚 : 독수리(악).
- 鄭澈 **(정철)** : 조선조 제 14대 임금인 선조 때의 문신. '송강가사'의 작자로 가사와 시조 창작에 뛰어난 솜씨를 보임.
- 朝著 **(조저)** : 조정.
- 朴謹元 **(박근원)**, 洪汝諄 **(홍여순)**, 許篈 **(허봉)**, 金宇顒 **(김우옹)** : 모두 선조 때의 문신들로 정철과는 반대당인 동인(東人)들이었음.
- 煽 : 부채질할(선).
- 瘁 : 야월(췌).
- 盡瘁 **(진췌)** : 몸이 야위도록 힘을 다하여 수고함.
- 朱雲 **(주운)** : 漢(한) 성제(成帝) 때의 신하. 임금이 총애하는 신하의 목을 베자고 간언했다가 노여움을 삼.

52. 만조백관 중의 독수리요, 대궐의 호랑이

정철은 연일 사람으로 자는 계함이고 호는 송강이다. (명종) 신유년 진사가 되고 명종 임술년 문과에 올라 직제학이 되었다. 당시 조정에 동인과 서인의 색목(당파)이 있었는데, 정철은 동인이 가장 기피하고 싫어하는 인물이었다. 이 때문에 (벼슬을) 그만두고 향리로 돌아와 있다가 이조판서가 되자 박근원 · 홍여순 · 허봉 세 사람을 귀양 보낼 것을 청함으로써 좋아하고 미워함을 명확히 드러내었다. 이에 김우옹 등이 불가함으로 간쟁하고 정철을 탄핵하였으며 서로 짜고 화를 부채질하자 임금이 말하였다. "정철은 그 마음이 곧고 행실은 바르나, 오직 그 말이 곧아 그 때문에 당대에 용납되지 못하고 사람들로부터 미움을 산다. 그가 힘을 다해 직무에 충실함과 충직하고 깨끗한 절의 같은 것은 초목 또한 그 이름을 안다. 참으로 이른바 백관 중의 독수리요, 대궐의 호랑이라 할 만하다. 만약 이런 사람을 죄주면 주운의 목을 베어야 한다는 말과 같으리라." 대사헌을 제수하고 임금이 손수 '외로운 충성 스스로 자부하고, 홀로 우뚝 서 굳세게 말하네.'라는 글을 써서 하사하였다.

53. 當代之亂臣 後世之忠臣(당대지난신 후세지충신)

仁宗朝經筵官韓澍啓曰 世祖於朴彭年等 心雖嘉之 而危疑之際 不得不加罪 故嘗下敎曰 當代之亂臣 後世之忠臣 恐其泯沒於後世 故爲此徵言 以曉子孫也 成廟朝金宗直啓曰 成三問忠臣 成廟色變 宗直徐曰 不幸有變故 則臣當爲成三問 成廟色乃定.

楓岩輯語

■ ■ ■

- 仁宗 **(인종)** : 조선조 제 12대 임금.
- 筵 : 자리(연).
- 澍 : 적실(주), 흘러들어갈(주).
- 韓澍 **(한주)** : 생몰연대 미상.
- 經筵官 **(경연관)** : 경연에 참예하는 관원.
- 朴彭年 **(박팽년)** : 단종의 복위를 꾀하다 처형된 사육신(死六臣)의 한 사람.
- 泯 : 없어질, 다할(민), 어두울(민).
- 成廟 **(성묘)** : 조선조 제 9대 임금인 성종(成宗)의 묘호(廟號).
- 金宗直 **(김종직)** : 조선조 성종 때의 문신. 사림파(士林派)의 정신적 지주였음.
- 成三問 **(성삼문)** : 사육신의 한 사람.
- 楓岩輯語 **(풍암집어)** : 조선조 영조 때의 문인 유광익(柳光翼)이 엮은 사적(史蹟)과 시문(詩文)에 관한 논술집.

53. 당대의 난신이 후세의 충신

인종 때 경연관 한주가 임금께 아뢰었다. "세조께서 박팽년들에 대해서 마음속으로는 비록 그들을 가상히 여겼으나 위태롭고 의심스러운 때라 죄를 가하지 않을 수 없었습니다. 그러므로 일찍이 하교하여 말씀하였습니다. '당대로 보면 난신이지만, 후세에 보면 충신이다.' 후세에 그 사실이 없어질까 두려워, 그러므로 이와 같이 증거 되는 말을 하여 자손을 깨우친 것입니다." 성종 때에 김종직이 임금께 아뢰어 말하였다. "성삼문은 충신입니다." 성종의 얼굴빛이 변하였다. 김종직이 천천히 아뢰었다. "(성상께) 불행하게도 변고가 있으면 곧 신은 마땅히 성삼문이 되겠습니다." 성종의 얼굴빛이 이에 안정되었다.

54. 朝鮮公事三日(조선공사삼일)

柳成龍字而見 號西厓 登文科 官至領議政 當壬辰之亂 奔走四方 盡力王事 封扈聖功臣 豊原府院君 方倭寇充斥 明兵滿城之日 羽書方午 文移動如山積 公到省 則以申欽疾書 必命執筆 口呼成文 聯篇累牘 迅如風雨 而筆不停寫 文不加點 煥然成章 雖咨奏之文亦然 眞奇才也 爲都體察使 有列邑移文事 文旣成 屬驛吏 三日後收其文 將追改之 驛吏卽持文而至 公詰之曰 爾受書三日 何爲尙不頒列邑 吏曰 諺曰朝鮮公事三日 小人知三日復改 故延至今日矣 公欲罪之 仍思之 曰 是言可以警世 遂改其文 而使頒之. 於于野談

■ ■ ■

- 王事 (왕사) : 국사(國事). 나랏일.
- 扈 : 따를(호).
- 扈聖功臣 (호성공신) : 임진왜란 때 선조가 의주까지 파천할 때 호종하였던 신하들에게 내린 공신 칭호.
- 充斥 (충척) : 막아 물리침.
- 羽書 (우서) : 급한 격문, 새의 깃을 꽂았음.
- 午 : 가로 세로 엇갈릴(오), 종횡으로 교차함.
- 申欽 (신흠) : 조선조 선조~인조 때의 문신. 문장가로 이름이 높았음.
- 迅 : 빠를(신).
- 咨 : 물을(자).
- 頒 : 나누어 줄(반).
- 於于野談 (어우야담) : 조선조 광해군(光海君) 때 어우당(於于堂) 유몽인(柳夢寅)이 엮은 야담집.

54. 조선의 공적인 사무는 삼일뿐임

유성룡은 자는 이현이고 호는 서애다. 문과에 올라 관직이 영의정에 이르렀다. 임진의 난을 당해서 사방으로 바삐 다니면서 나랏일에 힘을 다하여 호성공신 풍원부원군에 봉해졌다. 바야흐로 왜구를 막아 물리칠 때 명나라 군대가 성안에 가득한 날에 급한 공문이 종횡으로 교차하고 문서가 이동하여 산과 같이 쌓이는데, 공이 관청에 도착하면 곧 신흠이 글씨를 빨리 쓰기 때문에 반드시 붓을 잡게 하고서는 입으로 부르기만 하면 문장이 이루어지는데, 글귀가 이루어지고 편지가 쌓이는 것이 빠르기가 풍우 같아서 붓이 글씨를 쓰느라고 멈추지 않는데도 한 글자 덧붙일 것이 없이 빛나는 문장이 이루어졌다. 비록 임금에게 자문해서 올리는 글도 또한 그렇게 했으니 참으로 기이한 재주였다. 도체찰사가 되었을 때 여러 고을에 공문을 보낼 일이 있었는데 글이 이미 이루어짐에 역리에게 맡겼지만, 삼일 후에 그 글을 수거해서 장차 그것을 고치려고 하니, 역리가 곧 그 글을 가지고 이름에 공이 그를 나무라며 말하였다. "네가 글을 받은 지 삼 일인데도 어째서 아직도 여러 고을에 나누어 보내지 않았는가?" 역리가 말하였다. "속담에 말하기를 우리나라의 공사는 삼 일뿐이라 하니 소인이 삼 일이면 다시 고칠 줄을 알고 그러므로 미루다가 오늘에 이르렀습니다." 공이 그를 죄주려고 하다가 이윽고 그것을 생각하고서는 말하였다. "이 말은 세상을 경계할 만하다." 드디어 그 공문을 고쳐서 나누어 보내도록 하였다.

55. 論劾大臣(논핵대신)

金誠一字士純 號鶴峰 登文科 官至觀察使 公嘗在近侍 論劾貴近 人畏憚 稱爲殿上虎 嘗爲掌令 上於筵中 問 近來廉恥都喪 此何故也 公對曰 大臣不恥受賕 小官奚則焉 時相臣盧守愼在首席 出而伏地曰 臣之族人爲北方邊將 以臣有老母 寄以小貂裘 臣不能却 誠一言是也 上曰 臺諫直言 大臣引過 可謂兩得之 臣僚能相責勵 國事可爲也 守愼出而謝公曰 古道復見於今日.

燃藜室記述

■ ■ ■

- 金誠一(김성일) : 조선조 제 14대 임금인 선조 때의 문신. 일본이 조선을 침략할 의사가 없다고 보고, 임진왜란이 일어나자 문책되고 의병활동을 하다가 병사함.
- 劾 : 캐물을(핵).
- 殿上虎(전상호) : 궁전의 호랑이. 임금 앞에서 관료들을 규탄하는 신하를 가리키는 말.
- 掌令(장령) : 사헌부의 관리.
- 筵中(연중) : 왕이 신하들에게 학문에 대한 강의를 듣는 곳.
- 都 : 모두(도).
- 賕 : 뇌물(구).
- 奚則焉(해칙언) : 무엇을 본받겠는가?
- 臺諫(대간) : 사헌부와 사간원의 관리.
- 引過(인과) : 잘못을 자책하는 것.
- 兩得之(양득지) : 두 사람이 다 잘했다는 뜻.

55. 대신을 논핵함

김성일은 자는 사순, 호는 학봉이다. 문과에 올라 벼슬이 관찰사에 이르렀다. 공은 일찍이 (임금을) 가까이 모시면서 지위가 높고 (임금과) 가까운 사람을 논핵하니, 사람들이 그를 꺼리고 두려워하여 '궁전 위의 호랑이'라고 불렀다. 일찍이 장령으로 있을 때에 임금이 경연에서 물었다. "근래에 염치가 모두 상실되고 있으니 이것이 무슨 까닭인가?" 공은 대답하여 아뢰었다. "대신이 뇌물을 받는 것을 부끄럽게 여기지 아니하니 하급 관리들이 무엇을 본받을 수 있겠습니까?" 이때 대신 노수신이 맨 위 좌석에 있었는데, 나와서 땅에 엎드리며 말하였다. "신의 일가 사람이 변경의 장수로 있는데, 신에게 늙은 어미가 있다하여 자그마한 담비 가죽 옷을 보내왔는데 신이 물리치지 못하였습니다. 성일이 이것을 말한 것입니다." 임금이 말하였다. "대간은 바른 말을 하고 대신은 자기의 잘못을 인정하니 이는 둘이 다 잘한 일이라 할 수 있다. 신료들이 서로 책망하고 독려하면 나랏일이 잘 될 것이다." 수신은 나와서 공에게 사과하면서 말하였다. "옛사람이 행하던 도리를 오늘날에 다시 보게 되었네."

56. 堯舜桀紂(요순걸주)

宣廟嘗問侍臣 予可比古何主 鄭以周對曰 堯舜之主也 金鶴峯誠一對曰 可以爲堯舜 可以爲桀紂 上曰 堯舜桀紂若是班乎 對曰 聖質高明 爲堯舜不難 而有自聖拒諫之病 拒諫自聖桀紂之所以亡也 上色變 從倚龍床 左右震懼 柳西厓成龍進曰 二人之言皆是也 堯舜之比 引君之辭 桀紂之言 儆戒之意 上色霽 賜酒而罷.

紫海筆談

■ ■ ■

- 宣廟 **(선묘)** : 조선조 제 14대 임금인 선조(宣祖)의 묘호(廟號).
- 鄭以周 **(정이주)** : 조선조 선조 때의 문신. 직언을 잘하였음.
- 班 : 같을(반), 차례 · 자리(반).
- 儆 : 경계할(경), 警(경).
- 霽 : 갤(제), 풀 · 풀릴(제).
- 柳成龍 **(유성룡)** : 조선조 선조 때의 문신. 임진왜란 중에 영의정으로서 도체찰사를 겸하여 국난을 극복하는 데에 많은 공을 세움.
- 紫海筆談 **(자해필담)** : 조선조 광해군 때의 문신 김시양(金時讓)이 저술한 일화 · 한담집.

56. 요임금 순임금과 걸왕 주왕

선조가 일찍이 모시고 있는 신하들에게 물었다. "나는 옛날 어떤 임금에게 비교할 수 있을까?" 정이주가 대답하여 말하였다. "요순과 같은 임금입니다." 학봉 김성일이 대답하여 말하였다. "요임금이나 순임금이 될 수도 있고, 걸왕이나 주왕이 될 수도 있습니다." 임금이 말하였다. "요순과 걸주가 이와 같이 같은 사람들인가?" "임금께서는 자질이 높고 밝아서 요임금이나 순임금이 되기에 어렵지 않으나, 스스로 성스럽다고 하여 간하는 것을 막는 병이 있으니 간하는 것을 막고 스스로 성스럽다고 하는 것은 걸왕과 주왕이 망한 까닭입니다." 임금의 얼굴빛이 변하며 조용히 용상에 기대었다. 좌우가 떨고 두려워하니 서애 유성룡이 나아가 말하였다. "두 사람의 말이 모두 옳습니다. 요임금이나 순임금에 비교한 것은 임금을 이끌어주는 말이고, 걸왕과 주왕과 같다고 한 것은 경계하라는 뜻입니다." 임금의 얼굴빛이 풀어져서 술을 내려준 후에 자리를 파하였다.

57. 國有爭臣 不失其國(국유쟁신 불실기국)

宣祖時朝廷創設訓鍊都監 欲行鳥銃法 領相柳成龍於上前親作試放狀 應敎朴東賢卽進曰 今日聖上無望國家之中興也 成龍以首相親作放砲狀於經席 安有大臣體貌如是而能中興乎 上瞪視不答 及罷西厓出語人曰 今日朴東賢言 誠是矣 古人言 國有爭臣 不失其國 此豈不足以中興乎 時以爲兩難.

朝野記聞

■ ■ ■

- 訓鍊都監 **(훈련도감)** : 임진왜란 후 설치한 군영. 서울의 수비를 담당함.
- 瞪 : 눈 똑바로 뜨고 볼(징).
- 應敎 **(응교)** : 조선조 때 홍문관의 정 4품 벼슬.
- 朴東賢 **(박동현)** : 조선조 명종~선조 시기의 문신.
- 經席 **(경석)** : 임금을 모시고 유교(儒敎)의 경전(經典)을 강의하던 자리.
- 西厓 **(서애)** : 조선조 제 14대 임금인 선조 때 영의정을 지낸 유성룡(柳成龍)의 호(號).
- 朝野奇聞 **(조야기문)** : 조선조 숙종 때의 편자 미상의 사서(史書). 추존 왕인 목조(穆祖)에서부터 인조에 이르기까지 역대 사실(史實)과 관련 인물에 관한 기록.

57. 나라에 간쟁하는 신하가 있으면 그 나라를 잃지 않음

선조 때에 조정에서 훈련도감을 창설하고 조총 쏘는 법을 시험하려고 하였다. 영의정 유성룡이 임금 앞에서 직접 시험 삼아 쏘는 형상을 하였다. 응교 박동현이 즉시 나와 아뢰었다. “오늘 성상께서는 국가의 중흥을 바라지 마십시오. 성룡이 수상으로서 경연 자리에서 친히 총을 쏘는 형상을 하였으니 대신의 체모가 이와 같고서 어찌 중흥할 수 있겠습니까?” 임금이 눈을 똑바로 뜨고 쳐다보면서 답을 하지 않았다. 모임이 파하고 나와서 서애가 다른 사람에게 말하였다. “오늘 박동현의 말은 참으로 옳다. 옛사람이 말하길 나라에 간쟁하는 신하가 있으면 그 나라를 잃지 않는다 했으니 이 어찌 중흥하지 못하겠는가?” 그 때에 (사람들이) 두 경우 모두 그렇게 하기 어려운 일이라고 생각했다.

58. 黑衣將軍(흑의장군)

鄭撥慶州人 字子固 丁丑武科 自髫齔時 喜讀書 寡言笑 與兄擢 並爲篤行人 壬辰爲釜山僉使 撥辭母曰 忠孝不可兩全 今子爲王家赴急 願勿以爲慮 母夫人撫背曰 去矣 汝爲忠臣 吾何撼焉 顧謂妻曰 善養吾親 聞者流涕 因急下 則賊船已蔽海退還入城 賊環城肉薄 撥神色不變 臨城射賊 屍如山積 賊怖相戒曰 莫近黑衣將軍 盖撥常穿黑衣袍也 矢旣盡 有挽袖請逃 撥笑曰 男兒死耳 吾當爲此城之鬼 其欲去者去 士皆感泣 贈左贊成 謚忠壯.

人物考

■ ■ ■

- 鄭撥 (정발) : 조선조 제 14대 임금인 선조 때 부산 첨사로 임진왜란이 발발하자 부산을 사수하다 전사함.
- 鄭擢 (정탁) : 조선조 선조 때의 문신. 생몰연대 미상.
- 髫齔 (초츤) : 아주 어린 시절. 이를 갈 나이의 어린 아이.
- 僉使 (첨사) : 첨절제사(僉節制使)의 준말. 각 진영의 종 3품 부관 벼슬.
- 赴 : 갈(부).
- 撼 : 흔들릴(감).
- 肉薄 (육박) : 몸으로 돌진함.
- 左贊成 (좌찬성) : 조선조 때 의정부(議政府)의 종1품 벼슬.

58. 검은 옷의 장군

정발은 경주 사람으로 자는 자고이다. (선조) 정축년 무과에 올랐다. 아주 어린 시절부터 글 읽기를 좋아하였으며 말과 웃음이 헤프지 않아 형 정탁과 아울러 행실이 돈독한 사람이 되었다. 임진년에 부산 첨사가 되자 정발은 어머니께 하직하며 말하였다. "충성과 효도를 둘 다 겸할 수는 없으니 지금 이 아들은 나라를 위해 급히 가야합니다. 바라옵건대 염려 마십시오." 모부인이 등을 쓰다듬으며 말하였다. "가거라. 네가 충신이 되려는데 내가 어찌 마음이 흔들리겠느냐?" 아내를 돌아보며 말하였다. "어머니를 잘 모시오." 듣는 사람이 모두 눈물을 흘렸다. 부산으로 급히 내려가니 적선이 이미 바다를 덮고 있어서 퇴각하여 성으로 들어오자 적이 성을 둘러싸고 공격해왔다. 정발은 신색이 변함이 없이 성에서 적에게 화살을 쏘니 시체가 산처럼 쌓였다. 적이 겁에 질려 서로 경계하여 말하였다. "흑의장군에게는 가까이 가지 말라." 정발은 항상 검은 옷을 입고 있었다. 화살이 이미 다 떨어지자 소매를 끌어당기며 도망가자고 하는 이가 있었으나 정발은 웃으며 말하였다. "남아에겐 죽음이 있을 뿐이다. 나는 이 성의 귀신이 되겠다. 가고 싶은 사람은 가라." 사졸들이 모두 감격하여 울었다. 조정에서 그에게 좌찬성을 추증하고 시호를 충장이라고 하였다.

59. 紅衣將軍(홍의장군)

郭再祐者宜寧人 承旨赽之子 嘗業文 聞賊近宜寧 遂會諸里中人 諭之曰 賊已迫 吾父母妻子將爲賊得矣 吾里中少年可戰者 不下數百 若齊心據鼎津以爲守 可保鄕曲 惡可束手以待死乎 衆曰 諾 遂藏兵於津岸之後 又多得吹角者 率穿紅衣上山頂 四面羅置之 約賊至 四面角聲俱起 岸後伏兵又亂射之 賊驚散 遂斬百餘級 以此賊不敢更近 朝廷遂擢折衝將軍助防將.

寄齋史草

■ ■ ■

- 郭再祐 (곽재우) : 조선조 임진왜란 때의 의병장(義兵將).
- 承旨 (승지) : 조선조 시대 임금의 명령을 출납하던 정 3품의 관직.
- 赽 : 굳셀(규), 헌걸찰(규).
- 鄕曲 (향곡) : 고향.
- 惡 : 어찌(오).
- 穿 : 꿸(천), 입히다.
- 寄齋史草 (기재사초) : 조선조 인조 때의 문신 기재(寄齋) 박동량(朴東亮)이 지은 임진왜란 전후의 사초(史草). 일명 '신묘임진사초(辛卯壬辰史草)'.

59. 붉은 옷의 장군

곽재우는 의령 사람이다. 승지 규의 아들로 일찍이 글을 일삼았다. 적이 의령에 가까웠다는 소식을 듣고서 드디어 모든 마을 안 사람들을 모아놓고 그들을 깨우쳐 말하였다. "적이 이미 가까이 이르렀으니 우리들의 부모와 처자가 장차 적에게 잡힐 것이다. 우리 마을 가운데 소년으로서 싸울 수 있는 사람이 수백에 모자라지 않으니, 만약 마음을 가지런히 하여 정진을 의거해서 지킨다면 고향을 보전할 수 있을 것이다. 어찌 손을 묶고서 죽음을 기다릴 수 있겠는가?" 여러 사람들이 좋다고 말하였다. 드디어 군대를 정진 언덕 위에 숨겨놓고, 또한 뿔피리 부는 이를 많이 구해서 붉은 옷을 입혀 거느리고 산꼭대기로 올라가서 사면으로 그들을 벌여 두었다. 적이 이르기를 기약하여 사면으로 뿔피리 소리가 한꺼번에 일어나고 언덕 위에 숨어 있던 군사들이 또한 어지럽게 쏘아대니 적이 놀라 흩어졌다. 드디어 백여 명의 목을 베니, 이 적들이 감히 다시는 가까이 오지 못하였다. 조정에서는 드디어 절충장군 조방장으로 발탁하였다.

60. 非小邦人(비소방인)

忠武公爲都督 設酒於運籌堂 方酣都督麾下千摠者 自折爾島來告 曉來遇賊 朝鮮舟師盡捕之 天兵則因風不順 不與相戰 都督大怒 喝令曳出 因擲盃推盤 公知其意 解之曰 老爺爲天朝大將 來討海寇 陣中之捷 則老爺之捷也 我當以首級 全付於老爺 老爺到陣未久 奏膚於皇朝 豈非善乎 都督大喜 就執公手曰 自在中朝 飽聞公名 今果不虛矣 遂醉飽終日 是日 宋汝悰獻所獲船六隻 賊首六十九級 送之 都督在陣日久 熟見公之號令節制 且料其船雖多而不可以禦賊 每臨戰 乘我板屋願受制於公 凡軍號指揮皆讓之 必稱公 爲李爺 曰 公非小邦人也 勸令入仕中朝者數矣.

忠武公全書

- 忠武公 (충무공) : 임진왜란 때 바다에서 왜군을 물리친 삼도수군통제사(三道水軍統制使) 이순신(李舜臣)의 시호(諡號).
- 都督 (도독) : 군 사령관. 여기서는 임진왜란 때 명(明)나라의 수군 사령관 진린(陳璘)을 뜻함.
- 舟師 (주사) : 싸움 배. 전선(戰船).
- 酣 : 술이 한창일(감).
- 麾 : 대장기(휘), 가리킬(휘).
- 爺 : 아비(야).
- 老爺 (노야) : 상대방을 높여 부르는 칭호.
- 膚 : 클(부), 아름다울(부). 큰 공을 뜻함.
- 數 : 자주(삭), 여러 번.
- 忠武公全書 (충무공전서) : 충무공(忠武公) 이순신(李舜臣)의 문집.

60. 작은 나라의 인물이 아님

충무공이 도독을 위해서 운주당에서 술자리를 마련하였다. 바야흐로 술이 한창일 때 도독의 휘하 천총이 절이도로부터 와서 아뢰었다. “새벽에 오다가 적을 만났는데 조선의 싸움배가 그들을 모두 잡았습니다. 천병(명나라 군사)은 곧 바람이 순하지 못함으로 인하여 함께 싸우지 못했습니다.” 도독이 크게 화를 내어 소리를 지르고 끌어내라고 명령하면서 술잔을 집어던지고 술상을 밀어 버렸다. 공이 그 뜻을 알고서는 (기분을) 풀어주며 말하였다. “노야께서는 천조의 대장으로 와서 바다의 도적을 토벌하시니 진중의 승리는 곧 노야의 승리인 것입니다. 내가 마땅히 적의 목을 벤 것을 모두 노야께 드리겠습니다. 노야께서 진중에 도착하신 지 오래지 않았는데, 황조에 큰 공을 아뢰게 되었으니, 어찌 좋지 않겠습니까?” 도독이 크게 기뻐서 나아가 공의 손을 잡고 말하였다. “중국 조정에 있을 때부터 공의 이름을 배불리 들었는데 이제 과연 헛된 말이 아닙니다.” 드디어 하루 종일 취하도록 마셨다. 이 날에 송여종이 잡은 적의 배 여섯 척, 적의 목 예순아홉 개를 바치니 그(도독)에게 보냈다. 도독이 진중에 있는 날이 오래되면서 공이 호령하고 통솔하는 것을 익히 보고, 또한 그 배가 비록 많으나 적을 제압할 수 없음을 헤아리고서, 매번 전투에 임해서 우리 판옥선에 올라타고서는 공의 통솔 받기를 원하였다. 무릇 군호와 지휘를 모두 양보하고서 반드시 공을 칭해서 ‘이 어르신’이라고 하였다. 그리고 말하였다. “공은 작은 나라의 사람이 아니오.” 중국에 들어가서 벼슬하기를 권한 것이 여러 번이었다.

61. 大有才局(대유재국)

李完平以體察使 往閑山 與副察及從事等 同乘公舟 入陣中 周視陣形 從容留宿 將還 舜臣請曰 軍情必爲相公有犒賞 今無其事 則恐缺望 相公曰 此言甚是 但吾初不備來 奈何 舜臣曰 吾爲相公已辦了 相公若許之 則當以相公之命 饋之 相公大喜 遂大犒之 一軍踴躍 公之旣沒 相公言及此事 仍歎曰 李統制大有才局.

忠武公全書

■ ■ ■

- 李完平 (이완평) : 조선조 선조 ~ 인조 시기의 문신인 이원익(李元翼). 완평부원군(完平府院君)의 봉호를 받음.
- 體察使 (체찰사) : 전란이 있을 때, 임금 대신으로 그 지방에 나아가 일반 군무를 총괄하던 관직.
- 犒 : 호궤할(호).
- 缺望 (결망) : 실망(失望).
- 辦 : 갖출(판). 마련함.
- 統制 (통제) : 통제사(統制使), 임진왜란 때 설치한 수군사령관.

61. 재주와 도량이 큼

이완평(이원익)이 체찰사로서 한산도에 가서 부체찰사와 종사관 등과 함께 공(이순신)의 배에 올라 진중에 들어가서 진의 형세를 두루 살펴보고는 조용히 머물러 잠자고 장차 돌아가려 하였다. 순신이 청하여 말하였다. "군사들은 반드시 상공께서 호궤하여 주시는 상이 있을 것으로 생각할 것입니다. 그러한 일이 없다면 곧 실망할까 염려됩니다." 상공이 말하였다. "이 말씀이 매우 옳습니다. 단지 내가 처음이라 준비하지 못하고 왔으니 어떻게 합니까?" 순신이 말하였다. "제가 상공을 위하여 이미 마련해 놓았으니 상공께서 만약 허락하신다면 곧 마땅히 상공의 명령으로서 군사들에게 호궤하겠습니다." 상공이 크게 기뻐하고, 드디어 크게 호궤하니 온 군사들이 기뻐 날뛰었다. 공(이순신)이 이미 돌아간 후에 상공이 말이 이 일에 이르면 이에 탄식하며 말하였다. "이통제는 재주와 도량이 큰 사람이었다."

62. 不伐功尤難(불벌공우난)

壬辰八月 吏曹參議李廷馣過至延安 以公前爲延安府使 故府中豪傑聚徒百餘迎公 公入城 募得五百餘人 隨才部分 二十八日 賊酋長政功陷海州 以兵三千 與江陰之賊 悉銳而來 城中色駭 有欲出陣計者 公曰 我旣與兵民約同死生 陷民自濟所不忍也 怖甚者 任自出 不汝拘也 一軍咸願死守 賊進圍三匝 撤廬舍 塡濠塹 隊鼓士陵城 蟻附之 公乃坐積蒭 戒其子濬曰 城陷可自焚 聞者感泣 一齊致死 如是者四日 賊死傷過半是夜聚屍焚之 翌朝乃解圍去 朝廷聞公被圍 上下憂危 及捷至 只言賊以某日圍城解去 一無張皇語 議者言 却賊易 不伐功尤難.

海東名臣錄

■ ■ ■

- 李廷馣(이정암) : 조선조 명종～선조 시기의 문신. 임진왜란 때 왜적을 물리치는데 많은 공을 세움.
- 長政(장정) : 임진왜란 때 우리나라를 침공한 왜장 흑전장정(黑田長政).
- 匝 : 둘(잡), 둘레(잡).
- 塡 : 메울(전), 채울(전), 따를(전)
- 悉銳(실예) : 날랜 군사를 모두 동원함.
- 匝 : 둘레(잡). 돌(잡).
- 撤 : 흩을(살).
- 張皇(장황) : 부풀려 펼침.
- 伐 : 자랑할(벌).

62. 공적을 자랑하지 않음이 더욱 어려움

임진년 8월에 이조참의 이정암이 연안을 지나는데, 공이 전에 연안 부사를 지낸 일이 있으므로 그 곳의 호걸들이 무리 백여 명을 모아서 공을 영접하였다. 공이 성에 들어가서 오백여 명을 모집하여 그 능력에 따라 부서를 나누었다. 28일에 적의 우두머리 (흑전)장정이 해주를 함락시키고, 군사 삼천 명으로써 강음의 적과 함께 날랜 군사를 모두 동원해 오니 성안 사람들이 놀라 성 밖으로 나가 진을 치자고 하였다. 공이 말하였다. "나는 이미 군민과 생사를 같이 하기로 약속하였으니 백성을 (어려움 속에) 빠뜨리고 나만 사는 것은 차마 할 수 없다. 겁이 나는 자는 마음대로 나가거라. 너희를 붙들지 않겠다." 온 군사들이 사수하기를 원하였다. 적이 달려들어 세 겹으로 포위하고 민가를 헐어서 참호를 메우고 북을 치며 성을 넘으려고 개미처럼 달라붙었다. 공은 쌓아 놓은 마른 풀 위에 앉아서 그 아들 준에게 타일러 말하였다. "성이 함락되면 스스로 불을 질러 타 죽을 것이다." 듣는 사람들이 감동하여 울며 일제히 죽기에 이르도록 싸웠다. 이와 같이 하기를 4일 만에, 죽고 부상한 적병이 반이 넘어 이 날 밤에 시체를 모아 불사르고, 다음 날 아침에 포위를 풀고 물러갔다. 조정에서 공이 포위를 당하였다는 소식을 듣고 모든 사람들이 위태로움을 걱정하였는데, 승전한 보고가 이르렀다. 다만 말할 뿐이었다. "적이 아무 날 성을 포위하였다가 풀고 갔습니다." 한 마디도 장황한 말이 없었다. 의논하는 사람들이 말하였다. "적을 물리치기는 쉽지만 공적을 자랑하지 않는 것이 더욱 어렵다."

63. 對敵論寶(대적논보)

僧惟政字離幻 號松雲 又稱四溟堂 俗姓任氏 年十三出家 後中禪科 華聞漸彰 以佛門衆望住持禪宗 卽辭入妙香山 受益於西山大師休靜 後住金剛山 壬辰夏倭賊闌入嶺東 所至殘害 師語門徒曰 如來出世 本爲救護衆生 賊今張甚 吾當往諭 卽飛錫入高城倭陣 賊將三人俱加禮敬 師以書勸勿嗜殺 則三將皆拱手受戒 時休靜總攝諸道僧兵 諭惟政募衆勤王 遂統大衆赴平壤 後下嶺南 頗有戰功 甲午春入釜山倭營 見淸正 正問朝鮮有寶乎 師曰 無有 在日本 曰 何謂也 曰 方今我國以若頭爲寶故也 正乃驚嘆 而禮送之.

燃藜室記述

■ ■ ■

- 惟政(유정) : 임진왜란 때 활약한 승병장. 평양을 수복하는 데 공을 세웠고, 전란이 끝난 후, 일본에 들어가 우리 포로 3,500여 명을 데리고 왔음.
- 華聞(화문) : 명성.
- 受益(수익) : 가르침을 받는 것.
- 休靜(휴정) : 서산대사(西山大師). 유정(惟政)의 스승으로 임진왜란 때 8도의 승병을 거느렸음.
- 闌入(난입) : 함부로 들어옴.
- 張(장) : 설치는 것을 말함.
- 飛錫(비석) : 석(錫)은 승려가 짚는 금속으로 만든 지팡이. 비석(飛錫)은 곧 '달려갔다'는 뜻.
- 勤王(근왕) : 나랏일에 힘을 다하는 것.
- 攝 : 질(섭), 거느릴(섭).
- 淸正(청정) : 가등청정(加藤淸正). 임진왜란 때 우리나라를 침공한 왜장(倭將).

63. 적과 마주하여 보물을 논함

승려 유정은 자는 이환이고 호는 송운인데, 또 사명당이라고도 이른다. 세속에서의 성은 임씨다. 나이 열세 살 때에 출가하여 뒤에 선과에 합격하고 명성이 점차 퍼져서 불문의 무리들이 선종의 주지가 될 것을 바랐다. 곧 거절하고서는 묘향산에 들어가 서산대사 휴정의 가르침을 받고서는 뒤에 금강산에 머물렀다. 임진년 여름에 왜적이 영동지방에 함부로 들어와서 사람을 죽이는 해로움이 지극하니 선생이 문도를 모아놓고 말하였다. "부처님이 세상에 나오신 것은 본래 중생을 구호하기 위함인데, 적이 지금 설치는 것이 심하니 내가 마땅히 가서 깨우치겠다." 곧 달려가 고성의 왜군 진영으로 들어가니 적장 세 사람이 모두 예를 갖춰 공경했다. 선생이 글씨로 써서 (사람)죽이는 것을 좋아하지 말라고 권하니 곧 세 사람의 적장이 함께 두 손을 모아 쥐고 가르침을 받았다. 이때에 서산대사 휴정이 여러 도의 승병을 모두 거느리게 되었는데, 유정에게 무리를 모아서 나랏일을 위해 힘쓰라고 이르니 드디어 큰 무리를 거느리고서 평양으로 갔다가, 뒤에 영남 땅으로 내려가서 자못 전투에 공이 있었다. 갑오년 봄에 부산에 있는 왜군 진영에 들어가 (가등)청정을 보니, 청정이 물었다. "조선에 보물이 있습니까?" 선생이 말하였다. "없습니다. 일본에 있습니다." 청정이 물었다. "무엇을 말함이오?" 선생이 말하였다. "바야흐로 지금 우리나라에서는 당신의 목을 보물로 삼고 있는 까닭입니다." 청정이 이에 놀라고 감탄하여 예를 갖추어서 그를 전송하였다.

64. 義妓岩(의기암)

論介晉州妓也 壬辰亂 判官金時敏 以數千殘軍 能退數十萬大敵 城中得保 丁酉再亂 牧使徐禮元 倡義使金千鎰 所領兵幾至六萬 比前爲十倍 人皆謂守城無慮 論介獨憂 千鎰問其由 對曰 前則兵雖少 將相相愛 號令出一 此爲得勝之本 今雖多兵 軍無統率 將不知兵 是以爲憂 千鎰以爲妖言 欲斬 左右勸解得止 及城陷 軍民將校盡被屠戮 論介凝粧盛服 立矗石樓下峭岩之顚 敵將見而狎之 論介抱腰投潭 後人名其岩 曰義妓岩 立祠樓傍 每年春秋 群妓會集而祀之. 靑邱野談

■ ■ ■

- 論介 (논개) : 정유재란 때 왜장을 껴안고 남강에 투신하여 순사(殉死)한 기생.
- 金時敏 (김시민) : 임진왜란 당시 진주성 싸움을 승리로 이끈 장수. 진주성 싸움은 임진왜란 3대첩의 하나임.
- 徐禮元 (서예원) : 정유재란 때 진주성 함락 당시 진주 목사.
- 金千鎰 (김천일) : 임진왜란 ~ 정유재란 시기의 의병장. 진주성 싸움에서 순국함.
- 凝粧 (응장) : 얼굴에 화장을 함.
- 峭 : 가파를(초).
- 顚 : 꼭대기(전).
- 靑邱野談 (청구야담) : 조선조 말기에 편찬된 한문 야담집(野談集). 민담(民譚) 내지 야담을 소설체로 기록함.

64. 의로운 기생 바위

논개는 진주 기생이었다. 임진란 때, 판관 김시민이 수천 명의 남은 군사로 수십 만에 이르는 큰 적을 물리치고 성을 온전히 보전하였다. 정유재란 당시 목사 서예원과 창의사 김천일이 거느린 군사가 거의 육 만에 달했으니 전에 비한다면 열 배였다. 사람들은 모두 성을 지키는데 아무 염려할 것이 없다고 말했으나, 논개만이 홀로 근심하자 천일이 그 까닭을 물어보았다. 대답하여 말하였다. "전에는 군사가 비록 적었으나 장수와 재상이 서로 아껴서 군령이 한군데서 나왔으니 이것이 승리를 거둔 근본 이유입니다. 지금은 비록 군사는 많으나 군대가 통솔이 되지 않고 장수는 군사를 모르니 이로써 근심하는 것입니다." 천일이 요망한 말이라 하여 목을 베고자 하였으나 좌우에서 용서하도록 권하여 그만두었다. 성이 함락되자 군사와 백성과 군관들이 모조리 무참한 죽음을 당했다. 논개는 화장을 하고 옷을 잘 차려 입고는 촉석루 아래 가파른 바위 꼭대기에 서 있었다. 적장이 보고는 음란한 짓을 하려하자 논개는 (적장의) 허리를 안고 깊은 물에 투신하였다. 후세 사람들이 그 바위를 이름하여 '의기암'이라 하였고, 촉석루 곁에 사당을 세워 매년 봄 · 가을에 기생들이 모여서 제사를 지낸다.

65. 尊師好德(존사호덕)

李恒福居相位 有達官來謁 皆坐而受拜 一日有報申訓導在門 公徒跣而出 迎入升堂 俛首所言應對甚恭 家人怪問之 是公兒時所受業者也 明日往謝所館 將綿布十餘端米數石 以供旅次之費 其人曰 行旅所需 數斗米足矣 其餘謝不受 可見其人之賢 而亦見公尊師好德之誠 足以爲範於世矣.

大東奇聞

■ ■ ■

- 李恒福 **(이항복)** : 조선조 선조 ~ 광해군 시기의 문신. 임진왜란 때 병조판서(兵曹判書)로 크게 활약하였고, 후에 영의정(領議政)을 지냄. 해학(諧謔)에 능했음.
- 徒 : 맨손(도).
- 跣 : 맨발(선).
- 徒跣 **(도선)** : 맨발.
- 俛 : 숙일(부).
- 俛首 **(부수)** : 고개를 숙임.
- 旅次 **(여차)** : 여행(旅行).
- 謝 : 거절할(사).

65. 스승을 높이고 덕 쌓기를 좋아함

이항복이 재상의 지위에 있을 때에 현달한 관리가 와서 뵙더라도 모두 앉아서 절을 받았다. 하루는 신 선생이 문에 있다는 알림이 있으니, 공이 맨발로 나가서 맞이하여 당에 오르게 하고서는 머리를 숙이고, 말하고 응대함이 매우 공손하였다. 집안사람들이 괴상히 여겨 물으니, 이는 공이 어렸을 적에 학업을 배운 이였다. 다음 날에 여관에 찾아가서 사례하고, 장차 무명 십여 단과 쌀 몇 섬을 여행의 경비로 드리려 하니 그 사람이 말하였다. "여행에 필요한 것은 쌀 몇 말이면 된다." 그 나머지는 거절하여 받지 않으니, 그 사람의 어짊을 볼 수 있고 또한 공이 스승을 높이고 덕 쌓기를 좋아하는 성심을 볼 수 있으니 세상에 본보기가 될 만하다.

66. 頭白老物(두백노물)

弼雲相公朝罷歸來 有一女人 橫過馬前 前導者呵禁擠仆于地 相公還家 戒責奴僕曰 我在相位 雖一物不得其所 我之耻也 使行路之人 擠仆于地 甚是不宜 汝輩謹飭 勿復爾也 有頃 女人趕到 升前邱 而發惡大叱曰 頭白老物 縱奴作弊 使行路人顚仆 汝爲相國 有益國家者何事 而作此威勢乎 汝罪可竄 此外詬辱 無所不至 相公聽若不聞 奴僕皆深藏不出頭 適有坐客 聞而駭之 問於相公曰 彼女所辱者 指何人耶 相公徐而笑曰 頭白老物 非我而誰 客曰 何不驅逐 而任其縱恣如彼也 公曰 我先失矣 厥女怒罵宜也 任其罵詈 以泄其憤而去 聞者以爲大臣之量云.

柳川箚記

■ ■ ■

- 弼雲(필운) : 조선조 선조～광해군 시기의 문신인 백사(白沙) 이항복.
- 呵 : 꾸짖을(가).
- 擠 : 밀칠(제).
- 謹飭(근칙) : 삼가 조심함.
- 趕 : 달릴(간), 좇을(간).
- 大叱(대질) : 크게 꾸짖음.
- 詬 : 꾸짖을(후), 망신 줄(후).
- 詬辱(후욕) : 꾸짖어 욕함.
- 罵 : 욕할(매).
- 詈 : 꾸짖을(리).
- 柳川箚記(유천차기) : 조선조 선조 때의 문신 한준겸(韓浚謙)이 조선시대의 행례(行禮)에 관한 글을 읽고 필요한 부분을 발췌해서 모아놓은 글.

66. 머리가 허연 늙은 괴물

필운 상공이 조회가 끝나서 돌아올 때 한 여인이 말 앞을 가로질러 지나가니, 앞길을 인도하는 사람이 꾸짖어 가로막고 땅에 밀쳐 넘어뜨렸다. 상공이 집에 돌아와서 노복들에게 경계하여 책망하며 말하였다. "내가 재상의 지위에 있음에 비록 하나의 사물이라도 제 자리에 있지 못한다면 그것은 나의 부끄러움이다. 길가는 사람을 땅에 밀쳐 넘어지게 했으니, 이것은 매우 마땅치 못하다. 너희들은 삼가고 또 삼가서 다시는 이런 일이 없도록 하라." 조금 있다가 그 여인이 쫓아 이르러 앞에 있는 언덕에 올라가서 발악하며 크게 꾸짖어 말하였다. "머리가 허연 늙은 괴물이 노비로 하여금 폐단을 만들어서 길가는 사람을 엎어지게 했으니, 네가 재상이 되어서 국가를 유익하게 한 것이 무슨 일이관데 이러한 위세를 부리는가? 네 죄는 귀양 가야만 한다." 이 밖에 꾸짖고 욕함이 이르지 않는 곳이 없었다. 상공이 듣고서도 못 들은 척하며 노복들을 모두 깊이 숨겨두고 머리를 내밀지 못하도록 하니, 마침 앉아 있던 손님이 듣고서는 그것을 해괴히 여겨 상공에게 물었다. "저 여인이 욕하는 사람이 누구를 가리키는 것입니까?" 상공이 천천히 웃으며 말하였다. "머리 허연 늙은 괴물이 내가 아니면 누구겠습니까?" 손님이 말하였다. "무엇 때문에 내몰아 쫓아버리지 않고서 그 멋대로 방자하도록 맡겨둠이 저와 같습니까?" 공이 말하였다. "내가 먼저 잘못하였으니 그 여자가 화가 나서 욕하는 것은 마땅합니다." 욕하고 꾸짖는 대로 맡겨두어 그 분을 풀고서 가도록하니, 듣는 이들이 대신의 도량이라고 생각했다.

67. 腹劒(복검)

漢陰爲領相 白沙爲左相 自少知己友也 立朝 協心隨事相議 一日漢相往沙相家 沙相語漢相曰 吾輩於國任事已久 迄可休矣 台於大小僚中審察可代者否 官卑則吾輩力爲推挽 何難超陞也 漢相曰 再明台枉吾家如何 時象村申公欽 以判書參坐 漢相顧謂曰 公亦來 象村如期早進 則未幾沙相果至坐定 漢相曰 申判書及李承旨爾瞻 以台入 故避矣 沙相使之並入 而揣知漢相欲薦爾瞻而要之 謂漢相曰 台眼近昧耶 漢相默然 瞻卽辭去 沙相謂漢相曰 台其誤認矣 安知他日吾輩不毒於伊手耶 其後漢相待命之時 謂象村曰 常台果知人矣 常台者 以沙相字子常也 爾瞻少有名譽 人無知其腹劒者 惟柳上舍克新見必外待曰 此人他日必禍入者也 癸丑年 漢相被罪 以憂卒於楊根 白沙亦不容於朝 丁巳年 立節於廢論 竄終於北青 皆爾瞻之毒也 朝紳之被禍於瞻者 亦不勝計. 西郭雜錄

■ ■ ■

- 漢陰(한음) : 조선조 선조 ~ 광해군 시기의 문신인 이덕형(李德馨)의 호.
- 白沙(백사) : 조선조 선조 ~ 광해군 시기의 문신인 이항복(李恒福)의 호.
- 迄 : 이를(흘), ~까지(흘), 마침내(흘).
- 台 : 별(태), 대감을 대신하는 호칭.
- 推挽(추만) : 추천함.
- 挽 : 당길(만), 말릴 · 끌(만).

☞ 136쪽에 계속

67. 뱃속에 든 칼

한음(이덕형)이 영의정이 되었을 때 백사(이항복)가 좌의정이 되었는데 어릴 때부터 서로를 알아주는 친구였다. 조정에 있으면서 일마다 마음을 합하여 서로 의논하였다. 하루는 한음이 백사의 집에 갔는데 백사가 한음에게 말하였다. “우리들이 나라의 일을 맡은 지가 이미 오래이니 마침내 쉬어야 하겠소. 대감이 대소 관료 중에서 대신할 만한 사람을 살펴보셨소? 관직이 낮더라도 우리들이 힘써 추천하면 어찌 뛰어서 승진시키기가 어렵겠소?” 한음이 말하였다. “모레 대감이 내 집에 오는 것이 어떻겠소?” 이때에 상촌 신흠이 판서로서 자리에 참석하고 있었는데, 한음이 돌아보며 말하였다. “공도 또한 오시오.” 상촌이 기약한 대로 일찍 나갔더니 곧 오래지 않아 백사가 과연 이르러 좌정하였다. 한음이 말하였다. “신 판서와 승지 이이첨이 대감이 들어오시므로 피하였소.” 백사가 그들을 함께 들어오게 하고서는 한음이 이이첨을 천거하고자 해서 언약한 것임을 알고 한음에게 말하였다. “대감의 눈이 요사이 어두워졌군요.” 한음은 아무 말이 없고 이이첨은 물러가버렸다. 백사가 한음에게 말하였다. “대감이 잘못 아셨소. 다른 날에 우리들이 저 사람의 손에 독을 받지 않을지 어찌 알겠소?” 그 후 한음이 (처벌의) 명을 기다릴 때에 상촌에게 말하였다. “상태가 과연 사람을 알아보았구나.” 상태라 한 것은 백사의 자가 ‘자상’이기 때문이었다. 이이첨은 젊었을 때에 이름이 났었는데 그 뱃속에 칼이 든 것을 아는 사람이 없었다. 오직 진사 유극신 만이 그를 볼 때마다 반드시 홀대하며 말하였다. “이 이가 다른 날에 반드시 재앙을 일으킬 사람이다.” 계축년 한음이 죄를 입어 (나라 일을) 근심하다가 양근에서

☞ 137쪽에 계속

68. 佩鈴自戒(패령자계)

李尙毅兒時 性甚輕率 坐不耐久 言輒妄發 父母憂之 頻有責言 公佩小鈴以自戒 每聞鈴聲 猛加警飾 出入坐臥 未嘗捨鈴 今日減一分 明日減一分 及至中年之後 渾然天成 後人之戒輕薄子弟者 必擧李公 以爲則云.

公私見聞錄

■ ■ ■

- 李尙毅 **(이상의)** : 조선조 선조 ~ 광해군 시기의 문신. 글씨를 잘 썼음.
- 毅 : 굳셀(의).
- 頻 : 자주(빈).
- 渾 : 온전히 할(혼), 모두(혼).

☜ 134쪽에서 계속

- 枉 : 굽을(왕), 굽힐(왕).
- 象村 **(상촌)** : 조선조 선조 ~ 인조 시기의 문신인 신흠(申欽)의 호.
- 揣 : 헤아릴(취), 시험할(취).
- 要 : 언약함, 약속함.
- 伊 : 저(이), 이(이).
- 李爾瞻 **(이이첨)** : 조선조 광해군의 권신(權臣).
- 上舍 **(상사)** : 진사(進士).
- 外待 **(외대)** : 홀대.
- 西廓雜錄 **(서곽잡록)** : 이문흥(李文興, 연대 미상)이 저술한 일화 · 한담집.

68. 방울을 차고 스스로 경계함

이상의가 어렸을 때에 성격이 매우 경솔해서 앉아 있어도 오랫동안 견디지 못하고 말을 하면 문득 망발을 하니, 부모가 그것을 걱정하여 자주 책망하는 말을 하였다. 공이 작은 방울을 차고 스스로 경계하였는데, 매번 방울소리가 들리면 놀라 엄하게 자세를 바로 하였다. 나가고 들어오고 앉고 누움에 일찍이 방울을 풀어놓지 않았다. 오늘 조금 덜해지고, 내일 또 조금 덜해져서 중년에 이른 후에는 온전히 자연스럽게 이루어졌다. 뒤에 사람들이 경박한 자식들을 경계할 때는 반드시 이 공을 거론해서 본보기로 삼았다.

☞ 135쪽에서 계속

죽었으며, 백사 또한 조정에 용납되지 못하여 정사년 폐모론에 절의를 세우다가 북청으로 귀양 갔다가 죽었으니 모두 이이첨의 해독이었다. 조정에서 이이첨에게 화를 당한 벼슬아치가 헤아릴 수 없이 많았다.

69. 生死有數(생사유수)

洪瑞鳳家在永敬殿前 賓迎將宰牛 買一大牛 庖丁未到 方俟之時 奴子水孫自果川載柴而來 繫牛於柱 牛背關橫木 脊折不能動 而所買之牛 大小等也 命以此易彼 載柴之牛 終入盤羞 將屠之牛 好歸果川 微物之生死 亦有其數 欲害者不得自由 而況於人乎 夫人之以生死爲憂 百計營爲者 果知天乎哉.

於于野談

■ ■ ■

- 洪瑞鳳(홍서봉) : 조선조 선조 ~ 인조 시기의 문신. 문장, 시, 글씨에 뛰어났음.
- 庖丁(포정) : 백정.
- 俟 : 기다릴(사), 待(대).
- 柴 : 땔감(시).
- 關 : 꿸(관).
- 脊 : 등골뼈(척).
- 羞 : 음식(수).

69. 죽고 사는 것은 운명임

홍서봉의 집은 영경전 앞에 있었다. 손님을 맞이하여 장차 소를 잡으려고 한 마리 큰 소를 사왔다. 백정이 아직 도착하지 않아 바야흐로 기다리고 있을 때 노비 수손이 과천으로부터 땔감을 싣고 왔다. 소를 기둥에 매두었는데 소 등에 가로막대가 꿰어 등뼈가 부려져 움직일 수 없었다. 그런데 사온 소와 크기가 같아서 이 놈을 저 놈과 바꾸라고 명령하니 장작을 싣고 온 소는 마침내 쟁반 위의 음식이 되고, 장차 도살될 소는 좋아라고 과천으로 돌아갔다. 하찮은 동물의 살고 죽음도 또한 그 명수가 있어서 해치고자 하는 자가 자유로울 수 없는데 하물며 사람에게 있어서랴. 무릇 사람들이 살고 죽는 것을 근심하여 온갖 방법으로 삶을 영위하고자 하여도 과연 천명을 알겠는가?

70. 不求賢而求花(불구현이구화)

李時白字敦時 號釣巖 忠定公李貴之子也 以布衣參靖社勳 封延陽府院君 官至領議政 公之居第 即忠定公所受賜者也 階上舊有一株花樹 名日金絲洛陽紅 世稱來自中國 一日 忽有人率役夫來 詰其由 乃大殿別監承王命欲挼去移植闕內也 公自往採其花樹 并其根挼碎之 垂涕而言曰 今國勢莫保朝暮 主上不思求賢 而求此花何也 吾不忍以花媚君 而見國之亡 須以此啓達也 後王待公益厚 蓋嘉其進規之意也. **大東奇聞**

■ ■ ■

- 李時白 **(이시백)** : 조선조 인조 ~ 현종 시기의 문신. 이괄(李适)의 난과 병자호란에 공을 세움.
- 李貴 **(이귀)** : 광해군을 퇴출시키고 인조를 등극시킨 인조반정의 일등 공신.
- 靖社勳 **(정사훈)** : 인조반정의 공신을 뜻함.
- 居第 **(거제)** : 거주하는 주택.
- 大殿別監 **(대전별감)** : 대전(大殿)은 왕이 있는 궁전. 별감(別監)은 액정서(掖庭署)의 하인.
- 挼 : 비빌(쇠).
- 莫保朝暮 **(막보조모)** : 아침에 어떨지 저녁에 어떻게 될지를 보장할 수 없는 것. 매우 불안한 상태에 있다는 뜻.
- 媚 : 아름다울(미).
- 進規 **(진규)** : 바른 말로 충고함.
- 海東續小學 **(해동속소학)** : 신라 이후 명유(名儒), 석학(碩學), 의사(義士), 숙원(淑媛) 등의 가언(嘉言) 선행(善行)을 모아 엮은 교양서. 구한말의 학자 박재형(朴在馨)이 편찬함.

70. 현명한 이를 구하지 않고 꽃을 구함

이시백은 자는 돈시, 호는 조암, 충정공 이귀의 아들이다. 포의(벼슬하기 전)로서 정사공신에 참여하여 연양부원군에 봉해졌고 벼슬이 영의정에 이르렀다. 공이 살고 있는 주택은 곧 충정공이 나라에서 받은 집이다. 뜨락 위에 꽃나무 한 그루가 있는데, 이름을 금사낙양홍이라 하며 세상에서는 중국에서 가져온 것이라고 말하는 것이다. 하루는 갑자기 어떤 사람이 인부를 데리고 왔다. 그 까닭을 물으니 곧 대전별감이 임금의 명령을 받고 (이 나무를) 캐다가 대궐 안에 옮겨 심으려 한다는 것이었다. 공은 자신이 가서 그 꽃나무를 캐 가지고는 그 뿌리까지 비벼서 바수어 버리고 눈물을 흘리면서 말하였다. "지금 나라의 형편이 아침, 저녁을 보전하지 못하겠는데 주상께서는 현명한 인재를 구할 생각은 하지 않고 이 꽃을 구함은 무엇 때문인가? 나는 차마 꽃을 가지고 임금께 아첨하여 나라가 망하는 것을 볼 수는 없으니 꼭 이대로 말씀을 올려리." 뒤에 왕은 공을 대우하기를 더욱 후하게 하였으니 그의 충고하는 뜻을 가상히 여긴 것이다.

71. 法局隱士(법국은사)

炭翁(權諰)好戲言 嘗曰 今之隱士乃法局隱士也 或請問其說 翁曰 嘗見小兒 隱其身 使儕流輩搜得 搜得者久不至 隱身良久 則輒自呼法局 欲搜其身者速來也 今之隱士纔得隱逸之美名 而旅恐當世之不我知 必求見之術 此非隱其身而自呼法局者乎 吾故云云. 白野記聞

■ ■ ■

- 權諰(권시) : 조선조 선조～현종 시기의 학자. 예론(禮論)에 밝았음.
- 炭 : 숯(탄), 재(탄).
- 諰 : 두려워할(시).
- 戲言(희언) : 희롱하는 말, 농담.
- 良久(양구) : 오랜 동안.
- 纔 : 겨우(재).
- 旅 : 무리(려).
- 見 : 보일(현).
- 白野記聞(백야기문) : 조선조 숙종 때의 문신 조석주(趙錫周)가 보고 들은 것을 기록한 수필집.

71. 뻐꾸기 은사

탄옹 권시는 농담을 좋아하였다. 일찍이 말하였다. "오늘의 숨어 사는 선비는 이에 뻐꾸기 은사다." 어떤 사람이 그 말뜻을 물으니, 탄옹이 말하였다. "일찍이 어린 아이들이 그 몸을 숨기고서 또래로 하여금 찾도록 하는 것을 보았는데, 찾는 사람이 이르지 않으면 몸을 숨기기를 오랫동안 하다가 곧 문득 스스로 '뻐꾹'하고 소리 내어 자신을 찾는 사람이 빨리 오기를 바란다. 오늘날에 숨어 사는 선비들은 겨우, 숨어 산다는 아름다운 명성을 얻고서는 무리들이 당세에 나를 알아주지 못할 것을 걱정하여 반드시 자기를 보이는 기술을 구하니, 이것이 그 몸을 숨기고 있으면서 스스로 '뻐꾹'하며 부르는 것이 아니겠는가? 나는 그러므로 이렇게 말하는 것이다."

72. 思母至孝(사모지효)

金萬重字重叔 號西浦 登文科 官至大提學 性至孝 以遺腹子 不識父面 以是爲終身至痛 事母尹夫人有深愛 以夫人好書 蒐聚古史異書 以至稗官雜記 日夜談說左右 以資一笑 自少至老 非有公故 未嘗離側 其異宮之後 每日早朝往省 人定時方還 隣人竊識之 一不蹉失 公之誠孝如此 爲國盡言 則不以親老 有少回避 始公赴謫也 夫人怡然曰 嶺海之行前脩亦所不免 行矣 自愛 勿以我爲念 稗官有九雲夢 即公所作 大旨以功名富貴歸之一場春夢 要而慰釋夫人憂思也. **西浦漫筆**

■ ■ ■

- 金萬重 **(김만중)** : 조선조 숙종 때의 문신. 유복자로 태어나 효성이 지극하였음.
- 蒐 : 모을(수).
- 以資一笑 **(이자일소)** : 한번 웃게 하는 자료로 삼았다는 뜻.
- 異宮 **(이궁)** : 집을 따로 나가서 사는 것.
- 省 : 살필(성), 안부를 물음.
- 人定時 **(인정시)** : 지금 밤 열두 시. 자정.
- 蹉失 **(차실)** : 실수하는 것.
- 嶺海 **(영해)** : 높은 재와 바다. 곧 먼 지방.
- 脩 : 닦을(수). 修(수)와 같음.
- 前脩 **(전수)** : 옛날 사물에 통달한 사람. 선철(先哲).
- 九雲夢 **(구운몽)** : 김만중이 남해(南海)에 귀양 가 있으면서 그의 어머니를 위로하기 위하여 지었다는 소설.
- 西浦漫筆 **(서포만필)** : 조선조 숙종 때의 문신 서포(西浦) 김만중(金萬重)의 제자백가(諸子百家) 평설 및 시문 평론집.

72. 어머니를 섬기는 지극한 효성

김만중은 자는 중숙, 호는 서포이다. 문과에 올라 벼슬이 대제학에 이르렀다. 성품이 지극히 효성스러웠다. 유복자로서 아버지의 얼굴을 모르고 자랐기 때문에 종신토록 지극한 아픔으로 생각하였다. 어머니 윤 씨 부인을 섬기는 데 사랑이 깊었다. 부인이 책을 좋아하므로 옛날 역사에 관한 것이나 별다른 책을 모아들이고 소설이나 이야기 책 같은 것에 이르러서는 밤낮으로 옆에서 이야기하여 드려서 한 번 웃으시게 하는 자료로 삼았다. 어려서부터 늙을 때까지 공적인 이유가 아니면 일찍이 곁을 떠난 적이 없으며, 그가 집을 따로 나가서 살게 된 뒤에는 날마다 아침에 일찍 가서 문안을 드리고 밤이 늦어서야 돌아갔다. 이웃사람이 몰래 지켜보았는데도 한 번도 실수한 적이 없었으니 공의 효성이 이와 같았지만, 나랏일을 위하여 할 말을 다할 때에는 자친이 늙었다 하여 조금이라도 회피하는 일이 없었다. 공이 처음 귀양길을 떠날 때에 부인은 자연스럽게 말하였다. "산골이나 바닷가로 귀양 가는 일은 선철도 또한 면치 못하던 것이니 가거라. 스스로 (몸을) 아끼고 나를 생각하지 말거라." 소설에 '구운몽'이 있는데 이는 공이 지은 것이다. 그 요지는 '공명과 부귀는 일장춘몽에 불과하다.'는 것인데, 이것은 부인의 걱정하는 마음을 위로하여 풀어드리기 위한 것이다.

73. 百歲通儒(백세통유)

丁若鏞字美庸 又頌甫 號俟菴 又茶山 幼而穎悟 長而好學 二十二 以經義爲進士 二十八 中甲科第二人 入翰林爲藝文館檢閱 慕星湖李瀷之學 因游心經籍 旣而 又從李蘗遊 聞西敎見西書 頗傾心焉 竟遭西敎之獄 配長鬐 後移配康津 在謫凡十有八年 專心經學 著詩書禮樂易春秋及四書諸說 共二百三十卷 精硏妙悟 多得古聖人本旨 外有關國家典章及牧民按獄諸書 不但著述之富空前絶後 其獨到之見 多發前人所未發 其經世致用之策 無非出於憂國愛民之至誠 公可謂百世之通儒也.

與猶堂全書

■ ■ ■

- 丁若鏞 **(정약용)** : 조선조 정조 때의 실학자(實學者) · 문신. 정조의 깊은 사랑을 받았음.
- 穎 : 빼어날(영).
- 經義 **(경의)** : 유교 경전 문제를 내는 과거 시험의 한 과목.
- 李瀷 **(이익)** : 조선조 숙종 ~ 영조 시기의 실학자. 경세치용의 학문을 펼침.
- 李蘗 **(이벽)** : 조선조 영조 ~ 정조 시기의 천주교도.
- 西敎 **(서교)** : 서양에서 들어온 종교. 곧 천주교를 가리키는 말.
- 西書 **(서서)** : 천주교에 관계되는 서적.
- 頗 : 자못(파).
- 遭 : 만날(조).
- 經世致用 **(경세치용)** : 세상을 경영하고 실용의 가치가 있는 학문.
- 通儒 **(통유)** : 한쪽에 치우치지 않고 여러 방면에 통달한 학자.
- 與猶堂全書 **(여유당전서)** : 실학을 집대성한 여유당(與猶堂) 정약용의 시문집.

73. 역사상 가장 통달한 유학자

정약용은 자는 미용 또는 송포이고, 호는 사암 또는 다산이다. 어려서 재주가 빼어나게 슬기로웠고 자라서는 학문을 좋아하였다. 스물두 살에 경의 시험으로 진사가 되었고, 스물여덟 살에 갑과의 제 2인으로 (문과에) 합격하였고, 한림에 들어가서 예문관 검열이 되었다. 성호 이익의 학문을 사모하여 유학의 경전에 마음을 쏟았고, 얼마 있다가 또 이벽과 교유하여 천주교에 대한 이야기를 듣고서 천주교 서적을 보았는데 자못 마음을 기울였었다. 마침 천주교의 옥사가 일어나자 장기로 귀양 갔다가 뒤에 강진으로 옮겨 귀양살이를 한 것이 모두 18년간이었다. 경학에 전력을 기울여 시경, 서경, 예기, 음악서, 주역, 춘추와 사서에 대한 여러 학설을 저술한 것이 모두 230권이다. 정밀히 연구하고 묘리를 깨달아서 옛 성인의 본래의 뜻을 알아낸 것이 많았다. 이밖에 국가의 법률 제도와 백성을 다스리는 문제, 옥사를 다루는 문제 등에 관한 여러 저서는 단지 저술의 양이 많기가 (비교할 만한 것이) 이전에도 없고 이후에도 없을 뿐 아니라, 그만이 알아낸 견해는 앞에 사람이 미처 발견하지 못한 것을 발견한 것이 많았으며, 그의 세상을 경영하고 실용의 가치가 있는 학설은 나라를 걱정하고 백성을 사랑하는 지극한 정성에서 나오지 않은 것이 없으니 공이야말로 역사상 가장 통달한 유학자라고 말할 수 있다.

74. 轎前婢某(교전비모)

李根澤之子 爲韓圭卨女婿 韓女之嫁也 携一婢來 俗所爲轎前婢也 乙巳脅約成之日 根澤自闕歸 汗喘對家人 話勤約事曰 吾幸而免死 婢在廚下聞之 提鸞刀出叫曰 李根澤汝身爲大臣 國恩云何 而國危不能死 乃曰 吾幸而免 汝眞狗彘若 吾雖賤人 豈甘狗彘之奴乎 恨吾力弱不能斬汝萬段 寧還舊主也 遂走歸韓家 婢失其名.

梅泉野錄

■ ■ ■

- 轎 : 가마(교).
- 轎前婢 (교전비) : 혼례 때에 새색시를 따라가는 계집종.
- 李根澤 (이근택) : 을사오적(乙巳五賊)의 한 사람. 을사늑약 당시 군부대신이었음.
- 韓圭卨 (한규설) : 을사늑약 당시 참정대신(參政大臣)으로서 끝까지 반대하여 파면됨. 경술국치(庚戌國恥) 후에 일본 정부에 의해 작위가 주어졌으나 거절함.
- 脅 : 으를(협).
- 喘 : 숨찰(천).
- 鸞刀 (난도) : 자루에 난새 모양의 방울을 단 칼. 희생을 가르는데 썼음.
- 彘 : 돼지(체).
- 寧 (녕) : 차라리 ~하다.
- 梅泉野錄 (매천야록) : 구한말(舊韓末)의 시인 황현(黃玹)이 고종 1년부터 경술국치까지 약 50년의 역사를 편년체로 서술한 책.

74. 교전비 아무개

이근택의 아들이 한규설의 사위가 되었는데 한규설의 딸이 시집올 때에 여종 하나를 데리고 왔는데, 이것이 세상에서 말하는 교전비라는 것이다. 을사년 늑약이 맺어진 날 이근택이 대궐로부터 돌아와서 땀을 흘리고 숨차하며 집안사람들을 보고 늑약이 맺어진 일을 말하였다. "내가 다행히 죽음을 면하였다." 여종이 부엌에 있다가 그 말을 듣고 고기 자르는 큰 칼을 가지고 나와서 외쳤다. "이근택아, 네가 대신이 되어 나라 은혜가 어떠한데 나라가 위태로울 때 죽지는 못하고, 이에 말하기를 '내가 다행히 죽음을 면하였다.'고 하니 너는 참으로 개나 돼지와 같구나! 내가 비록 천한 사람이나 어찌 즐겨 개 · 돼지의 종이 될 수 있겠는가? 내가 힘이 약하여 너를 만 토막으로 베어 죽이지 못하는 것이 한이다. 차라리 옛 주인에게 돌아가겠다." 드디어 한 씨 댁으로 달려 되돌아갔다. 그 여종의 이름은 놓쳐 버렸다.

75. 借雞騎還(차계기환)

一金先生善談笑 嘗訪友人家 主人設酌 只佐蔬菜 先謝曰 家貧市遠 絶無兼味 惟淡泊 是愧耳 適有群雞 亂啄庭除 金曰 大丈夫不惜千金 當斬吾馬佐酒 主人曰 斬一馬 騎何物而還 金曰 借雞騎還 主人大笑 殺雞餉之 仍與大噱. 太平閒話滑稽傳

■ ■ ■

- 雞 : 닭(계).
- 佐 : 도울(좌).
- 泊 : 얇을(박).
- 淡泊 (담박) : 맛이 밋밋함. 싱거움.
- 除 : 섬돌(제), 뜰(제).
- 噱 : 껄껄 웃을(갹), 입 벌릴(갹).

75. 닭을 빌려 타고 돌아감

한 김 선생이 우스갯소리를 잘하였다. 일찍이 친구 집을 찾아가니 주인이 술자리를 마련하는데 안주가 단지 채소뿐이었다. 먼저 사과하여 말하였다. “집이 가난하고 시장이 멀어서 맛있는 것이 없어 오직 담백할 뿐이니 이것이 부끄럽소.” 마침 한 무리의 닭이 어지럽게 뜰을 다니며 쪼고 있었다. 김 선생이 말하였다. “대장부는 천금을 아까워하지 않으니 내 말을 잡아 술안주를 하겠소.” 주인이 말하였다. “한 마리뿐인 말을 잡으면 어떤 말을 타고 돌아갑니까?” 김 선생이 말하였다. “닭을 빌려 타고 돌아가겠소.” 이에 함께 크게 웃었다.

76. 比馬於人(비마어인)

一朝官 軀幹農肥 氣脈淨盛 嘗奉使耽羅 酒食過度 雖多人廣坐中 續續放氣 一日朝官向州人而馬價高下 州人曰 馬之骨格强健 美毛色 步驟者 直數百 馬漫膚多肉 徒費芻豆 但能放氣者 直不一錢 朝官笑曰 此等馬比之於人 其眞我乎.

太平閑話滑稽傳

■ ■ ■

- 朝官 (조관) : 벼슬아치.
- 軀幹 (구간) : 몸집.
- 淨盛 (정성) : 겉으로 왕성함.
- 耽羅 (탐라) : 지금의 제주도.
- 驟 : 빠를(취).
- 漫 : 늘어질(만).
- 太平閑話滑稽傳 (태평한화골계전) : 조선조 임금 성종 때 서거정(徐居正)이 항간에 떠도는 웃음거리 이야기를 모은 설화집.

76. 말을 사람에 비유함

한 벼슬아치가 몸집이 우람하게 살이 찌고 기맥이 겉으로 왕성하였다. 일찍이 명을 받들어 사신으로 제주도에 갔을 때, 술과 음식이 도에 지나쳐서 비록 많은 사람들이 모여 앉아 있는 자리에 나갔을지라도 연달아 방귀를 뀌었다. 하루는 벼슬아치가 고을 사람을 향하여 말 값의 비싸고 쌈을 물으니 고을 사람이 말하였다. "말의 골격이 강건하고 털 색깔이 아름다고 걸음이 빠른 것은 값어치가 수백 냥이요, 말이 살만 쪄서 늘어져 헛되이 꼴과 콩을 축내고 단지 방귀 뀌는 것만 능한 것은 값어치가 안 됩니다." 벼슬아치가 웃으며 말하였다. "이와 같은 말을 사람에 비유한다면 그가 진실로 나로구나!"

77. 不辨菽麥(불변숙맥)

宗室豊山守 愚騃不辨菽麥 家養鵝鴨 而不知算計 惟以雙雙而數之 一日家僮烹食一鴨 宗室數至雙雙 而餘一隻 乃大怒杖僕曰 汝偸我鴨 必償他鴨 翌日僮又烹食一鴨 宗室數至雙雙而無餘隻 乃大喜曰 刑罰不可無也 昨夕杖僕 而僕償納之矣.

慵齋叢話

■ ■ ■

- 宗室 **(종실)** : 종친(宗親). 제왕의 일가.
- 騃 : 어리석을(애).
- 鵝 : 거위(아).
- 鴨 : 오리(압).
- 偸 : 훔칠(투).
- 隻 : 하나(척), 단지 하나. 짝(척).

77. 콩과 보리를 구별 못함

종친 풍산군수는 아주 어리석어서 콩과 보리를 분별하지 못하였다. 집에서 거위와 오리를 길렀는데, 계산할 줄 몰라 오직 쌍쌍으로만 셈하였다. 하루는 집안의 어린 아이 종이 오리 한 마리를 삶아 먹었는데, 종친이 쌍쌍으로 셈하다가 한 마리가 남으니, 이에 크게 화가 나서 종을 때리며 말하였다. "네가 내 오리를 훔쳤으니 반드시 다른 오리로 변상하여라." 다음날 아이 종이 또 오리 한 마리를 삶아 먹었더니, 종친이 쌍쌍으로 셈하다가 남은 짝이 없으므로 이에 크게 기뻐하며 말하였다. "형벌이 없을 수 없다. 어제 저녁에 종을 때렸더니 종이 변상해 바쳤구나."

78. 睦書房擧案(목서방거안)

大抵宴品舖張 可於初擧案時觀之 故凡事之舖張者 謂之擧案 有睦生者 初入忠順衛 一日其徒聚射 睦生後至 衣服鮮楚 所持弓矢皆精妙 左右皆曰 睦入吾耦 爭之不已 及升場而進 弓未開 矢墜於前 終日射之不及侯 人皆絶到曰 睦書房擧案 至今浮誇而無實者 稱之睦書房擧案.

慵齋叢話

■ ■ ■

- 宴品 **(연품)** : 연회를 하거나 활을 쏠 때 쓰는 물건.
- 舖 : 펼(포), 鋪(포)의 속자(俗字).
- 擧案 **(거안)** : 밥상을 드는 것.
- 忠順衛 **(충순위)** : 조선조 시기 오위(五衛)의 하나.
- 耦 : 짝(우), 짝 지을(우).
- 侯 : 사포(후). 사포(射布)는 활을 쏘는 표적으로 거는 베. 과녁.

78. 목서방의 차림차림

대개 연품의 차림차림은 처음 거안할 때가 볼 만하다. 그러므로 모든 일에서의 차림차림을 일러 '거안'이라고 한다. 목 씨 서생이 있었는데, 처음으로 충순위에 들어왔다. 하루는 그 무리들이 모여 활을 쏘았는데, 목 씨 서생이 늦게 도착하였다. 의복이 곱고 말쑥하며 지니고 있는 활과 화살이 모두 정묘하므로 좌우의 사람들이 모두 말하였다. "목생은 우리 편에 들어오시오." 그렇게 다투기를 그치지 아니하였다. 활 쏘는 장소에 나아가기에 이르러서는, 활시위를 당기기도 전에 화살이 앞에 떨어지곤 하여, 종일토록 활을 쏘았으나 과녁에 미치지 못하였다. 사람들은 모두 크게 실망하여 '목서방거안'이라고 하였다. 지금도 허황되고 부풀어져 실속이 없는 사람을 '목서방거안'이라고 부른다.

79. 蠅牧使(승목사)

武官梁某 爲公州牧使 暑月多蠅 梁厭之 令州中吏胥 下至伶妓僕隷 每朝捕呈蠅一升 嚴設法而督之 上下爭務捕捉 皇皇不少休 至有抱布買蠅者 時人謂之蠅牧使 治邑如捕蠅 則令豈有不行者乎.

慵齋叢話

■ ■ ■

- 暑月 (서월) : 여름.
- 蠅 : 파리(승).
- 伶 : 악공(령).
- 升 : 되(승).
- 布 : 주머니(포).
- 皇皇 (황황) : 마음이 조급하여 허둥지둥하는 모양.

79. 파리 목사

무관 양 아무개가 공주 목사가 되었는데 여름이라 파리가 많았다. 양이 그것을 싫어하여 고을 안 아전들과 아래로 악공, 기생, 노비들에 이르기까지 매일 아침 파리 한 되를 잡아 바치게 하고, 엄하게 법을 만들어서 그것을 독려하니 위·아래가 다투어 잡느라고 힘써 허둥지둥 조금이라도 쉴 수가 없었다. 그래서 주머니를 가지고 파리를 사는 사람이 있기에 이르니 이때의 사람들이 그를 일러 '파리 목사'라고 하였다. 고을 다스리기를 파리 잡듯 한다면, 곧 어떤 명령인들 어찌 시행이 안 되겠는가?

80. 猫首座說(묘수좌설)

昔有老猫 爪牙皆病 搏噬之才已盡 無計捕鼠 飜出耳內無毛之處 冒之於頭而行 呼唱曰 我則今已發慈悲之心 削髮爲僧 安得與大衆共做精進之功乎 群鼠然猶畏服 莫敢出矣 及窺見髡頭之狀 大信其言而出應 推尊老猫 爲猫首座 首座居首 鼠以大小之次而立 爲法會之席 繞旋之際 細鼠之行 當首座之口前 行及佛後障蔽之處 輒攫呑之 以是徒衆日縮 或疑首座之所爲 而信惑者 至於發怒 而言其不然 及其考視首座遺矢中有鼠毛 然後 知其陷於老猫術中云.

中宗實錄

■ ■ ■

- 爪牙 (조아) : 손톱과 이빨.
- 飜出 (번출) : 뒤집어 꺼냄.
- 窺 : 엿볼(규).
- 髡 : 머리 깎을(곤).
- 細鼠 (세서) : 생쥐.
- 障蔽 (장폐) : 가림, 가리는 물건.
- 攫 : 움킬(확).
- 中宗實錄 (중종실록) : 조선조 제 11대 임금인 중종 재위(在位) 39년 간의 실록.

80. 상좌승 고양이 이야기

옛날에 어떤 늙은 고양이가 발톱과 이빨이 모두 병들어 때리고 깨무는 재주가 이미 다하여 쥐를 잡을 계책이 없을 적에, 귀안에 털이 없는 곳을 뒤집어 꺼내서 그것을 머리에 쓰고 다니면서 소리치며 말하였다. "나는 이제 이미 자비의 마음을 드러내서 머리를 깎고 중이 되었다. 어찌하면 대중들과 함께 정진하는 공덕을 지을 수 있겠는가?" 뭇 쥐들은 그러나 오히려 두려워 복종하면서도 감히 나가지 못하였다. 머리 깎은 모습을 엿보고 나서야 크게 그 말을 믿고 나가서 응대하며 늙은 고양이를 높이 추대하여 묘수좌로 삼았다. 수좌가 꼭대기에 자리하고 쥐들이 크고 작은 차례로 서서 법회의 자리를 만들었는데, 빙빙 돌아가는 즈음에 생쥐의 행렬이 수좌의 입 앞에 닥치고 다른 행렬이 불상 뒤의 가려진 곳에 미치면 문득 생쥐를 움켜쥐어 삼켜버렸다. 이 때문에 무리가 날로 줄어드니 어떤 쥐가 수좌가 한 짓이라고 의심하거늘 미혹된 쥐가 화를 내기까지 하면서 그렇지 않다고 말하였다. 수좌의 남긴 똥 가운데 쥐 털이 있는 것을 살펴봄에 다다라 그런 후에 늙은 고양이의 술수 가운데 빠졌음을 알았다고 하였다.

81. 知子莫如父(지자막여부)

宋斯文期忠 爲一善府伯時 有三昆季相訟 乃厥父家業 只給季子 而不及伯仲者也 斯文佯詬其不均 束草爲人 號曰訟子之父 令其伯 捽面曳之 則聽從而不疑 仲亦如之 至季則辭曰 雖是芻靈 名之曰父 則豈有提曳之理乎 玆則吾所不忍也 斯文嘆曰 知子莫如父 爾父於汝等 審察之 知之明矣 獨厚季子 固其所也 黜而退之.

效顰雜記

■ ■ ■

- 宋期忠 (송기충) : 생몰연대 미상.
- 昆 : 형(곤).
- 昆季 (곤계) : 형제.
- 佯 : 거짓(양).
- 詬 : 꾸짖을(후). 망신줄(후).
- 芻 : 짚(추).
- 芻靈 (추령) : 풀로 묶어 만든 인형.
- 黜 : 물리칠(출).
- 效顰雜記 (효빈잡기) : 조선조 선조 때의 문인인 고상안(高尙顔)이 저술한 일화 · 한담집.

81. 자식을 아는 데는 아버지만한 이가 없음

유학을 공부하는 선비 송기충이 선산부사로 있을 때에 서로 소송을 하는 세 형제가 있었다. 그 아버지가 집 재산을 막내아들에게만 주고 맏이와 둘째에게는 주지 않았다는 것이다. 부사는 거짓으로 균등하지 않은 것을 꾸짖고는 풀을 엮어 인형을 만들어서 소송하는 아들들의 아버지라 칭하였다. 그 맏이로 하여금 그 인형의 얼굴을 잡아 끌게 하니 곧 그대로 쫓아하며 의심하지 않았다. 둘째 또한 그러하였다. 막내 차례에 이르자 곧 거절하며 말하였다. "비록 풀로 만든 인형이라도 아버지라 이름하였으니 어찌 잡아 끌 수가 있겠습니까? 이런 즉 저는 차마 하지 못하겠습니다." 부사가 탄식하며 말하였다. "자식을 아는 데는 아비만한 이가 없다. 너희들의 아버지가 너희들을 깊이 살펴보아서 밝게 알았구나. 유독 막내아들에게 후하게 함이 마땅한 것이다." 그들(두 아들)을 내쫓아 버렸다.

82. 貂皮御史(초피어사)

有權姓文官 性貪黷 嘗受巡按北塞之命 每聲言 某守不治將重究 使之聞之然後 入其府 夜召其守 燕語甚款 使從者潛言御史不耐寒冱 欲得寒具而不敢言 其守大喜 密賜貂皮饋之 僞稱濕病 求貂皮 列鎭預貿以待 有一邊將 不以爲信 不爲具 權峻威以待之 邊將始大懼 艱得二皮納之 北路號曰 貂皮御史.

浯溪紀聞

■ ■ ■

- 貂 : 담비(초).
- 黷 : 더러울(독).
- 燕 : 편안할(연).
- 燕語 (연어) : 터놓고 편안히 이야기함.
- 冱 : 얼(호), 추위(호).
- 峻 : 엄할(준), 높을(준).
- 艱得 (간득) : 간신히 구함.
- 浯溪紀聞 (부계기문) : 조선조 인조 때의 문신 김시양(金時讓)이 함경북도 종성(鐘城)으로 귀양 갔을 때의 견문을 적은 수필집.

82. 담비가죽 어사

권 씨 성을 가진 문관이 있었는데, 성품이 욕심 많고 더러웠다. 일찍이 북쪽 변방 지역을 살피고 다니라는 명을 받고서는 매번 아무개 군수는 다스리지를 못하니 장차 엄히 살피겠다는 소리를 하고서는, 그로 하여금 그것을 듣게 한 후에 고을에 들어가서 밤에 군수를 불러 편안하게 이야기하는 것이 매우 너그러웠다. 따라온 사람에게 가만히 말하기를, "어사께서 추위를 견뎌내지 못하시니 추위를 막을 것을 얻고자 하나 감히 말씀을 못하신다."하니, 그 군수가 크게 기뻐하여 몰래 담비가죽 옷을 그에게 선사했다. 거짓으로 습병이 있다고 일컫고서 담비가죽을 요구하니 여러 고을에서 미리 사놓고서는 기다렸다. 한 변방의 장수가 있었는데, 그 소식을 믿지 않고 갖추어 놓지 않으니, 권 씨가 엄한 위엄으로써 그를 대하였다. 변방의 장수가 비로소 크게 두려워하여 간신히 담비가죽 두 장을 구해 그에게 바쳤다. 북쪽 길에서 그를 '담비가죽 어사'라고 이름 지었다.

83. 晝賊長秧之處(주적장앙지처)

國初 咸鏡一道 隣於野人 大小守令 皆例以武官 差遣 加以朝廷絶遠 無所畏忌 專以酷刑箕斂爲事 間遣文官 而稱望者亦絶少 民以晝賊目之 有一北氓初赴京者 至成均館前路 謂同伴曰 此何官府 其伴曰 此是朝廷聚會晝賊長秧之處 此言 雖過於憤激 聞之者 亦可媿也.

東閣雜記

■ ■ ■

- 野人 **(야인)** : 여진족(女眞族)을 뜻함.
- 加 : 있을(가).
- 箕 : 삼태기(기).
- 箕斂 **(기렴)** : 조세(租稅)를 가혹하게 받아들임.
- 氓 : 백성(맹).
- 成均館 **(성균관)** : 조선조 때 유학(儒學)을 가르치던 최고 교육기관.
- 媿 : 부끄러워할(괴).
- 東閣雜記 **(동각잡기)** : 조선조 선조 때의 문신 이정형(李廷馨)이 우리나라 고대로부터 조선선조 때까지의 사실(史實)을 서적 또는 견문에 의해 연대순으로 기록한 책.

83. 낮 도적놈의 싹을 기르는 곳

건국 초에 함경도가 여진족과 인접해 있어 크고 작은 (고을) 수령을 모두 무관으로 임명하여 보냈다. 조정에서 아주 멀리 있으므로 두려워하거나 거리낌이 없이 오로지 혹독한 형벌로 조세를 가혹하게 받아들이는 것을 일삼았다. 간혹 문관을 보내도 우러러볼 만한 사람이 아주 적었으므로 백성들은 그들을 낮도적이라고 지목하였다. 북도의 백성 중에서 처음 서울에 온 사람이 성균관 앞길을 지나다가 같이 가던 짝에게 물었다. "여기는 무슨 관청이오?" 그 사람이 대답하였다. "여기는 조정에 모여들어 낮 도적놈의 싹을 기르는 곳이네." 이 말이 비록 분격함에서 오는 지나친 말이기는 하나 듣는 사람이 또한 부끄러워할 만한 것이다.

84. 姜日用(강일용)

俗言 姜日用學士家貧 王欲富之 下令都城四門 一日所入財物 盡付之 適此日淫雨如繩 四方人物不通 有一人持鷄卵數顆來 亦皆骨衣 人號無福者曰 姜日用 俗言 事之不相涉者曰 安山寄島蟹醢長士 食醢三個 三角山僧飮水一斗 長士卽賈客也 近有人戱作詩曰 功名鷄卵客 身世蟹醢僧. **東國滑稽傳**

■ ■ ■

- 淫雨 **(음우)** : 장마.
- 顆 : 낱알(과).
- 醢 : 육장(해), 절일(해), 젓갈.
- 蟹 : 게(해).
- 蟹醢 **(해해)** : 게젓.
- 東國滑稽傳 **(동국골계전)** : '태평한화골계전(太平閑話滑稽傳)'의 다른 이름.

84. 강일용

민간에서 말하기를, "강일용이라는 공부하는 선비의 집이 가난하니 임금이 그를 부유하게 하려고 도성의 네 문으로 하루 동안 들어오는 재물을 모두 그에게 주도록 하였다. 마침 이 날은 장마 비가 밧줄같이 쏟아져서 사방으로 사람과 물자가 통하지 않았다. 한 사람만이 계란 몇 알을 가지고 왔는데 또한 모두 골은 것이어서 사람들이 복이 없는 사람을 일컬어서 강일용이라고 한다."고 한다. 민간에서 말하기를 일이 서로 관련이 없는 것을 말하여, "안산 기도의 게젓 파는 장사가 게젓 세 개를 먹으니 삼각산의 중이 물 한 말을 마신다."고 한다. 장사는 곧 물건 파는 사람을 말한다. 근래에 어떤 사람이 희롱하는 시를 지어 말하였다. "공명은 곧 계란 같은 손님이오, 신세는 게젓 먹는 중이로다."

85. 理中湯(이중탕)

碧瀾渡行船 爲波濤所簸 勢將傾覆 舟中有僧祝曰 南無阿彌陀佛 瞽者曰 角亢氐房 巫曰 我王萬壽 醫曰 理中湯理中湯 舟適不敗泊於航岸 有一儒生 立於岸上曰 僧瞽巫之祝詞 各誦其祈福之說也 醫云理中湯 何耶 答曰 腹病之藥 理中湯最妙 俗稱腹爲舟 故其言如此 有耳者無不捧腹. 松溪漫錄

■ ■ ■

- 簸 : 일(파). 까부를(파).
- 瞽 : 소경(고). 점치는 일을 함.
- 亢 : 별이름(항).
- 氐 : 별이름(저).
- 理中湯 **(이중탕)** : 약(藥)이름. 위장을 안정시키는 데 씀.
- 松溪漫錄 **(송계만록)** : 조선조 선조 때 송계(松溪) 권응인(權應仁)이 찬(撰)한 시화집(詩話集). 끝부분에 간단한 설화도 채록되어 있음.

85. 이중탕

벽란도에서 배가 출발했는데, 파도가 크게 일어나게 되어 형세가 장차 엎어지려 하였다. 배 안에 승려가 있었는데 기도하여 말하였다. "남무아미타불." (점치는) 소경이 말하였다. "각항저방." 무당이 말하였다. "우리 왕 만수." 의원이 말하였다. "이중탕 이중탕." 배가 마침 파손되지 않고서 건너편 언덕에 정박하였다. 한 유생이 있었는데, 건너편 언덕에 서 있다가 말하였다. "승려와 소경과 무당이 기도하는 말은 각기 그 복을 기원하는 말을 한 것인데, 의원이 말한 이중탕은 무엇입니까?" 대답하여 말하였다. "배 아픈 데의 약은 이중탕이 가장 절묘하다. 민간에서 이르기를 배를 배라 하니, 그러므로 그 말을 이와 같이 한 것이다." 귀가 있는 사람들은 배를 두드리며 (웃지) 않는 이가 없었다.

86. 朱五金三(주오김삼)

洛有破落戶朱五金三者 朱曰 吾等年將五十 尙無所業 實愧世人 試爲賣酒 而雖吾兩人之間 誓不給債 以觀其疽如何 金曰 善 乃辦一壺酒 又議曰 煩囂處賣買 必不從客 盍而靜處乃登北岳 無人可賣 金三適有三葉錢 出給朱五 而飮一盃 朱五又以其錢 給金三而飮一盃 互賣互飮 抵暮朱五曰 雖在爾我 未嘗給債 酒則已盡 而錢則只三葉而已 未知何人盜我錢乎 乃破酒壺酩酊而歸.

破睡錄

■ ■ ■

- 破落戶 (파락호) : 건달.
- 年 : 나이(년).
- 債 : 빚(채), 빚돈(채).
- 疽 : 막창(저).
- 辦 : 갖출(판).
- 囂 : 들렐(효), 떠들썩함.
- 盍 : 何不(하불) : 어찌 ~아닌가?, 음은 '합'.
- 酩 : 술취할(명).
- 酊 : 술취할(정).
- 破睡錄 (파수록) : 편자 및 편찬 연대 미상의 한문 소화집(笑話集). '고금소총(古今笑叢)'에 수록되어 있음.

86. 주오와 김삼

서울에 건달 주오와 김삼이란 사람이 있었다. 주오가 말하였다. “우리의 나이가 장차 오십인데 아직도 일하는 것이 없으니 실로 세상 사람들에게 부끄럽다. 시험 삼아 술을 파는데 비록 우리 두 사람 사이라도 빚을 주지 않도록 맹세하고 그 끝장을 보는 것이 어떠한가?” 김삼이 말하였다. “좋다.” 이에 한 동이의 술을 장만해가지고, 또 의논하여 말하였다. “번잡하고 떠들썩한 곳에서 팔고 사면 반드시 손님들이 따르지 않을 것이니 어찌 조용한 곳이 아니겠는가?” 이에 북악산에 올라갔는데 팔 만한 사람들이 없었다. 김삼에게 마침 세 푼의 돈이 있었는데 주오에게 내어주면서 한 잔을 마셨다. 주오도 또한 그 돈을 김삼에게 주면서 한 잔을 마셨다. 서로 팔며 서로 마셨는데 저녁때에 이르러서 주오가 말하였다. “비록 너와 내가 있으면서 일찍이 빚을 주지 않았는데, 술이 이미 다 떨어졌는데도 돈은 단지 세 푼뿐이니 어떤 사람이 우리 돈을 훔쳐갔는지 알지 못하겠구나.” 이에 술동이를 깨버리고 매우 취해서 돌아왔다.

87. 切齒表情(절치표정)

有一人出遊關北 眄愛一妓 將別妓泣曰 君今大歸 後期難必 前後貽我 雖云不少 豈若身體髮膚乎 願得一齒 以寓深情 其人愛而從之 行到鐵嶺 回首關雲 不禁悲泣 適有一客追到流涕 試問厥由 客曰 吾愛某妓 切齒表情 而猶不能忘懷故耳 卽自家所眄也 纔聞客語 岳山之情雲消雨磨 送奴推齒 則妓以一囊落齒 投之曰 我不知何齒之爲汝上典所拔 汝須擇去云.

破睡錄

■ ■ ■

- 眄 : 돌아볼(면), 곁눈질할(면).
- 貽 : 줄(이).
- 自家 (자가) : 자기(自己).
- 厥 : 그(궐).
- 纔 : 겨우(재).
- 磨 : 닳을(마), 갈(마).
- 囊 : 주머니(낭), 자루.

87. 이빨을 뽑아 정을 나타냄

한 사람이 관북지방에 가서 노닐었는데 한 기생을 사랑하여 돌보다가 장차 이별함에 기생이 눈물을 흘리며 말하였다. "당신이 지금 아주 가버리면 후일을 기약하기 반드시 어려우리니, 전후로 저에게 준 것이 적다고는 하지 못하겠으나, 어찌 몸체의 터럭이나 피부와 같겠습니까? 바라건대 한 개의 이빨을 얻으면 깊은 정을 깃들이겠습니다." 그 사람이 사랑하기에 그렇게 하였다. 가다가 철령에 이르러서 머리를 돌려 관문 위의 구름을 보니, 슬퍼 눈물이 나는 것을 금할 수 없었다. 마침 한 손님이 뒤쫓아 이르러서는 눈물을 흘렸다. 시험 삼아 그 까닭을 물으니 손님이 말하였다. "내가 아무개 기생을 사랑해서 이빨을 뽑아 정을 나타냈는데도 감회를 잊을 수가 없는 까닭입니다." 곧 자기가 돌보아 주던 기생이었다. 겨우 손님의 말을 들으니, 바위산과 같았던 정이 구름이 흩어지듯 비가 말라 버리듯 하였다. 노비를 보내어 이빨을 찾으니, 곧 기생이 한 자루의 빠진 이빨을 던지며 말하였다. "나는 어떤 이빨이 네 상전에게서 뽑은 것인지 알지 못하니 너는 모름지기 찾아가지고 가거라."

88. 猫項懸鈴(묘항현령)

群鼠會話曰 吾等生活可潤 但所懼 獨猫而已 有一鼠言曰 猫項若懸鈴子 庶得聞聲而遁死矣 群鼠喜曰 子言是矣 吾何所懼耶 有大鼠 徐言曰 是則是矣 然猫項誰能爲我懸鈴耶 群鼠愕然.

禦眠楯

■ ■ ■

- 遁 : 피할(둔).
- 愕 : 놀랄(악).
- 愕然 **(악연)** : 놀라는 모양.
- 禦眠楯 **(어면순)** : 조선조 중종 때 송세림(宋世琳)이 지은 한문 소화집(笑話集). '고금소총'에 수록되어 있음.

88. 고양이 목에 방울 달기

한 무리의 쥐들이 모여서 말하였다. "우리들의 생활이 윤택하지만 단지 두려운 것은 오직 고양이 뿐이다." 한 쥐가 있다가 말하였다. "고양이의 목에 만약 방울을 매단다면 거의 소리를 듣고서 죽음을 피할 수 있을 것이다." 쥐들이 기뻐서 말하였다. "네 말이 맞다. 우리들이 무엇을 두려워할 것인가?" 큰 쥐가 있다가 천천히 말하였다. "맞긴 맞다마는 그러나 고양이의 목에 누가 우리를 위하여 방울을 달 수 있겠는가?" 쥐들이 모두 놀래었다.

89. 獨立青旗下(독립청기하)

自古難化者婦人 男子强腸者 幾人能不畏婦人 古者有將軍領十萬兵 陣于廣漠之坰 分東西樹大旗 一旗青一旗紅 遂三令五申於軍中曰 畏妻者立紅旗下 不畏妻者立青旗下 十萬之軍皆就紅旗下而立 有一丈夫 獨立青旗下 將軍傳令問之 答曰 吾妻常戒我曰 男子三人會 必論女色 三男會處 汝則一切勿入云 況今十萬男子所會處乎 是以不敢違命 獨立青旗下.

於于野談

■ ■ ■

- 廣漠 (광막) : 넓고 아득함.
- 坰 : 들(경).
- 三令五申 (삼령오신) : 세 번 다섯 번 거듭 명령을 함.

89. 홀로 푸른 깃발 아래 섬

예로부터 교화하기 어려운 사람은 부인이다. 남자로서 강한 심장을 지닌 자라도 몇 사람이나 부인을 두려워하지 않겠는가? 옛날에 어떤 장군이 십만 군대를 거느리고 넓고 아득한 들에 진을 치고서 동쪽 서쪽으로 나누어 큰 깃발을 꽂았는데, 한 깃발은 푸른색이고 한 깃발은 붉은색이었다. 드디어 군대 가운데 세 번, 다섯 번 거듭 명령을 내려 말하였다. "아내를 두려워하는 사람은 붉은 깃발 아래에 서고, 아내를 두려워하지 않는 사람은 푸른 깃발 아래에 서라." 십만 군사가 모두 붉은 깃발 아래에 가서 섰는데 어떤 한 장부가 홀로 푸른 깃발 아래에 섰다. 장군이 전령으로 하여금 묻게 하니 대답하였다. "제 아내가 항상 저에게 경계하여 말하기를, '남자 세 사람이 모이면 반드시 여색을 논한다.'고 하니 세 남자가 모인 곳에는 당신은 일체 끼지 마시오."라고 했습니다. 하물며 십만 남자가 모인 곳이겠습니까? 이 때문에 감히 명을 어기지 못하여 홀로 푸른 깃발 아래에 섰습니다."

90. 放屁爭賞(방비쟁상)

一新婦 初謁舅姑 六親咸集 濃粧盛飾 出於廳上 觀者嘖嘖稱歎 新婦詣舅姑前 方奉酌而進 忽放屁 親族皆藏笑相顧 乳母赧然而欲自當之 遽起謝曰 小的年老尻軟失禮 不勝惶恐 舅姑善之 而賞乳母一疋緞 新婦奪其緞曰 吾之放屁 爾何受賞耶 一座掩口而笑.

冥葉志諧

■ ■ ■

- 屁 : 방귀(비).
- 舅姑 **(구고)** : 시부모.
- 嘖 : 들렐(책), 떠들썩함.
- 六親 **(육친)** : 부 · 모 · 형 · 제 · 처 · 자를 이름.
- 赧 : 붉힐(난).
- 赧然 **(난연)** : 부끄러워서 얼굴을 붉힘.
- 遽 : 급할(거), 갑자기.
- 冥葉志諧 **(명엽지해)** : 조선조 효종 때 학자 홍만종(洪萬宗)이 엮은 소화집(笑話集).

90. 방귀를 뀌고 상을 다툼

한 신부가 처음 시부모님을 뵐 적에 일가친척이 모두 모였는데, 짙게 화장하고 성대하게 차려 입고서 대청 위에 나가니 구경하던 사람들이 웅성거리며 칭찬하였다. 신부가 시부모님 앞에 나아가서 바야흐로 술을 받들어 드리려고 나아갈 적에 갑자기 방귀가 흘러 나왔다. 친족들이 모두 웃음을 감추고 서로 돌아보았는데, 유모가 낯을 붉히며 스스로 감당하고자 하여 급히 일어나 사죄하여 말하였다. "쇤네가 늙어서 엉덩이가 물러 실례를 했사오니 황공함을 이길 수 없습니다." 시부모가 착하다고 여기고서 유모에게 한 필의 비단을 상으로 주니 신부가 그 비단을 빼앗으며 말하였다. "내가 뀐 방귀에 당신이 어찌 상을 받는가?" 온 자리의 사람들이 입을 가리고 웃었다.

91. 寒食歲拜(한식세배)

一縣吏將入官門 逢其僚吏於街中 問曰 君從何處來 曰 今日乃是端午 故歲拜鄉廳而歸 吏笑曰 歲拜秋夕之禮 行於端午何也 吏至於倅前俯伏 忽發笑 倅怒曰 汝以下吏 安敢發笑於官前乎 因曳下 將笞之 吏以實告之曰 僚吏某不知秋夕有歲拜之規 錯行於今日端午 是以不能耐笑 則死罪死罪 倅倚案搏掌曰 汝等俱痴 曾不知歲拜之禮在於寒食耶.

蓂葉志諧

■ ■ ■

- 鄉廳 (향청) : 유향소(留鄕所). 수령의 자문기관. 좌수(座首)가 그 장(長)임.
- 倅 : 원님(수).
- 搏掌 (박장) : 손뼉을 침.
- 錯行 (착행) : 잘못 행함.

91. 한식날의 세배

한 고을의 아전이 장차 관아로 들어가려고 할 때에 그 동료 아전을 길에서 만났다. 물어 말하였다. "그대는 어느 곳에서 오는가?" 대답하였다. "오늘이 바로 단오인 까닭으로 향청에 세배하고 돌아오는 길일세." 아전이 웃으며 말하였다. "세배는 추석에 하는 예절인데 단오에 행하는 것은 어찌 된 노릇인가?" 아전이 원님 앞에 이르러 엎드려 뵈다가 갑자기 웃음을 터뜨리니 원님이 화를 내며 말하였다. "너는 아랫사람 아전으로서 어찌 감히 사또 앞에서 웃음을 터뜨리는가?" 그래서 끌어내려 장차 곤장을 치려할 때 아전이 사실로써 아뢰었다. "동료 아전 아무개가 추석에 세배를 하는 법도가 있다는 것을 모르고 잘못하여 오늘 단오에 행하였기에 이 때문에 웃음을 참지 못하였으니 죽을죄를 지었습니다. 죽을죄를 지었습니다." 원님이 책상에 기대어 손뼉을 치며 말하였다. "너희들은 모두 바보로구나. 어찌 세배의 예절이 한식날에 있다는 것을 모르너냐?"

92. 撫額爲上(무액위상)

一倅性吝 來客多頻 豫約下吏曰 客到 汝觀我之所撫 我撫額則爲上客 撫鼻則爲仲客 撫髥則爲下客 饋餉之豊嗇 以此而知高下焉 客有知之者 入見主倅 敍寒暄畢 熟視主倅額上後低聲謂曰 主倅額上有蟲矣 主倅卽以手撫額 下吏以爲上客也 當以盛饌餉之.

蓂葉志諧

■ ■ ■

- 髥 : 구렛나루(염).
- 餉 : 식량보내줄(향).
- 寒暄 **(한훤)** : 날씨의 춥고 더움을 말하여 서로 인사함.
- 暄 : 따뜻할(훤).
- 饌 : 음식(찬).

92. 이마를 만지면 높은 손님

한 원님이 성품이 인색하였는데 찾아오는 손님이 많고 잦아서 미리 아래 아전에게 약속하여 말하였다. "손님이 이르면 너는 내가 만지는 곳을 살펴보아라. 내가 이마를 만지면 곧 높은 손님으로 여기고, 코를 만지면 곧 중간 손님으로 여기고, 수염을 만지면 곧 아래 손님으로 여겨서 음식 접대함에 풍성하고 인색함을 이것으로써 하여 높고 낮음을 알도록 하라." 손님 가운데 그 사실을 아는 사람이 있어서 들어와 원님을 만나 인사를 마치고나서 원님의 이마를 이윽히 쳐다본 뒤에 낮은 목소리로 말하였다. "원님의 이마 위에 벌레가 있습니다." 원님이 곧 손으로 이마를 만지니 아래 아전이 높은 손님으로 여겨서 마땅히 성대한 음식으로 접대하였다.

93. 野鼠擇婚(야서택혼)

野鼠欲爲雛 擇高婚 初謂惟天最尊 遂求之於天 天曰 我雖兼包萬有 非日月 則無以顯吾德 野鼠求之於日月 日月曰 我雖普照 惟雲蔽之 彼居吾上乎 野鼠求之於雲 雲曰 我雖使日月失明 惟風吹散 彼居吾上乎 野鼠求之於風 風曰 我雖撥雲 惟田間石佛 吹之不倒 彼居吾上乎 野鼠求之於石佛 石佛曰 我雖不畏風 惟野鼠穿我足底 則不免傾覆 彼居吾上乎 野鼠於是傲然自詑曰 天下之尊莫我若也 短尾銛嘴實惟我儀 遂婚於野鼠 世以始求高婚而終歸儕流者 爲此也.

旬五志

■ ■ ■

- 野鼠(야서) : 들쥐.
- 雛 : 아이(추) · 새끼(추).
- 撥 : 다스릴(발), 멀리 보낼(발).
- 傲然(오연) : 거만한 모양.
- 詑 : 으쓱거릴(이).
- 銛 : 날카로울(섬).
- 嘴 : 부리(취).
- 儕 : 동류(제).
- 旬五志(순오지) : 조선조 효종 때 학자 홍만종이 지은 잡기류 평론집.

93. 들쥐의 혼인

들쥐가 새끼를 위하여 지체 높은 지위의 혼인 자리를 택하려고 할 적에, 처음에 이르기를, "오직 하늘이 가장 존귀하다."고 하고 드디어 하늘에게 혼인하기를 구하였는데 하늘이 말하였다. "내가 비록 세상 만물을 아울러 포용하고 있으나 해와 달이 아니면 나의 덕을 드러낼 수 없다." 들쥐가 해와 달에게 혼인하기를 구하였는데 해와 달이 말하였다. "내가 비록 널리 비추어 밝게 하지만 오직 구름이 가리니 저가 나보다 위에 있다." 들쥐가 구름에게 혼인하기를 구하였는데 구름이 말하였다. "내가 비록 해와 달의 밝음을 잃게 하나 오직 바람이 불면 흩어져 버리니 저가 나보다 위에 있다." 들쥐가 바람에게 혼인하기를 구하였는데 바람이 말하였다. "내가 비록 구름을 멀리 보내지만 오직 밭 가운데의 돌부처는 불어도 넘어지지 않으니 저가 나보다 위에 있다." 들쥐가 돌부처에게 혼인하기를 구하니 돌부처가 말하였다. "내가 비록 바람을 두려워하지 않으나 오직 들쥐가 내 발밑을 파면 넘어지고 쓰러짐을 면할 수 없으니 저가 나보다 위에 있다." 들쥐가 이에 거만하게 스스로 뽐내어 말하였다. "천하의 존귀함이 나만 같음이 없다. 짧은 꼬리와 날카로운 이빨이 실로 나의 모습이다." 드디어 들쥐와 혼인하니 세상에서 지체 높은 혼인 자리를 구하다가 마침내 자기와 같은 계층으로 돌아온 자를 이것(들쥐의 혼인)이라고 한다.

94. 面上蜂巢(면상봉소)

余外叔鄭相公 按察關西時˙有赴京使臣 至平壤 故外叔爲開宴 以慰之 紅紛滿座 一妓面上素多皯黵 書狀李某戲之曰 將汝面上皯黵取油 則可至數升 書狀面甚縛 故妓卽對曰 將書狀面上蜂巢收取其蜜 則不下數石 書狀無以應 外叔奇其善對賞與其妓也.

滑稽叢書

■ ■ ■

- 按察 **(안찰)** : 관찰사(觀察使).
- 紅紛 **(홍분)** : 연지와 분, 기생을 뜻함.
- 皯黵 **(간증)** : 기미, 주근깨.
- 書狀 **(서장)** : 서장관(書狀官).
- 蜜 : 꿀(밀).
- 滑稽叢書 **(골계총서)** : 편자 및 연대 미상의 야담· 소화집.

94. 얼굴 위의 벌집

나의 외삼촌 정 상공이 관서지방 관찰사로 있을 때 서울에서 오는 사신이 평양에 이르렀다. 그래서 외삼촌께서 잔치를 열어서 그를 위로하였다. 기생들이 자리에 가득하였는데, 한 기생의 얼굴에 본래 주근깨가 많아서 서장관 이 아무개가 장난삼아 말하였다. "네 얼굴의 주근깨를 가져다가 기름을 짜면 두어 되는 되겠다." 서장관의 얼굴이 매우 얽었는데, 그러므로 기생이 곧 대답하여 말하였다. "서장관 얼굴 위의 벌집에서 그 꿀을 거두어들인다면 두어 섬에 모자라지 않겠습니다." 서장관이 대응하지 못하였다. 외삼촌이 대답 잘한 것을 기특하게 여기고 그 기생에게 상을 주었다.

95. 措大吝癖(조대인벽)

遐鄕窮措大居家 以吝嗇名於鄕曲 嘗於夏初 貿得塩石魚一尾懸之樑上 每飯令家人 只一次仰見而食曰 佳哉 漁之味也 是猶愈於徒食也 其稚子不解父之意 一飯而再仰見 父叱之曰 已得無鹹乎 何以再爲 家衆莫敢復仰矣 又有人嘗遺扇一柄 措大呼諸子而示之曰 此誠佳品 可得壽幾年乎 措大諸子長惟畧肖 餘無類者 其仲子先對之曰 一扇之壽 一年足矣 復問其次 亦如仲子之言 措大便不悅曰 敗吾家者 必若曺也 顧其長子曰 汝第言之 長子進跪曰 諸弟年幼 皆不省節用之道 一扇可支二十年 措大大畧降辭色 少加贊賞曰 其道何如 長子曰 一開闔之間 未免致損 孰若盡展其扇執柱不動 以頭搖之 則豈特至二十年乎 滿座皆大笑云. 青邱野談

■ ■ ■

- 措 : 쓸(조), 처리할(조).
- 措大 (조대) : 깨끗하고 가난한 선비.
- 塩 : 소금(염), 절일(염), 鹽(염)의 속자(俗字).
- 塩石魚 (염석어) : 절인 조기, 곧 굴비.
- 徒食 (도식) : 아무 일도 하지 않고 삶. 여기서는 맨 밥의 뜻으로 쓰임.
- 鹹 : 짤(함).
- 肖 : 닮을(초), 본받을(초).
- 曺 : 무리(조), 짝(조).
- 辭色 (사색) : 말과 얼굴 빛.
- 孰若 (숙약) : 익히 ~같이 한다면.

95. 구두쇠 선비의 습관

먼 시골에 가난한 선비가 집안을 일구어 살았는데 인색함으로써 고향에 이름이 났다. 일찍이 여름 초엽에 굴비 한 마리를 사가지고서는 대들보 위에 걸어놓고서 매번 밥 먹을 때마다 집안사람들에게 명령하여 단지 한 차례 바라보고서 밥을 먹게 하고, 말하였다. "맛있구나. 굴비의 맛이. 오히려 맨밥을 먹는 것보다 낫구나." 그 어린 아들이 아버지의 뜻을 이해하지 못해서 밥 한 숟갈에 두 번 쳐다보니 아버지가 그를 나무라며 말하였다. "너무 짜지 않은가? 어째서 두 번씩 보는가?" 집안사람들이 감히 다시 쳐다볼 수가 없었다. 또 어떤 사람이 일찍이 부채 하나를 보냈는데, 선비가 여러 아들을 불러서는 그것을 보이며 말하였다. "이것은 참으로 좋은 물건인데, 몇 년 동안 쓸 수 있을까?" 선비의 여러 아들 가운데 맏이만이 오직 아버지를 닮았고 나머지는 닮지 않았다. 그 둘째 아들이 먼저 대답하여 말하였다. "부채 한 자루의 수명은 1년이면 됩니다." 또 그 다음에게 물으니 또한 둘째 아들의 말과 같았다. 선비가 문득 기뻐하지 않으며 말하였다. "우리 집안을 망칠 사람들은 반드시 이와 같은 무리들이다." 그 맏아들을 돌아보며 말하였다. "네가 말할 차례다." 맏아들이 나와 무릎을 꿇고 말하였다. "여러 동생들이 나이가 어려서 모두 절약해서 사용하는 방법을 살필 줄 모릅니다. 부채 한 자루는 20년을 지탱할 수 있습니다." 선비가 대략 말과 얼굴빛을 풀고서는 잠시 동안 칭찬하고 말하였다. "그 방법이 무엇인가?" 맏아들이 말하였다. "한번 펼치고 닫는 순간에 손상함을 면하지 못하니, 익히 그 부채를 다 펴고 부채 자루를 움직이지 않게 하고서 머리를 그것에 대고 흔든다면 곧 어찌 특히 20년뿐이겠습니까?" 자리에 꽉 차 있던 사람들이 모두 크게 웃었다.

96. 仁者愛人(인자애인)

人人吾 吾不喜 人不人吾 吾不懼 不如其人人吾 而其不人不人吾 吾且未知人吾之人 何人也 不人吾之人 何人也 人而人吾 則可喜也 不人而不人吾 則亦可喜也 人而不人吾 則可懼也 不人而人吾 則亦可懼也 喜與懼 當審其人吾不人吾之人之人不人如何耳 故曰 惟仁人爲能愛人 能惡人. 愛惡箴

■ ■ ■

- 人人吾(인인오) : 다른 사람이 나를 사람답다고 함.
- 人而人吾(인이인오) : 사람다운 사람이 나를 사람답다고 함.
- 愛吾箴(애오잠) : 고려시대 문신 이달충(李達衷)의 글. 동문선(東文選)에 수록되어 있음.
- 東文選(동문선) : 조선조 성종 때에 왕명을 받아, 서거정이 신라로부터 조선조 당대에 이르기까지의 우리나라 시와 문장을 엮은 책.

96. 어진 사람만이 다른 사람을 사랑할 수 있음

다른 사람이 나를 사람답다고 하더라도 나는 기쁘지 않고, 다른 사람이 나를 사람답지 못하다고 하더라도 나는 두렵지 않으니, 그 사람다운 사람이 나를 사람답다고 하고, 그 사람답지 못한 사람이 나를 사람답지 못하다고 하는 것만 같지 못하다. 나는 또 나를 사람답다고 하는 사람이 어떠한 사람인지 알지 못하며, 나를 사람답지 못하다고 하는 사람이 어떠한 사람인지 알지 못하지만, 사람다운 사람으로서 나를 사람답다고 하면 또한 기쁠 것이고, 사람답지 못한 사람으로서 나를 사람답지 못하다고 하면 또한 기쁠 것이다. 사람다운 사람으로서 나를 사람답지 못하다고 하면 두려울 것이고, 사람답지 못한 사람으로서 나를 사람답다고 하면 또한 두려울 것이다. 기뻐함과 두려워함은 마땅히 나를 사람답다고 하고 나를 사람답지 못하다고 하는 사람의 사람다움과 사람답지 못함이 어떠한가를 살펴보아야 할 뿐이다. 그러므로 오직 어진 사람만이 다른 사람을 사랑할 수 있거나 다른 사람을 미워할 수 있다고 하였다.

97. 隨土種之(수토종지)

凡菜果皆隨土宜而種之 又收其利 今東大門外 往審坪 種蕪菁蘿葍白菜之類 青坡蘆原兩驛 好種蹲鴟 南山之南 李泰院村人 好種茶蓼作紅芽 京畿朔寧之人 好種蔥菜 忠清右道之人 好種蒜 全羅之人 好種薑 如旌善之梨 永春之棗 密陽之栗 順興海松子 咸陽晉陽之柿 他處雖有 而不如此邑之多且美也.

慵齋叢話

- 菜果(채과) : 채소와 과일.
- 往審坪(왕심평) : 왕십리의 평평한 땅.
- 蕪 : 순무(무).
- 菁 : 순무(정).
- 蘿 : 쑥(라), 무우(라).
- 葍 : 무우(복).
- 蹲鴟(준치) : 토란의 다른 이름. 올빼미가 앉아있는 모양과 비슷하다고 해서 붙여진 이름.
- 蓼 : 여뀌(료).
- 蔥 : 파(총).
- 蒜 : 마늘(산).
- 薑 : 생강(강).
- 海松子(해송자) : 잣.
- 柿 : 감나무(시).

97. 토양에 따라 씨를 뿌림

무릇 채소와 과일은 모두 토양의 마땅함에 따라서 씨를 뿌려야만 또 그 이익을 거두게 된다. 지금 동대문 밖 왕십리벌에는 순무와 무와 흰 채소 따위를 심고, 청파와 노원 두 역에는 토란을 심고, 남산의 남쪽 이태원 마을의 사람들은 차와 여뀌를 심고 홍아 키우기를 좋아한다. 경기도 삭녕 사람들은 파나물 심기를 좋아하고, 충청북도 사람들은 마늘 심기를 좋아하고, 전라도 사람들은 생강 심기를 좋아한다. 정선의 배와 영춘의 대추와 밀양의 밤과 순홍의 잣과 함양 · 진주의 감 같은 것은 다른 곳에도 비록 있으나 이들 고을에서 많이 나고 또 맛 좋은 것만 같지 못하다.

98. 不仕四品(불사사품)

懷道抱德 不求聞達 藏非潔身忘世 行可致君澤民者 謂之遺賢 淸介自守 輕視軒冕 不屑天下之務 獨潔其身者 謂之隱遁 自度才不足 而安於家貧 自度學不足 而習於求靜 量己揣分 不敢冒進者 謂之恬退 若其矯情飾行 釣採虛譽 陽辭徵辟 陰覬非望 貌澹而中熱 色厲而內荏者 謂之盜名. 栗谷全書

■ ■ ■

- 致君澤民 (치군택민) : 임금에게 충성을 다하고 백성들에게 은택이 미치게 함.
- 軒冕 (헌면) : 초헌과 면류관, 관직을 뜻함.
- 屑 : 달갑게 여길(설).
- 度 : 헤아릴(탁).
- 揣 : 헤아릴(췌).
- 恬 : 편안할(념).
- 覬 : 넘겨다 볼(기).
- 栗谷全書 (율곡전서) : 조선조 선조 때의 문신 학자인 율곡 이이의 시문 전집. 순조(純祖) 14(1814)년에 출간됨.

98. 벼슬하지 않은 네 가지 품격

도와 덕을 품고서 이름나기를 구하지 않고, 숨어서 몸을 깨끗이 하되 세상을 잊지 아니하며, 세상에 나가게 되면 임금께 충성을 다하고 백성에게 은택을 베푸는 사람을 '유현'이라고 한다. 청렴함과 굳은 절개로서 스스로 지키고 벼슬을 가볍게 보며, 천하가 힘쓰는 영달을 달갑게 여기지 않고 홀로 그 몸을 깨끗이 하는 사람을 '은둔'이라고 한다. 스스로 재주가 부족함을 헤아려 집이 가난해도 편안히 여기고, 스스로 배움이 부족함을 헤아려 안존함을 구하며, 자신의 분수를 헤아려 감히 (관직에) 나가기를 무릅쓰지 않는 사람을 '염퇴'라고 한다. 감정을 속이고 행실을 꾸며서 허황된 명예를 낚시질하듯 구하고, 겉으로는 임금이 부르심을 사양하고서 속으로는 바라지 못할 것을 넘겨다보며, 외모는 담담하되 속마음은 달아 있고, 얼굴빛은 엄숙하되 내면은 나약한 사람을 '도명'이라고 한다.

99. 深則不露(심즉불로)

古賢時然後言 人不厭其言 樂然後笑 人不厭其笑 義然後取 人不厭其取 君子行有不得 比反諸己 而無責人之心 心常灑落 常人不得於天 卽怨天 不合於人 卽尤人 心常不寧 忿懥勞擾 人爲外物所動者 只是淺 人有才而露 亦是淺 深則不露.

儒家龜鑑

■ ■ ■

- 諸 : 어조사(저). 之於(지어).
- 灑 : 깨끗할(쇄).
- 灑落 **(쇄락)** : 인품이 깨끗하고 속기(俗氣)가 없음.
- 懥 : 성낼(치).
- 儒家龜鑑 **(유가귀감)** : 조선조 선조 때의 승려 서산대사(西山大師)가 편찬한 유가(儒家)의 요결(要訣).

99. 깊으면 드러나지 않음

옛날의 현인은 때에 맞은 후에 말을 하여 사람들이 그 말을 싫어하지 않았고, 즐거운 후에 웃어서 사람들이 그 웃음을 싫어하지 않았으며, 옳은 후에 취하여 사람들이 그 취함을 싫어하지 않았다. 군자는 행하여 얻지 못함이 있으면 견주어 자기 자신에게 돌이켜보고 남을 책망하는 마음이 없어서 마음이 항상 깨끗하여 속된 기운이 없었다. 보통 사람은 하늘에서 얻음이 없으면 곧 하늘을 원망하고, 다른 사람이 자기와 화합하지 못하면 곧 다른 사람을 허물하여, 마음이 항상 편안하지 못하고 분하여 성을 내고 수고롭기만 하였다. 사람이 바깥 물건에 움직이게 되면 다만 이것은 얕은 것이고, 사람이 재주가 있되 드러내면 또한 이것도 얕은 것이니, 깊으면 드러나지 않는 것이다.

100. 財者災也(재자재야)

金鶴聲京城人 母早寡 鶴聲及弟 方在齠齔 母傭針縫以糊口 資二兒從師學 一日廳簷溜滴地 鏗然有響 下視之 地理巨釜 中實白鏹 亟奄之 人無知者 他日托其兄賣家 索居小蔀 後以 夫祭日 置酒邀兄至子亦在 乃喟然曰 先夫以遺孤累未亡人 恒懼其成就未果 以餓先祖之靈 今吾鬢已皤 二子能繼父志 今雖溘然泉壤之下 足以有辭 因言瘞金事 兄曰 胡若是浼焉 曰 財者災也 無故獲巨金 必有奇災 且人生當知窮乏 二子尚 幼 使習於衣食之安 則攻業不專力矣 若不長於貧困 則詎知 財之來不易乎 吾故移居焉 以斷吾念 如千窖藏 皆吾十指上 辦出者 非比忽爾至前者也.

逸士遺事

■ ■ ■

- 金鶴聲(김학성) : 생몰연대 미상.
- 溜 : 떨어질(류).
- 滴 : 물방울 떨어질(적).
- 鏹 : 돈꿰미(강).
- 蔀 : 차양(부), 덮개(부), '오막살이'의 뜻으로 쓰임.
- 溘 : 갑자기(합).
- 泉壤(천양) : 저승.
- 詎 : 어찌(거), 몇(거).
- 窖 : 움(교), 깊은 마음(교).
- 逸士遺事(일사유사) : 구한말의 언론인이며 지사(志士)였던 장지연(張志淵)이 저술한 역대 일사(逸士)들의 전기집(傳記集).

100. 재물은 재앙이다

김학성은 경성 사람이다. 어머니가 일찍이 과부가 되었는데 학성과 그 동생은 일곱·여덟 살의 어린 아이였다. 어머니가 바느질품을 팔아서 생계를 이어 나가며 두 아들을 선생에게 맡겨 공부를 하도록 하였다. 하루는 비가 올 때에 대청마루의 처마물이 땅에 떨어지는데 깡깡 울리는 소리가 나서 그 밑을 보았더니, 땅 속의 큰 가마솥 가운데에 돈꿰미가 가득 차 있었는데, 빨리 덮어 버리어 아는 사람이 없었다. 다른 날에 그 오빠에게 부탁하여 집을 팔고 조그마한 오막살이를 찾아서 살았다. 뒤에 남편의 제삿날에 주식을 차려놓고 오빠를 맞이했는데 두 아들도 또한 있었다. 이에 어머니는 탄식하며 말하였다. "돌아가신 지아비가 이 아이들을 미망인에게 맡겼으므로, 항상 옳게 성취시키지 못하여 선조의 혼령을 굶으시게 할까 두려워하였더니, 이제는 내 귀밑머리가 허옇게 되었고, 두 아들이 아버지의 뜻을 이을 수 있게 되었으니 이제 비록 갑자기 지승에 가더라도 할 말이 있겠습니다." 그리고 돈을 묻었던 일을 이야기하니 그 오빠가 물었다. "어찌 이와 같이 더럽게 여겼는가?" 대답하였다. "재물은 재앙입니다. 까닭없이 큰돈을 얻으면 반드시 뜻밖의 재앙이 생기는 법입니다. 또한 사람이 태어나서 마땅히 궁핍한 것이 있는 줄을 알아야 하는데, 두 아들이 아직 어릴 때에 의식의 안일에 습성이 되면 공부에 힘을 오로지 하지 아니할 것입니다. 만약 가난하게 자라나지 아니하면 어찌 재물이 오는 것이 쉽지 않다는 것을 알겠습니까? 그러므로 내가 사는 곳을 옮겨서 스스로 단념하였습니다. 집에 저축된 약간의 재물은 모두 나의 열 손가락으로 마련하여 놓은 것이니 갑자기 눈앞에 닥친 전엣 것과는 비할 것이 아닙니다."

제 2 편

중국의 고사 성어

1. 苛政猛於虎(가정맹어호)

孔子過泰山側 有婦人哭於墓者 而哀 夫子式而聽之 使子路問之曰 子之哭也 壹似重有憂者 而曰 然 昔者 吾舅死於虎 吾夫又死焉 今吾子又死焉 夫子曰 何爲不去也 曰 無苛政 夫子曰 小子識之 苛政猛於虎也.

禮記

■ ■ ■

- 苛政 (가정) : 가렴주구(苛斂誅求)만을 일삼는 학정(虐政).
- 孔子 (공자) : 춘추시대(春秋時代) 노(魯)나라 사람으로 유가(儒家)의 교조(敎祖).
- 泰山 (태산) : 중국 산동성(山東省)에 있는 산 이름.
- 夫子 (부자) : 선생, 스승의 뜻.
- 子路 (자로) : 공자의 제자. 이름은 중유(仲由). 용기가 있다고 알려짐.
- 式 : 수레 앞턱 가로나무(식), 軾(식)과 같은 뜻임. 이 나무에서 의지하여 수레에서 경례를 했음.
- 壹 : 한결같이(일), 참으로(일).
- 重 : 거듭(중).
- 舅 : 시아버지(구).
- 識 : 적을(지).
- 禮記 (예기) : 유학(儒學)의 오경(五經)의 하나. 주(周)나라 말기부터 진한(秦漢) 초기까지의 예의에 관한 기록.

1. 가혹한 정치는 호랑이 보다 사나움

공자께서 태산 옆을 지나실 적에 부인이 묘에서 울고 있었는데 구슬펐다. 공자께서 수레 앞턱 가로 나무에 손을 얹고 예를 행하고서 그것을 듣고자 하여 자로로 하여금 묻도록 하였다. "당신의 울음은 한결 같이 거듭해서 상을 당한 것 같습니다." 그러자 말하였다. "그렇습니다. 옛날에 저의 시아버지께서 호랑이에게 죽었는데, 내 남편이 또 죽었습니다. 지금은 내 아들 또한 죽었습니다." 공자께서 말씀하셨다. "무엇 때문에 (다른 곳으로) 가버리지 않았습니까?" 말하였다. "가혹한 정치는 없습니다." 공자께서 말씀하셨다. "애들아 그것을 적어두어라. 가혹한 정치는 호랑이 보다 사나운 것이다."

2. 見必觀焉(견필관언)

孔子觀于東流之水 子貢問曰 夫子所見大水 必觀焉 何也 孔子對曰 以其不息 且遍與諸生 而不爲也 夫水有似乎德 其流也則卑下倨邑 必循其理 此似義 浩浩乎無屈盡之期 此似道流行 赴百仞之谿而不懼 此似勇 至量 必平之 此似法 盛而不求概 此似正 綽約微達 此似察 發源必東 此似志 以出以入萬物就以化潔 此似善化也 水之德有若此 是故君子見必觀焉.

孔子家語

■ ■ ■

- 子貢 (자공) : 공자의 제자. 성은 단목(端木). 이름은 사(賜). 자공은 그의 자(字). 언변이 있고 경제에 능하여 많은 돈을 모았음.
- 見 : 볼(견).
- 觀 : 살펴볼(관).
- 倨 : 굽을(거).
- 百仞之谿 (백인지계) : 백 길 높이의 계곡.
- 綽約 (작약) : 침착하고 고상한 모양.
- 化潔 (화결) : 깨끗하게 변화시킴.
- 善化 (선화) : 좋은 교화.
- 孔子家語 (공자가어) : 위(魏) 나라 왕숙(王肅)이 공자의 유언(遺言), 일사(逸事)를 모은 책.

2. 보면 반드시 살핌

공자께서 동쪽으로 흐르는 물을 살펴보셨는데 자공이 여쭈었다. "선생님께서는 큰물을 보시는데 반드시 살펴보시니 무엇 때문입니까?" 공자께서 대답하셨다. "그것이 쉬지 않고 또한 두루 여러 생물과 함께하되 인위적이지 않다. 무릇 물에는 덕과 같음이 있으니 그 흐름은 곧 낮은 데로 내려가서 마을을 휘돌되 반드시 그 이치를 따르니 이는 '의'와 같고, 거침없이 널리 흘러 굽히고 다하는 때가 없으니 이는 '도'와 같고, 흘러가서 백 길의 계곡에 다다라도 두려워하지 않으니 이는 '용'과 같고, 지극한 양이더라도 반드시 고르게 하니 이는 '법'과 같고, 가득 차되 대강을 구하지 않으니 이는 '정'과 같고, 침착하게 흘러서 은미하게 도달하니 이는 '찰'과 같고, 근원에서 나와 반드시 동쪽으로 흐르니 이는 '지'와 같고, 나오고 들어가면서 만물에 나아가 깨끗하게 변화시키니 이는 '선화'와 같다. 물의 덕이 이와 같으니 이런 까닭으로 군자는 바라봄에 반드시 살펴보는 것이다."

3. 宥坐之器(유좌지기)

孔子觀于魯桓公之廟 有欹器焉 夫子問于守廟者 曰 此謂何器 對曰 此蓋宥坐之器也 子曰 吾聞 宥坐之器 虛則欹 中則正 滿則覆 明君以爲至誠 故常置之于左側 顧謂弟子曰 試注水焉 乃注之水 中則正 滿則覆 夫子喟然歎曰 嗚呼 夫物惡有滿而不覆哉 子路進曰 敢聞 持滿有道乎 子曰 聰明睿智 守之以愚 功被天下 守之以讓 勇力振世 守之以怯 富有四海 守之以謙 此所謂損之 又損之之道也.

孔子家語

■ ■ ■

- 宥 : 놓을(유).
- 宥坐之器 (유좌지기) : 오른쪽 자리에 있는 그릇. 여기서 좌우명(座右銘)이라는 말이 나옴.
- 欹 : 기울(기).
- 喟然 (위연) : 탄식하는 모양. 한숨 쉬는 모양.
- 子路 (자로) : 공자의 제자. 성은 중(仲), 이름은 유(由). 자로는 자(字)임. 완력이 있고 정사(政事)에 뛰어났음.
- 持滿 (지만) : 가득 참을 유지함. 만족함을 잃지 않고 계속 유지함을 말함.
- 損 : 덜(손). 덜어냄. 삭감함.

3. 오른쪽 자리에 있는 그릇

공자께서 노나라 환공의 사당을 보셨는데 기울어진 그릇이 있었다. 공자께서 사당지기에게 물으셨다. "이것은 무슨 그릇이라고 하는가?" 대답하여 말하였다. "이것은 '유좌지기'라고 합니다." 공자께서 말씀하셨다. "내가 들으니 유좌지기는 비면 기울고, 꼭 중간이면 바로 놓이며, 가득차면 넘어지니 명철한 임금이 이것으로써 지극한 본보기로 삼았다. 그러므로 항상 자리 옆에 두었다고 하였다." 그리고 제자들을 돌아보며 말씀하셨다. "시험 삼아 물을 부어보아라." 이에 물을 부었더니 꼭 중간이면 바로 놓이고, 가득 차면 넘어지니 공자께서 감탄하며 말씀하셨다. "아아! 무릇 만물이 어찌 가득차서 넘어지지 않는 것이 있겠는가?" 자로가 나아와 말씀드렸다. "감히 여쭙겠습니다. 만족함을 유지함에 방도가 있습니까?" 공자께서 말씀하셨다. "총명하고 뛰어나게 슬기롭더라도 지키기를 어리석음같이 하고, 공이 천하를 뒤덮더라도 지키기를 양보하듯이 하고, 용기와 힘이 세상에 떨칠 만할지라도 지키기를 겁쟁이처럼 하고, 부유하여 온 세상을 가질 만하더라도 지키기를 겸손함으로 하라. 이는 이른 바 덜어내고 또 덜어내는 도리인 것이다."

4. 克己復禮(극기복례)

顔淵問仁 子曰 克己復禮爲仁 一日克己復禮 天下歸仁焉 爲仁由己 而由人乎哉 顔淵曰 請問其目 子曰 非禮勿視 非禮勿聽 非禮勿言 非禮勿動 顔淵曰 回雖不敏 請事斯語矣. **論語**

■ ■ ■

- 克己(극기) : 스스로를 단속함.
- 復禮(복례) : 예(禮)로 돌아감.
- 顔淵(안연) : 공자의 제자로서 덕행(德行)으로 이름났음.
- 目(목) : 조항(條項), 항목(項目).
- 回(회) : 공자의 제자인 안연(顔淵)의 이름.
- 論語(논어) : 유학의 사서(四書)의 하나. 공자(孔子)가 죽은 후 제자들이 찬(撰)한 공자의 언행록(言行錄).

4. 스스로를 단속하여 예로 돌아감

안연이 인을 물으니 공자께서 말씀하셨다. "스스로를 단속하여 예로 돌아감이 인이다. 하루라도 스스로를 단속하여 예로 돌아가면 천하가 인으로 돌아올 것이다. 인을 이룩함은 스스로로부터 말미암는 것이지 남으로부터 말미암는 것이 아니다." 안연이 말하였다. "항목을 묻습니다." 공자께서 말씀하셨다. "예가 아니면 보지 말고, 예가 아니면 듣지 말고, 예가 아니면 말하지 말고, 예가 아니면 움직이지 말라." 안연이 말하였다. "제가 비록 민첩하지 못하지만 이 말씀을 일삼겠습니다."

5. 切磋琢磨(절차탁마)

子貢曰 貧而無諂 富而無驕 何如 子曰 可也 未若貧而樂 富而好禮者也 子貢曰 詩云 如切如磋 如琢如磨 其斯之謂與 子曰 賜也始可與言詩已矣 告諸往而知來者. 論語

■ ■ ■

- 諂 : 아첨할(첨).
- 未若 (미약) : ~만 같지 못하다.
- 詩 (시) : 시경(詩經).
- 往 (왕) : 왕사(往事). 지난 일.
- 賜 (사) : 공자의 제자인 자공(子貢)의 이름.
- 始 (시) : 비로소.
- 諸 (저) : 지어(之於)의 합자(合子).

5. 베고 갈고 쪼고 다듬음

자공이 말하였다. “가난해도 아첨하지 않고, 부유해도 교만하지 않으면 어떻습니까?” 공자께서 말씀하셨다. “괜찮다. 가난하면서도 도를 즐기고 부유하면서도 예를 좋아하는 사람만은 못하다.” 자공이 말하였다. “시경의 베고 갈고 쪼고 다듬듯 한다는 것이 이것을 말함이군요.” 공자께서 말씀하셨다. “사야! 비로소 함께 시를 말할 수 있구나. 지난 일을 알려주면 미래를 아니!”

6. 教學相長(교학상장)

玉不琢不成器 人不學不知道 是故 古之王者 建國君民 教學爲先 雖有嘉肴 弗食 不知其旨也 雖有至道 弗學 不知其善也 是故 學然後知不足 教然後知困 知不足然後能自反也 知困然後能自强也 故曰 教學相長也.

禮記

■ ■ ■

- 長 : 자랄(장), 나아갈(장).
- 王 : 임금(왕), 임금 노릇함.
- 道 (도) : 사람답게 사는 도리.
- 嘉肴 (가효) : 맛 좋은 안주.
- 然後 (연후) : 그런 다음에.
- 反 : 돌이킬(반), 반성함.
- 禮記 (예기) : 오경(五經)의 하나. 고대의 예의(禮儀)에 관한 기록.

6. 가르침과 배움은 서로를 자라게 함

옥은 다듬지 않으면 그릇이 될 수 없고, 사람은 배우지 않으면 도리를 알지 못한다. 그러므로 옛날의 임금 노릇하는 사람은 나라를 세우고 백성을 다스림에 가르침과 배움을 우선으로 하였다. 비록 맛있는 안주가 있더라도 먹지 않으면 그 맛을 알지 못하고, 비록 지극한 도리가 있더라도 배우지 않으면 그 좋음을 알지 못한다. 이런 까닭으로 배운 다음에 부족함을 알고 가르친 다음에 막힘을 알게 되니, 부족함을 안 다음에 스스로 반성할 수 있고 막힘을 안 뒤에 스스로 힘써 노력할 수 있는 것이다. 그러므로 말하기를 “가르침과 배움은 서로를 자라게 한다.”라고 하였다.

7. 反求諸身(반구저신)

君子 素其位而行 不願乎其外 素富貴 行乎富貴素貧賤 行乎貧賤 素夷狄 行乎夷狄 素患難 行乎患難 君子 無入而不自得焉 在上位 不陵下 在下位 不援上 正己而不求於人 則無怨上不怨天 下不尤人 故君子 居易以俟命 小人 行險以徼倖 子曰 射有似乎君子 失諸正鵠 反求諸其身. **中庸**

■ ■ ■

- 素 : 본디(소), 傃(향할 소)와 통하므로 鄕(처할 향)의 뜻으로 쓰임.
- 夷狄 **(이적)** : 오랑캐.
- 陵 : 업신여길(릉).
- 援 : 매달릴(원), 도움을 청함.
- 徼 : 구할(요), 바람, 희구함.
- 僥倖 **(요행)** : 뜻밖에 얻는 행복. 또 그 행복을 바람.
- 正鵠 **(정곡)** : 과녁의 한 가운데 있는 점.
- 中庸 **(중용)** : 유학의 사서의 하나. 공자의 손자인 자사(子思)가 중용불편(中庸不偏)의 도리를 설명한 저술.

7. 돌이켜 자신에게서 구함

군자는 그 지위에 처하여 행하고 그 밖을 바라지 않는다. 부귀에 처해서는 부귀의 처지를 행하고, 가난과 천함에 처해서는 가난과 천한 처지에 맞게 행하며, 오랑캐 땅에 처해서는 오랑캐의 처지에 맞게 행하고, 근심과 어려움에 처해서는 근심과 어려운 처지에 맞게 행하니 군자는 어디를 들어간들 스스로 얻지 못함이 없는 것이다. 윗자리에 있어서는 아랫사람을 업신여기지 않으며, 아랫자리에 있어서는 윗사람에게 도움을 청하지 않는다. 자기를 바로 하고 남에게 구하지 않으면 곧 원망함이 없으니 위로는 하늘을 원망하지 않으며, 아래로는 남을 탓하지 않는다. 그러므로 군자는 평이함에 거처하여 명을 기다리고, 소인은 위험을 행하여 요행을 바란다. 공자께서는 말씀하셨다. "활쏘기가 군자와 비슷함이 있으니 정곡을 잃으면 돌이켜 그 자신에게서 구하는 것이다."

8. 揠苗助長(알묘조장)

宋人有閔其苗之不長而揠之者 芒芒然歸 謂其人曰 今日病矣 予助苗長矣 其子趨而往視之 苗則槁矣. 孟子

■ ■ ■

- 揠 : 뽑을(알).
- 閔 : 근심할(민).
- 芒 : 어두울(망).
- 芒芒然 (망망연) : 지친 모양, 피로한 모양.
- 病 : 피곤할(병), 疲(피).
- 槁 : 마를(고), 枯(고).
- 孟子 (맹자) : 유학의 사서의 하나. 맹자의 제자들이 맹자의 언행을 기록한 저술.

8. 싹을 뽑아 자라도록 함

송나라 사람에 그 싹이 자라지 않음을 민망하게 여겨 그것을 뽑은 사람이 있었다. 지친 모양으로 돌아와서 (집안) 사람들에게 일러 말하였다. “오늘 피곤하다. 내가 싹이 자라도록 하였다.” 그 아들이 달려가서 보니 싹은 말라 죽어 있었다.

9. 何必曰利(하필왈리)

孟子見梁惠王 王曰 叟不遠千里而來 亦將有以利吾國乎 孟子對曰 王何必曰利 亦有仁義而已矣 王曰 何以利吾國 大夫曰 何以利吾家 士庶人曰 何以利吾身 上下交征利而國危矣 萬乘之國 弑其君者 必千乘之家 千乘之國 弑其君者 必百乘之家 萬取千焉 千取百焉 不爲不多矣 苟爲後義而先利 不奪不饜 未有仁而遺其親者也 未有義而後其君者也 王亦曰仁義而已矣 何必曰利.

孟子

■ ■ ■

- 梁惠王 **(양혜왕)** : 전국시대 위(魏)나라의 혜왕. 위나라의 수도가 대량(大梁)이었으므로 양혜왕이라고도 함.
- 叟 : 늙은이(수). 어른을 지칭함.
- 征 : 취할(정).
- 萬乘之國 **(만승지국)** : 만 대의 전쟁용 수레를 동원할 만한 나라. 천자(天子)의 나라를 말함.
- 弑 : 죽일(시). 아랫사람이 윗사람을 죽임.
- 千乘之國 **(천승지국)** : 천 대의 전쟁용 수레를 동원할 만한 나라. 제후(諸侯)의 나라를 말함.
- 百乘之家 **(백승지가)** : 백 대의 전쟁용 수레를 동원할 만한 가문. 경대부(卿大夫)를 말함.
- 饜 : 흐뭇할(염). 만족함.
- 遺 : 버릴(유). 저버림.

9. 하필이면 이로움을 말하는가

맹자가 양혜왕을 만나보니 왕이 말하였다. "노인께서 천 리를 멀다 하지 않고 오셨으니 또한 장차 우리나라에 이로움이 있겠습니까?" 맹자가 대답하여 말하였다. "왕께서는 하필이면 이로움을 말씀하십니까? 오직 '인'과 '의'가 있을 뿐입니다. 왕께서 어떻게 우리나라를 이롭게 할까 말하시면, 대부는 어떻게 우리 집안을 이롭게 할까 말할 것이고, 선비와 일반 백성들은 어떻게 내 몸을 이롭게 할까 말하여 윗사람과 아랫사람이 서로 이로움을 취한다면 나라가 위태로울 것입니다. 만승의 나라(천자의 나라)에서 그 임금을 시해할 사람은 반드시 천승의 집(제후의 나라)이요, 천승의 나라에서 그 임금을 시해할 사람은 반드시 백승의 집(경대부)입니다. 만에서 천을 취하고 천에서 백을 취하는 것이 많지 않은 것이 아니건만, 진실로 '의'를 뒤로 하고 이로움을 앞세운다면 빼앗지 않고서는 만족하지 못할 것입니다. '인'하면서 그의 어버이를 저버리는 사람은 없으며, '의'로우면서 그의 임금을 뒤로 돌리는 사람은 없습니다. 왕께서는 역시 '인'과 '의'를 말씀하실 뿐이지 하필이면 이로움을 말씀하십니까?"

10. 五十步百步(오십보백보)

梁惠王曰 寡人之於國也 盡心焉耳矣 河內凶則移其民於河東 移其粟於河內 河東凶 亦然 察鄰國之政 無如寡人之用心者 鄰國之民 不加少 寡人之民 不加多 何也 孟子對曰 王好戰 請以戰喩 塡然鼓之 兵刃旣接 棄甲曳兵而走 或百步而後止 或五十步而後止 以五十步笑百步則何如 曰 不可 直不百步耳 是亦走也 曰 王如知此 則無望民之多於鄰國也.

孟子

■ ■ ■

- 河內 · 河東 (하내 · 하동) : 황하(黃河) 안쪽과 동쪽. 전국시대(戰國時代) 모두 위(魏)나라의 영역이었음.
- 塡然 (전연) : 북소리의 형용.
- 塡 : 북소리(전).
- 曳 : 끌(예).
- 兵 : 무기(병).
- 直 : 다만(직). 한정어.

10. 오십 보 백 보

양혜왕이 말하였다. "과인이 나라에 대해서 마음을 다 썼습니다. 하내에 흉년이 들면 곧 그(하내) 백성을 하동으로 옮기고, 그(하동) 곡식을 하내로 옮겼습니다. 하동에 흉년이 들면 또한 그와 같이 했습니다. 이웃 나라의 정치를 살펴보건대 과인과 같이 마음을 쓰지 않는데도 이웃 나라의 백성들은 더 줄어들지 않고 과인 나라의 백성들은 더 많아지지 않으니 어찌된 것입니까?" 맹자가 대답하여 말하였다. "왕께서 전쟁을 좋아하시니 청컨대 전쟁으로써 비유하겠습니다. 둥둥 북을 쳐서 무기의 날들이 이미 맞닿았는데, 갑옷을 버리고 무기를 끌며 달아나 어떤 이는 백 보쯤 된 후에 멈추고, 어떤 이는 오십 보쯤 된 후에 멈추었는데 오십 보를 가지고 백 보를 비웃는다면 어떻겠습니까?" (왕이) 말하였다. "옳지 않습니다. 단지 백 보가 아닐 뿐이지 이 또한 달아난 것입니다." (맹자가) 말하였다. "왕께서 만일 이를 아신다면 곧 이웃 나라보다 백성들이 더 많아지는 것을 바라지 마십시오."

11. 率獸食人(솔수식인)

梁惠王曰 寡人願安承敎 孟子對曰 殺人 以梃與刃有以異乎 曰 無以異也 以刃與政有以異乎 曰 無以異也 曰 庖有肥肉 廐有肥馬 民有飢色 野有餓莩 此率獸而食人也 獸相食且人惡之 爲民父母 行政 不免於率獸而食人 惡在其爲民父母也 仲尼曰 始作俑者 其無後乎 爲其象人而用之也 如之何其使斯民飢而死也.

孟子

■ ■ ■

- 安 : 안존할(안). 침착하고 조용함.
- 梃 : 막대기(정). 작대기.
- 刃 : 칼날(인).
- 莩 : 굶어죽을 (표). 殍(표).
- 仲尼 (중니) : 공자(孔子)의 자(字).
- 俑 : 나무사람(용).

11. 짐승을 거느려 사람을 잡아먹음

양혜왕이 말하였다. "과인이 차곡차곡 가르침을 받겠습니다." 맹자가 대답하여 말하였다. "사람을 죽이는데 작대기와 칼로 하는 것이 다름이 있습니까?" (왕이) 말하였다. "다름이 없습니다." "칼과 정치로 하는 것이 다름이 있습니까?" (왕이) 말하였다. "다름이 없습니다." (맹자가) 말하였다. "푸줏간에 살찐 고기가 있고, 마구간에 살찐 말이 있는데, 백성들은 굶주린 기색이고 들에는 굶어죽은 시체가 있다면, 이것은 짐승을 거느리고 사람을 잡아먹는 것입니다. 짐승들이 서로 잡아먹는 것도 또한 사람이 싫어하는데, 백성들의 부모가 되어 정사를 행함에 짐승을 거느리고 사람을 잡아먹는 것을 면하지 못한다면 어찌 백성들의 부모가 된다고 하겠습니까? 공자께서 말씀하셨습니다. '처음에 (장례식에 부장품으로) 나무인형을 만든 사람은 그 후손이 없을 것이다.' 사람의 형상을 만들어서 사용한 때문입니다. 어떻게 이 백성들을 굶주려 죽게 할 수 있습니까?"

12. 君子必勝(군자필승)

孟子曰 天時不如地利 地利不如人和 三里之城 七里之郭 環而攻之 而不勝 夫環而攻之 必有得天時者矣 然而不勝者 是天時不如地利也 城非不高也 池非不深也 兵革非不堅利也 米粟非不多也 委而去之 是地利不如人和也 故曰 域民不以封彊之界 固國不以山谿之險 威天下不以兵革之利 得道者多助 失道者寡助 寡助之至 親戚畔之 多助之至 天下順之 以天下所順 攻親戚之所畔 故君子有不戰 戰必勝矣. 孟子

■ ■ ■

- 兵革(병혁) : 병기.
- 委 : 버릴(위). 棄(기)의 뜻으로 쓰임.
- 域民(역민) : 지역 안에 사는 백성.
- 畔 : 배반할(반), 叛(반).

12. 군자는 반드시 이김

맹자가 말하였다. "하늘이 주는 때의 이로움은 땅의 이로움만 같지 못하고, 땅의 이로움은 사람간의 화합만 같지 못하다. 삼 리의 내성과 칠 리의 외성을 둘러싸고 공격하여도 이기지 못하니, 무릇 둘러싸고 공격함에 있어서는 반드시 하늘이 주는 때의 이로움을 얻음이 있는 것이지만, 그러나 이기지 못하는 것은 하늘이 주는 때의 이로움이 땅의 이로움만 같지 못하기 때문이다. 성이 높지 않은 것이 아니고, 못(해자)이 깊지 않은 것이 아니고, 병기가 굳세고 날카롭지 않은 것이 아니며, 곡식(군량)이 많지 않은 것이 아니지만, (성을) 버리고 떠나가니, 이것은 땅의 이로움이 사람 간의 화합만 같지 못하기 때문이다. 그러므로 말해 오기를, '백성들의 거주를 영토의 경계로써 하지 않고, 나라를 굳세게 함을 산과 계곡의 험한 것으로써 하지 않고, 천하에 위엄을 보임을 병기의 예리함으로 하지 않는다.'고 한다. 도리에 맞게 하는 사람은 도와주는 이가 많고 도리에 어긋나게 하는 사람은 도와주는 이가 적다. 도와주는 이가 적음에 이르러서는 친척도 배반하게 되고, 도와주는 이가 많음에 이르러서는 천하가 순종하게 된다. 천하가 순종하는 것으로써 친척도 배반하는 것을 공격하는 것이니, 그러므로 군자는 싸우지 않음이 있을지언정 싸우기만 하면 반드시 이기는 것이다."

13. 君子三樂(군자삼락)

孟子曰 君子有三樂 而王天下 不與存焉 父母俱存 兄弟無故 一樂也 仰不愧於天 俯不怍於人 二樂也 得天下英才而敎育之 三樂也 君子有三樂 而王天下不與存焉.

孟子

■ ■ ■

- 仰 : 우러러 볼(앙).
- 愧 : 부끄러워 할(괴).
- 俯 : 숙일(부).
- 怍 : 부끄러워 할(작).

13. 군자의 세 가지 즐거움

맹자가 말하였다. "군자는 세 가지 즐거움이 있으나 천하의 왕이 되는 것은 (여기에) 들어 있지 않다. 부모가 모두 살아계시고 형제들이 사고가 없는 것이 첫째 즐거움이요, 우러러 하늘에 부끄럽지 아니하고 굽어 사람에 대해 부끄럽지 않은 것이 둘째 즐거움이요, 천하의 영특한 인재를 얻어 그들을 가르치는 것이 셋째 즐거움이다. 군자는 세 가지 즐거움이 있으나 천하의 왕이 되는 것은 (여기에) 들어 있지 않다."

14. 所謂不孝者五(소위불효자오)

孟子曰 世俗所謂不孝者五 惰其四肢 不顧父母之養 一不孝也 摶奕好飮酒 不顧父母之養 二不孝也 好貨財私妻子 不顧父母之養 三不孝也 從耳目之欲 以爲父母戮 四不孝也 好勇鬪狠以危父母 五不孝也.

孟子

■ ■ ■

- 惰 : 게으를(타).
- 摶奕 (박혁) : 장기와 바둑 따위. 승부를 가리는 노름 종류.
- 私 : 편애할(사).
- 狠 : 패려궂을(흔). 어길(흔).

14. 불효라고 이르는 다섯 가지

맹자가 말하였다. "세속에서 불효라 이르는 것이 다섯 가지니 몸을 게을리 하여 부모 봉양함을 돌보지 않음이 첫 번째 불효요, 장기와 바둑, 술 마시기를 좋아하여 부모 봉양함을 돌보지 않음이 두 번째 불효요, 재물을 좋아하며 아내와 자식을 편애하여 부모 봉양함을 돌보지 않음이 세 번째 불효요, 귀와 눈이 바라는 것을 좇아 부모를 욕보이게 함이 네 번째 불효요, 용맹을 좋아하여 싸우고 패려궂게 하여 부모를 위태롭게 함이 다섯 번째 불효이다.

15. 仁義禮智(인의예지)

孟子曰 人皆有不忍人之心 先王 有不忍人之心 斯有不忍人之政矣 以不忍人之心 行不忍人之政 治天下 可運之掌上 所以謂人皆有不忍人之心者 今人 乍見孺子將入於井 皆有怵惕惻隱之心 非所以內交於孺子之父母也 非所以要譽於鄕黨朋友也 非惡其聲而然也 由是觀之 無惻隱之心 非人也 無羞惡之心 非人也 無辭讓之心 非人也 無是非之心 非人也 惻隱之心 仁之端也 羞惡之心 義之端也 辭讓之心 禮之端也 是非之心 智之端也 人之有是四端也 猶其有四體也 有是四端而自謂不能者 自賊者也 謂其君不能者 賊其君者也 凡有四端於我者 知皆擴而充之矣 若火之始然 泉之始達 苟能充之 足以保四海 苟不充之 不足以事父母.

孟子

- 怵 : 두려워할(출).
- 惕 : 두려워할(척).
- 惡 : 미워할(오). 부끄러워할(오).
- 鄕黨 (향당) : 고향 사람들. 한 동네 사람들.

15. 인의예지

맹자가 말하였다. “사람은 모두 남에게 차마 하지 못하는 마음이 있다. 옛 임금이 남에게 차마 하지 못하는 마음이 있어서 이에 남에게 차마 하지 못하는 정치를 하였으니, 남에게 차마 하지 못하는 마음으로 남에게 차마 하지 못하는 정치를 행한다면, 천하를 다스리는 것이 손바닥 위에서 부릴 만하다. 사람들이 모두 남에게 차마 하지 못하는 마음이 있다고 이르는 까닭은, 지금 어떤 사람이라도 문득 어린 아이가 장차 우물 속으로 빠져들어 가려는 것을 보면 모두 두려워하고 측은히 여기는 마음을 갖게 되는 것이니, 어린 아이의 부모와 사귀려는 까닭도 아니며, 자기 마을의 친구들에게 칭찬을 받고자 하는 까닭도 아니며, 나쁜 소문이 날까봐 싫어서도 아니다. 이로 말미암아 본다면 측은히 여기는 마음이 없으면 사람이 아니며, 부끄러워하는 마음이 없으면 사람이 아니며, 사양하는 마음이 없으면 사람이 아니며, 옳고 그름을 가리는 마음이 없으면 사람이 아니다. 측은히 여기는 마음은 ‘인’의 실마리요, 부끄러워하는 마음은 ‘의’의 실마리요, 사양하는 마음은 ‘예’의 실마리요, 옳고 그름을 가리는 마음은 ‘지’의 실마리이다. 사람이 이 네 실마리(사단)를 가지고 있는 것은 그 팔다리를 가지고 있는 것과 마찬가지니, 이 네 실마리를 가지고 있으면서 스스로 실천할 수 없다고 이르는 사람은 스스로를 해치는 사람이며, 자기 임금이 실천할 수 없다고 이르는 사람은 자기 임금을 해치는 사람이다. 무릇 나에게 갖추어져 있는 네 실마리를 알아서 그것을 모두 넓히고 채운다면, 마치 불이 비로소 타오르며 샘물이 비로소 흘러감과 같으니, 진실로 그것을 채울 수 있다면 온 세상을 보전할 수 있고, 진실로 그것을 채우지 못한다면 부모조차 섬길 수 없는 것이다.”

16. 舍生取義(사생취의)

孟子曰 魚我所欲也 熊掌亦我所欲也 二者不可得兼 舍魚而取熊掌者也 生亦我所欲也 義亦我所欲也 二者不可得兼 舍生而取義者也 生亦我所欲 所欲有甚於生者 故不爲苟得也 死亦我所惡 所惡有甚於死者 故患有所不辟也 如使人之所欲莫甚於生 則凡可以得生者 何不用也 使人之所惡莫甚於死 則凡可以辟患者 何不爲也 由是則生而有不用也 由是則可以辟患而不爲也 是故所欲有心於生者 所惡有甚於死者 非獨賢者有是心 人皆有之 賢者能勿喪耳.

孟子

■ ■ ■

- 熊掌(웅장) : 곰의 발바닥. 중국에서 여덟 가지 맛있는 음식으로 침.
- 舍 : 버릴(사), 捨(사).
- 苟得(구득) : 구차(苟且)스러운 방법으로 얻음.
- 辟 : 피할(피), 避(피).

16. 삶을 버리고 의를 취함

맹자가 말하였다. "생선도 내가 먹기를 바라는 것이고 곰의 발바닥도 내가 바라는 것인데, 두 가지 것을 다 함께 얻을 수 없다면 생선을 버리고 곰의 발바닥을 취할 것이다. 삶도 내가 바라는 것이고 의로움도 내가 바라는 것인데, 두 가지 것을 다 함께 얻을 수 없다면 삶을 버리고 의로움을 취할 것이다. 삶도 내가 바라는 것이지만 바라는 것이 삶보다 심한 것이 있는 까닭에 구차스럽게 얻으려고 하지 않는 것이다. 죽음 또한 내가 싫어하는 것이지만 싫어하는 것이 죽음보다 심한 것이 있는 까닭에 환란도 피하지 않음이 있는 것이다. 만일 사람이 바라는 것이 삶보다 심한 것이 없다면 무릇 삶을 얻을 수 있음에 무엇인들 사용하지 않겠으며, 사람이 싫어하는 것이 죽음보다 심한 것이 없다면 곧 무릇 환란을 피할 수 있음에 무엇인들 하지 않겠는가? 이런 방법에 따른다면 곧 살 만한 데도 사용하지 않음이 있고, 이런 방법에 따른다면 곧 환란을 피할 수 있는데도 피하지 않는 것이다. 이런 까닭에 바라는 것이 삶보다 심한 것이 있고, 싫어하는 것이 죽음보다 심한 것이 있으니, 오직 어진 사람만이 이런 마음이 있는 것이 아니라 사람에게는 모두 이런 마음이 있는 것이다. 어진 사람은 (이런 마음을) 잃어버리지 않을 수 있을 뿐이다.

17. 孟母三遷 孟母斷機(맹모삼천 맹모단기)

鄒孟軻母其舍近墓 孟子少嬉遊 爲墓間之事 孟母曰 此非所以居子也 乃去舍市傍 其嬉戲乃賈人衒賣之事也 又曰 此非所以居子也 復徒舍學宮之旁 其嬉戲乃設俎豆 揖讓進退 孟母曰 真可以居吾子矣 遂居焉 及孟子旣學而歸 孟母問學所至 孟子曰 自若也 孟母以刀斷其織 曰 廢學若吾斷斯織也 孟子懼 旦夕勤學不息 遂成名儒 君子謂孟母知爲人母之道.

古列女傳

■ ■ ■

- 鄒 **(추)** : 전국시대의 나라이름.
- 孟軻 **(맹가)** : 맹자(孟子). 가(軻)는 그 이름. 전국시대의 학자. 공자의 학설을 계승·발전하여 맹자 7책을 지었음.
- 嬉遊 **(희유)** : 장난치고 놂.
- 舍 : 집(사), 집을 마련했다는 동사로 쓰임.
- 賈人 **(고인)** : 장사하는 사람.
- 衒賣 **(현매)** : 선전하며 판다는 뜻.
- 學宮 **(학궁)** : 학교.
- 俎豆 **(조두)** : 연회 또는 제사에서 음식을 차려 놓는 것.
- 揖讓 **(읍양)** : 예절을 행하는 모습.
- 自若 **(자약)** : 기색이 태연한 모양.
- 古列女傳 **(고열녀전)** : 책 이름, 한(漢)나라의 유향(劉向)이 옛날 이름 있는 여성의 사적을 모아서 엮음.

17. 맹자의 어머니가 세 번 이사하고 짜던 베를 끊음

추나라 맹가의 어머니는 그의 집이 무덤 가까운 곳에 있어서 맹자가 어릴 때에 무덤 사이에서 하는 일을 흉내 내며 놀았다. 맹자의 어머니는 말하였다. "이곳은 아들을 있게 할 곳이 못 된다." 떠나서 시장 옆에 가서 거주했더니, 그가 장난하고 노는데 상인들이 선전하며 물건을 파는 일을 하며 놀았다. 또 말하였다. "여기도 아들을 있게 할 곳이 못된다." 다시 학교 옆으로 집을 옮겼더니, 그가 장난하고 노는데, 이에 제사 음식을 차려 놓고 예절에 맞게 나아가고 물러가는 행동을 하였다. 맹자의 어머니는 "이곳이야말로 나의 아들을 있게 할 곳이다."하고 드디어 (자리 잡고) 살았다. 맹자가 공부를 하고 돌아왔을 때에 맹자의 어머니가 배움이 도달한 정도를 물으니 맹자가 말하였다. "웬만합니다." 맹자의 어머니는 칼로 그가 짜던 베를 잘라 버리고 말하였다. "공부를 그만두는 것은 내가 이 베 짜던 것을 잘라버리는 것과 같다." 맹자는 두려워서 아침저녁으로 열심히 배우고 쉬지 아니하니 마침내 이름 있는 유학자가 되었다. 군자는 "맹자의 어머니야말로 사람의 어머니로서의 도리를 안다."고 하였다.

18. 靑出於藍(청출어람)

君子曰 學不可以已 靑取之於藍 而靑於藍 氷水爲之 而寒於水 木直中繩 輮以爲輪 其曲中規 雖有枯暴不復挺者 輮使之然也 故木受繩則直 金就礪則利 君子博學而參省乎己 則知明而行無過矣 故不登高山 不知天之高也 不臨深溪 不知地之厚也 不聞先王之遺言 不知學問之大也 干越夷貉之子生而同聲 長而異俗 敎使之然也.

荀子

■ ■ ■

- 規 : 그림쇠(규).
- 繩 : 먹줄(승). 노(승).
- 輮 : 휠(유). 덧바퀴(유).
- 挺 : 곧을(정).
- 礪 : 숫돌(려). 갈(려).
- 參省乎己 (참성호기) : 자신을 헤아리고 성찰하다.
- 干越夷貉 (간 · 월 · 이 · 맥) : 모두 중국의 변방 부족을 뜻함.
- 貉 : 오랑캐(맥).
- 荀子 (순자) : 춘추시대(春秋時代) 조(趙)나라의 유학자 순황(荀況)이 주공(周公)의 가르침을 밝히고 예악(禮樂)을 권장하려고 찬한 저술. 순황은 순자의 이름.

18. 푸른빛은 쪽에서 나옴

군자가 말하였다. "배움은 그만 둘 수 없으니, 푸른빛은 쪽에서 취하나 쪽빛보다 푸르다. 얼음은 물이 그렇게 된 것이나 물보다 차다. 나무의 곧음은 먹줄에 들어맞으나, 휘어서 바퀴를 만들면 그 굽으러짐이 그림쇠에 들어맞는다. 비록 말리고 햇볕에 쬐더라도 다시 곧아질 수 없으니, 휘어놓음으로써 그렇게 된 것이다. 그러므로 나무는 먹줄을 받으면 곧아지고, 쇠는 숫돌에 갈면 날카로워지니, 군자가 널리 배워서 자신을 헤아리고 성찰하면 곧 앎이 밝아져서 행함에 잘못함이 없다. 그러므로 높은 산에 오르지 않으면 하늘이 높은 것을 알지 못한다. 깊은 계곡에 임하지 않으면 땅의 두터움을 알지 못한다. 선왕이 남겨 놓은 말을 듣지 못하면 학문의 큼을 알지 못한다. 간 · 월 · 이 · 맥의 후손들은 태어날 때는 같은 소리를 내지만, 자라면서 습속이 다르니 가르침이 그렇게 되게 한 것이다.

19. 伯夷叔齊(백이숙제)

武王伐紂 伯夷叔齊叩馬而諫曰 父死不葬 爰及干戈 可謂孝乎 以臣弑君 可謂仁乎 左右欲兵之 太公曰 此義人也 扶而去之 武王已平殷亂 天下宗周 而伯夷叔齊恥之 義不食周粟 隱於首陽山 采薇而食之 遂餓死於首陽山.

史記

■ ■ ■

- 伯夷 叔齊 (백이숙제) : 형 백이와 아우 숙제. 모두 은(殷)나라 고죽군(孤竹君)의 아들.
- 武王 (무왕) : 주(周)나라 임금. 문왕(文王)의 아들로 은나라를 멸망시킴.
- 紂 (주) : 은나라 마지막 임금. 폭군으로 알려짐.
- 叩 : 끌어당길(고).
- 爰 : 이에(원).
- 干戈 (간과) : 방패와 창, 전쟁, 병기.
- 太公 (태공) : 주나라 무왕을 도와 은나라를 멸망시키는데 큰 공을 세운 강태공(姜太公) 여상(呂尙).
- 史記 (사기) : 전한(前漢)시대의 사마천(司馬遷)이 편찬한 역사서로 황제(黃帝)로부터 한나라 무제(武帝) 때까지의 역사를 기전체(紀傳體)로 기술함. 기전체 사서의 효시(嚆矢)가 됨.

19. 백이와 숙제

무왕이 (은나라) 주왕을 치려하니 백이와 숙제가 말을 끌어당기며 간언하였다. "부왕이 돌아가셨는데 장례도 치르지 않고 이에 전쟁을 벌이니 효라고 할 수 있습니까? 신하의 몸으로 임금을 시해하려 하니 인이라고 할 수 있습니까?" 좌우의 신하들이 그들을 해치려 하니 태공이 말하였다. "이들은 의로운 사람이다. 부축해 데려가거라." 무왕이 끝내 은나라의 난을 평정하니 천하가 주나라를 추종하였지만, 백이와 숙제는 그것을 부끄럽게 여기고 의로움을 지켜 주나라의 곡식을 먹지 않고 수양산에 숨어 고사리를 캐어 먹다가 결국 수양산에서 굶어 죽었다.

20. 管鮑之交(관포지교)

管仲曰 吾始困時 嘗與鮑叔賈 分財利 多自與 鮑叔不以我爲貪 知我貧也 吾嘗爲鮑叔謀事 而更窮困 鮑叔不以我爲愚 知時有利不利也 吾嘗三仕 三見逐於君 鮑叔不以我爲不肖 知我不遭時也 吾嘗三戰三走 鮑叔不以我爲怯 知我有老母也 公子糾敗 召忽死之 吾幽囚受辱 鮑叔不以我爲無恥 知我不羞小節 而恥功名不顯于天下也 生我者父母 知我者鮑子也 鮑叔 旣進管仲 以身下之 子孫世祿于齊 有封邑者十餘世 常爲名大夫 天下不多管仲之賢 而多鮑叔能知人. 史記

■ ■ ■

- 管仲 (관중) : 춘추시대(春秋時代) 제(齊)나라 환공(桓公)을 도와 제후들의 패자(覇者)가 되게 한 제나라의 이름난 재상.
- 鮑叔 (포숙) : 제 환공에게 관중을 천거한 제 나라의 大夫(대부).
- 賈 : 장사할(고).
- 肖 : 본받을 (초).
- 遭 : 만날(조).
- 公子 糾 (공자 규) : 제 환공의 동생. 환공과 더불어 제나라의 군주 자리를 다투었음.
- 召忽 (소홀) : 공자 규를 따랐던 제나라의 대부.
- 世祿 (세록) : 대를 이어 녹봉을 받음.

20. 관중과 포숙의 사귐

관중이 말하였다. "내가 일찍이 곤궁할 때에 포숙과 더불어 장사를 하여 재물의 이익을 나눔에 스스로 많이 가졌는데 포숙이 나를 탐욕하다고 여기지 않았다. 내가 가난함을 알아준 것이다. 내가 일찍이 포숙과 더불어 일을 도모하여 다시 곤궁하게 되었는데 포숙이 나를 어리석다고 여기지 않았다. 때에 이롭고 이롭지 못함이 있음을 안 것이다. 내가 일찍이 세 번 벼슬하여 세 번 임금에게 내쫓김을 당했는데 포숙은 나를 변변치 못하다고 여기지 않았다. 내가 때를 만나지 못했음을 알아준 것이다. 내가 일찍이 세 번 싸움에 세 번 달아났는데 포숙은 나를 겁쟁이라고 여기지 않았다. 내가 작은 절개를 부끄러워하지 않고 공명이 천하에 드러나지 못함을 부끄러워한다는 것을 안 것이다. 나를 낳아준 분은 부모요, 나를 알아준 사람은 포 선생(숙)이다." 포숙이 관중을 천거하고 자신이 그보다 아래(위치)에 있었으나, 자손은 대대로 제나라에서 대를 이어 봉록을 받아 고을에 봉해진 사람이 십여 세대에 걸쳤고, 항상 이름 있는 대부가 되었다. 천하가 관중의 현명함을 크게 여기지 않고 포숙이 능히 사람을 알아준 것을 크게 여겼다.

21. 善善惡惡(선선오악)

齊桓公出游於野 見亡國故城郭氏之墟 問於野人曰 是爲何墟 野人曰 是爲郭氏之墟 桓公曰 郭氏者 曷爲墟 野人曰 郭氏者 善善而惡惡 桓公曰 善善而惡惡 人之善行也 其所以爲墟者 何也 野人曰 善善而不能行 惡惡而不能去 是以爲墟也 桓公 歸以語管仲 管仲曰 其人爲誰 桓公曰 不知也 管仲曰 君亦一 郭氏也 於是招野人而賞焉.

新序

- 桓公 **(환공)** : 춘추시대 관중(管仲)을 등용하여 가장 먼저 패자(霸者)가 된 제(齊)나라의 군주.
- 野 : 성밖(야).
- 墟 : 터(허), 고적.
- 曷 : 어찌(갈), 의문사.
- 善善 **(선선)** : 착함을 좋아함.
- 惡惡 **(오악)** : 악함을 미워함.
- 新序 **(신서)** : 전한의 유향(劉向)이 춘추시대로부터 한나라 초기에 이르는 동안의 인물에 관한 전기(傳記)와 일화(逸話)를 기록한 저술.

21. 선을 좋아하고 악을 미워함

제나라 환공이 성 밖에 나가 노닐다가 멸망한 나라의 옛 성인 곽 씨의 폐허를 보고서 시골 사람에게 물어 말하였다. "이것이 무슨 고적인가?" 시골 사람이 말하였다. "이것이 곽 씨의 폐허입니다." 환공이 말하였다. "곽 씨는 어찌하여 폐허가 되었는가?" 시골 사람이 말하였다. "곽 씨는 선을 좋아하고 악을 미워하였습니다." 환공이 말하였다. "선을 좋아하고 악을 미워함은 사람의 좋은 행실인데도 폐허가 된 까닭은 무엇인가?" 시골 사람이 말하였다. "선을 좋아하였지만 실천할 수 없었고 악을 미워하였지만 떨쳐 버릴 수 없어서 이렇게 폐허가 되었습니다." 환공이 돌아와서 관중에게 (그 일을) 말하니, 관중이 말하였다. "그 사람이 누구입니까?" 환공이 말하였다. "알지 못합니다." 관중이 말하였다. "주군께서는 또한 곽 씨와 한가지입니다." 이래서 시골 사람을 불러다가 상을 주었다.

22. 終身食魚(종신식어)

昔者有餽魚於鄭相者 鄭相不受 或謂鄭相曰 子嗜魚 何故不受 對曰 吾以嗜魚故不受魚 受魚失祿 無以食魚 不受得祿 終身食魚.

新序

- 鄭相 (정상) : 정자산(鄭子産). 춘추시대 정(鄭) 나라의 재상을 지냄.
- 嗜 : 즐길(기).
- 餽 : 보낼(궤), 선물로 보냄.
- 無以 (무이) : ~할 수 없다.

22. 종신토록 물고기를 먹음

옛날에 정나라 재상에게 물고기를 보낸 사람이 있었다. 정나라 재상이 받지 않으니, 어떤 이가 정나라 재상에게 말하였다. "당신은 물고기를 좋아하는데 무슨 까닭으로 받지 않습니까?" 대답하여 말하였다. "내가 물고기를 좋아하는 까닭으로 물고기를 받지 않습니다. 물고기를 받으면 녹을 잃어 물고기를 먹을 수 없게 되고, 물고기를 받지 않으면 녹을 받게 되니 종신토록 물고기를 먹을 수 있습니다."

23. 結草報恩(결초보은)

魏武有妾 武子病謂其子顆曰 我死嫁此妾 病亟 又曰 殺爲殉 及死 顆曰 寧從治時命而嫁之 及秦晉之戰 魏顆見老人結草以抗杜回 回躓而顚 遂獲之 後顆夢老人 云我而所嫁婦人之父也 爾從先人治命 余是以報.

左傳

■ ■ ■

- 魏武 **(위무)** : 위무자(魏武子). 춘추시대 진(晋)나라의 대부.
- 顆 : 낟알(과). 흙덩이(과). 여기서는 사람 이름.
- 子 **(자)** : 자작(子爵)을 뜻함.
- 亟 : 중해 질(극).
- 寧 **(녕)** : 차라리 ~하겠다.
- 抗 : 막을(항). 겨룰(항).
- 杜回 **(두회)** : 춘추시대 진(秦)나라의 장군.
- 躓 : 걸릴(찬).
- 左傳 **(좌전)** : '춘추좌씨전(春秋左氏傳)'의 준말. 노(魯)나라의 사관(史官) 좌구명(左丘明)이 저술한 '춘추(春秋)'의 해석서(解釋書).

23. 풀을 묶어 은혜에 보답함

위무에게 첩이 있었다. 위무가 병이 나자 그 아들 위과에게 말하였다. “내가 죽거든 이 첩을 시집보내어라.” 병이 중해지자 또 말하였다. “첩을 죽여서 같이 묻어라.” 죽기에 이르자 위과가 말하였다. “차라리 병이 덜했을 때의 명령을 따르겠다.” 그리고 그 첩을 시집보냈다. 진나라와 진나라가 싸우기에 이르러서 위과가 노인이 풀을 묶어서 두회에 저항하는 것을 보았다. 두회가 걸려 넘어져서 드디어 그를 잡았다. 후에 위과의 꿈에서 노인이 이르기를 “나는 시집보낸 부인의 아버지이다. 당신이 돌아가신 분이 병이 덜했을 때의 명을 따랐으니 내가 이렇게 보답한 것이다.”라고 하였다.

24. 宋襄之仁(송양지인)

(魯)僖公二十二年 冬十一月己巳朔 宋公及楚人戰于泓 楚人未旣濟 司馬曰 彼衆我寡 及其未旣濟也請擊之 公曰 不可 旣濟而未成列 又以告 公曰 未可 旣陳而後擊之 宋師敗績 公傷股 門官殲焉 國人皆咎公 公曰 君子不重傷 不禽二毛 古之爲軍也 不以阻隘也 寡人雖亡國之餘 不鼓不成列 子魚曰 君未知戰 勍敵之人 隘而不列 天贊我也 且今之勍者 皆吾敵也 雖及胡耇 獲則取之 何有於二毛 明恥敎戰 求殺敵也 傷 未及死 如何勿重 若愛重傷 則如勿傷 愛其二毛 則如服焉 三軍以利用也 金鼓以聲氣也 利而用之 阻隘可也 聲盛致志 鼓儳可也.

左傳

■ ■ ■

- 宋襄(송양) : 춘추시대 송(宋)나라의 군주였던 양공(襄公).
- 泓(홍) : 물 이름, 홍수(泓水).
- 門官(문관) : 시종.
- 二毛(이모) : 반백의 머리, 반백의 머리가 된 연배.
- 阻隘(조애) : 지세가 험준함.
- 子魚(자어) : 송 양공 때의 사마(司馬) 벼슬하던 대부(大夫).
- 勍 : 셀(경), 강함.
- 胡耇(호구) : 늙은이.
- 胡 : 늙은이(호).
- 聲盛(성기) : 기세.
- 儳 : 빠를(참), 어지러울(참), 천할(참).
- 鼓儳(고전) : 적진이 아직 정돈되지 않았을 때 친다는 뜻.

24. 송나라 양공의 인

(노나라) 희공 22년 겨울 11월 기사일 초하루에 송공이 초나라 사람과 홍수에서 싸웠다. 초나라 사람들이 아직 물을 건너지 못했다. 군사 일을 맡은 이가 말하였다. "저들은 (수가) 많고 우리는 적으니 그들이 이미 건너지 못했을 때 공격하도록 청합니다." 송공이 말하였다. "안 된다." 이미 건너왔으나 아직 대열을 이루지 못함에 또 고하니 송공이 말하였다 "안 된다." 이미 포진한 후에야 그들을 공격하였다. 송나라 군대가 크게 패하여 송공은 넓적다리를 다치고, 시종들은 모두 죽었다. 나라사람들이 모두 송공을 나무라니 공이 말하였다. "군자는 다친 이를 거듭 (다치게) 하지 않고 반백의 연배인 노인을 사로잡지 않는다. 옛날의 군대에서는 지세의 험준함을 이용하지 않았다. 과인은 비록 망한 나라(송나라는 주나라에게 멸망한 은 왕조의 후예국임)의 후예이지만 대열을 이루지 못한 데에 대해 (공격하려고) 북을 울리지는 않는다." 자어가 말하였다. "주군께서는 싸움을 알지 못하십니다. 강한 적이 험준하여 대열을 짜지 못하는 것은 하늘이 우리를 돕는 것입니다. 또한 지금의 강한 나라들은 모두 우리의 적입니다. 비록 늙은이일지라도 잡을 수 있으면 곧 그들을 잡아야 하는데 어찌 반백의 연배를 생각해줌이 있겠습니까? 치욕 됨을 분명하게 하고 싸움을 가르침은 적을 죽이려고 함입니다. 다쳤으나 아직 죽지 않았다면 어찌 거듭 (죽이지) 않겠습니까? 만약 거듭 다치게 함이 안쓰럽다면 곧 다치게 하지 않음이 어떻습니까? 그 반백의 연배가 안쓰럽다면 곧 항복함이 어떻습니까? 삼군은 이로움을 활용하는 것입니다. 징과 북으로써 기세를 돋우고 이로움을 활용하니 험준함을 이용함은 옳은 것입니다. 기세를 올리고 뜻을 이룰 수 있다면 적진이 아직 정돈되지 않았을 때 치는 것은 옳은 것입니다."

25. 臥薪嘗膽(와신상담)

伍員字子胥 楚人伍奢之子 奢誅而奔吳 以吳兵入郢 吳伐越 闔廬傷而死 子夫差立 子胥復事之 夫差志復讐 朝夕臥薪中 出入使人呼曰 夫差 而忘越人之殺而父耶 周敬王二十六年 夫差敗越于夫椒 越王句踐 以餘兵棲會稽山 請爲臣妻爲妾 子胥言不可 太宰伯嚭受越賂 說夫差赦越 句踐反國 懸膽於坐 臥卽仰膽嘗之曰 女忘會稽之恥耶 擧國政 屬大夫種 而與范蠡共治兵事 謀吳 太宰嚭譖 子胥恥謀不用怨望 夫差乃賜子胥屬鏤之劍 子胥告其家人曰 必樹吾墓檟 檟可材也 抉吾目懸東門 以觀越兵之滅吳 乃自剄 夫差取其尸 盛以鴟夷 投之江 吳人憐之 立祠江上 命曰胥山 越十年生聚 十年敎訓 周元王四年 越伐吳 吳三戰三北 夫差上姑蘇 亦請成於越 范蠡不可 夫差曰 吾無以見子胥 爲幎冒乃死.

十八史略

■ ■ ■

- 伍員 **(오원)** : 초(楚)나라 사람으로 오(吳)나라로 망명하여 오나라 임금을 도와 초나라를 무너뜨리고 월(越)나라를 정벌하였음.
- 郢 : 초나라 서울(영).
- 而 : 너(이), 2인칭.
- 夫椒 **(부초)** : 산 이름.
- 女 : 너(여), 2인칭.
- 范蠡 **(범려)** : 춘추시대 월왕(越王) 구천(句踐)의 책사(策士).

☞ 254쪽에 계속

25. 땔나무에 드러눕고 곰의 쓸개를 맛봄

오원은 자가 자서이다. 초나라 사람 오사의 아들인데, 오사가 죽임을 당하자 오나라로 도망가 오나라 군사를 거느리고 (초나라 서울)영에 쳐들어왔다. 오나라가 월나라를 정벌할 때 합려가 부상을 당해 죽었다. 아들인 부차가 군주로 서니 자서가 다시 그를 섬겼다. 부차가 뜻을 복수하는데 두고 아침 · 저녁으로 땔나무 가운데에 드러눕고, 나아가고 들어감에 다른 사람들로 하여금 부르짖게 했다. "부차야! 너는 월나라 사람들이 너의 아버지를 죽인 것을 잊었느냐." 주나라 경왕 26년에 부차가 월나라를 부초에서 패배시켰더니, 월나라 임금 구천이 남은 군대로써 회계산에 기거하면서 자신의 아내로서 첩을 삼아주기를 청하였다. 자서가 그럴 수 없다고 말했으나, 태재 백비가 월나라의 뇌물을 받고 부차를 달래서 월나라를 용서하였다. 구천이 (자기) 나라에 돌아와서 쓸개를 자리에 걸어놓고서는 드러누울 때나 일어날 때 쓸개를 맛보며 말하였다. "너는 회개의 부끄러움을 잊었는가?" 나라의 정사를 들어서 대부 (문)종에게 맡기고 범려와 함께 군대의 일을 맡아서 오나라를 도모하려고 하였다. 태재 백비가 참소하기를 자서가 자신의 꾀가 쓰이지 않음을 부끄러워하여 원망한다고 하니, 부차가 이에 자서에게 촉루검을 내렸다. 자서가 그 집안사람들에게 말하였다. "반드시 내 무덤 옆에 오동나무를 심어 놓아라. 그 오동나무가 재목이 되었을 때, 내 눈을 긁어내어 매달아 동문에다가 세워 놓아서 월나라의 군대가 오나라를 멸망시키는 것을 볼 수 있게 하여라." 이에 스스로 목을 베어 죽었다. 부차가 그 시체를 가져다가 말가죽으로 만든 부대 속에 넣어서 강에다 던져버렸다. 오나라 사람들이 그를 가련

☞ 255쪽에 계속

26. 西施捧心(서시봉심)

西施病心而矉其里 其里之醜人見而美之 歸亦捧心而矉其里 其里之富人見之 堅閉門而不出 貧人見之 挈妻子而去之走 彼知美矉 而不知矉之所以美 西施越女 所謂西子也 有絶世之美 越王句踐 獻之吳王夫差 夫差嬖之 卒至傾國. 莊子

■ ■ ■

- 西施 (서시) : 월(越)나라의 미인으로 오나라 임금 부차(夫差)의 총희(寵姬)가 되었음.
- 捧心 (봉심) : 가슴에 손을 댐.
- 矉 : 눈살 찌푸릴(빈).
- 挈 : 끌(설).
- 句踐 (구천) : 춘추시대 월나라의 군주로 오왕 부차를 꺾고 패자가 됨.
- 夫差 (부차) : 춘추시대 오나라의 군주로 한때 월왕 구천을 꺾고 패자가 되었으나 결국 구천에게 패퇴하고 자결함.
- 嬖 : 사랑할(폐), 몹시 사랑함.
- 莊子 (장자) : 춘추시대 도가사상가인 장주(莊周)가 그의 자연사상을 주장한 저술. 일명 남화진경(南華眞經).

☞ 252쪽에서 계속

- 盛 : 담을(성).
- 鴟夷 (치이) : 말가죽으로 만든 부대.
- 生聚 (생취) : 백성을 기르고 재물을 모음.
- 幎冒 (멱모) : 시체의 얼굴을 싸는 검은 헝겊.
- 十八史略 (십팔사략) : 원(초)나라 증선지(曾先之)가 편찬한 역사서로 사기(史記) 등, 18종의 사서에서 가려 엮음.

26. 서시가 가슴을 움켜잡음

서시가 가슴이 아파서 (움켜잡고) 그 마을에서 눈살을 찌푸렸더니 그 마을의 못생긴 사람이 보고 그것을 아름답게 여겨, 돌아와서 또한 가슴을 움켜잡고 그 마을에서 눈살을 찌푸렸다. 그 마을의 부유한 사람은 그것을 보고 문을 굳게 닫고 나오지 않았으며, 가난한 사람은 그것을 보고 처자식을 거느리고 그 마을을 떠나가 버렸다. 그 여인은 미인의 눈살 찌푸림만 알았지 눈살 찌푸림이 아름다운 까닭은 알지 못한 것이다. 서시는 월나라의 여자로 이른바 '서자'이다. 세상에 뛰어난 아름다움이 있었다. 월왕 구천이 오왕 부차에게 바치니, 부차가 몹시 사랑하다가 마침내 나라가 기우는 데 이르렀다.

☞ 253쪽에서 계속

하게 여겨 강 위에 사당을 세우고 서산이라 이름하였다. 월나라가 십 년 동안 재물을 모으고 십 년 동안 백성을 가르쳐서 주나라 원왕 사년에 월나라가 오나라를 정벌하니 오나라가 세 번 싸워 세 번 패하였다. 부차가 고소산에 올라가 역시 월나라에 화해하기를 청하였으나 범려가 불가하다고 하였다. 부차가 말하였다. "내가 자서를 볼 수가 없구나." 얼굴을 검은 헝겊으로 가리고서 이에 죽었다.

27. 知足之足(지족지족)

天下有道 却走馬以糞 天下無道 戎馬於郊 禍莫大於不知足 咎莫大於欲得 故知足之足 常足矣 五色令人目盲 五音令人耳聾 五味令人口爽 馳騁田獵 令人心發狂 難得之貨 令人行妨 是以聖人爲腹 不爲目.

老子

■ ■ ■

- 却 : 뒤집을(각). 바꿈.
- 五色 **(오색)** : 청(靑), 황(黃), 적(赤), 백(白), 흑(黑)의 다섯 가지 색.
- 五音 **(오음)** : 궁(宮), 상(商), 각(角), 치(徵), 우(羽)의 다섯 가지 소리.
- 五味 **(오미)** : 신맛(酸 산), 짠맛(鹹 함), 단맛(甛 첨), 매운맛(辛 신), 쓴맛(苦 고)의 다섯 가지 맛.
- 爽 : 어그러질(상). 상할(상).
- 老子 **(노자)** : 주나라 말기 도가(道家)의 시조로 무위자연설(無爲自然說)을 주장한 이이(李耳)의 도가사상(道家思想)을 담은 저술.

27. 만족함을 아는 만족

천하에 도가 시행되면 잘 달리는 말의 쓰임을 바꾸어 거름을 나르게 하고, 천하에 도가 시행되지 않으면 군대의 말이 들판에 있게 된다. 재앙은 만족함을 모르는 것보다 큼이 없고, 허물은 얻고자 함보다 큼이 없다. 그러므로 만족함을 아는 만족은 항상 만족하게 된다. 다섯 가지 색은 사람으로 하여금 눈멀게 하고, 다섯 가지 소리는 사람으로 하여금 귀먹게 하고, 다섯 가지 맛은 사람의 입을 상하게 한다. 말달리고 사냥하는 것은 사람의 마음을 미치게 하고 얻기 어려운 재화는 사람의 행실을 헤살놓으니, 이러므로 성인은 배를 위하고 눈을 위하지 않았다.

28. 閔損孝友(민손효우)

閔損字子騫 早喪母 父娶後妻 生二子 損至孝不怠 母疾惡之 所生子 以綿絮衣之 損以蘆花絮 父冬月 今損御車 體寒失靷 父責之 損不自理 父察知之 欲遣後母 損泣啓父曰 母在一子寒 母去三子單 父善之而止 母亦悔改 待三子平均 遂成慈母.

蒙求

■ ■ ■

- 閔損 **(민손)** : 춘추시대 노(魯)나라 사람. 공자의 제자, 효성이 지극하였음.
- 疾 : 미워할(질), 투기할(질).
- 絮 : 솜(서).
- 蘆 : 갈대(로).
- 靷 : 가슴걸이(인), 고삐의 뜻으로 쓰임.
- 蒙求 **(몽구)** : 당(唐)나라 이한(李瀚)이 편찬한 교양서. 경사류(經史類)에서 교훈이 될 만한 것들을 뽑아 놓음.

28. 민손의 효성과 우애

민손은 자가 자건이다. 일찍 어머니를 여의니 아버지께서 후처를 취하여 두 아들을 낳았다. 민손은 지극하게 효도하기를 게으르지 않았는데 어머니께서 몹시 그를 미워하여 자신이 낳은 아들은 솜을 넣은 옷을 입히고, 민손은 갈꽃 솜을 넣은 옷을 입혔다. 아버지께서 겨울에 민손으로 하여금 수레를 몰게 하였는데 몸이 추워 고삐를 놓치니 아버지께서 꾸짖었는데, 민손이 제대로 정리하지 못하니 아버지께서 살펴보신 뒤 그 사실을 알고는 후처를 내쫓으려고 하셨다. 민손이 울면서 아버지께 말씀드렸다. "어머니께서 계시면 한 아들이 춥지만 어머니께서 떠나시면 세 아들이 홑옷을 입게 될 것입니다." 아버지께서 그를 착하게 여기시고 멈추시니 어머니 또한 뉘우쳐 고치고 세 아들을 고르게 대하여 드디어 자애로운 어머니가 되었다.

29. 貧而無屈(빈이무굴)

曾子敝衣而耕 魯君聞之而致邑焉 曾子固辭不受曰 吾聞 受人施者常畏人 與人者常驕人 縱君不我驕也 吾豈能勿畏乎 吾與其富而畏人 不若貧而無屈.

孔子家語

■ ■ ■

- **曾子 (증자)** : 공자(孔子)의 제자. 이름은 삼(參). 효행(孝行)으로 알려짐. 효경(孝經)은 공자와 증자의 문답록임.
- **魯 (노)** : 춘추시대(春秋時代) 산동성(山東省)에 있던 제후국.
- **致 (치)** : 맡기다.
- **與其 (여기) ~ 不若 (불약) ~** : ~하느니 보다 차라리 ~하겠다. ~하는 것 보다 ~하는 것이 낫다.

29. 가난하지만 굽히지 않음

증자가 해진 옷으로 밭갈이를 하고 있었다. 노나라 임금이 그 소식을 듣고서는 고을을 맡겼다. 증자가 한사코 거절하여 받지 않으며 말하였다. “제가 듣건대 다른 사람이 주는 것을 받는 사람은 항상 다른 사람을 두려워하고, 다른 사람에게 준 사람은 항상 그 사람에게 교만하다고 합니다. 설령 임금께서 저에게 교만하지 않다 하더라도 제가 어찌 두려워하지 않을 수 있겠습니까? 저는 부유하면서 다른 사람을 두려워하기 보다는 가난하지만 굽히지 않겠습니다.”

30. 二旬九食(이순구식)

子思居於衛 縕袍無表 二旬九食 田子方聞之 使人遺狐白裘 恐其不受 因謂之曰 吾假人遂忘之 吾與人如棄之 子思辭而不受 子方曰 我有 子無 何故不受 子思曰 伋聞之 妄與不如遺棄物於溝壑 伋雖貧 不忍以身爲溝壑 是以不敢當. 說苑

■ ■ ■

- 子思 **(자사)** : 공자(孔子)의 손자. 이름은 급(伋). 자(字)는 자사(子思)임. 중용(中庸)의 저자라 함.
- 衛 : 나라이름(위).
- 縕 : 헌솜(온), 솜옷(온).
- 袍 : 솜옷(포).
- 無表 **(무표)** : 거죽이 없음.
- 田子方 **(전자방)** : 전국시대(戰國時代) 위(魏)나라 대부(大夫).
- 裘 : 갖옷(구), 가죽옷(구).
- 狐白裘 **(호백구)** : 여우의 겨드랑이 밑 흰털 가죽으로 만든 옷. 고대에는 가장 고귀한 옷이었음.
- 假 : 빌릴(가).
- 辭 : 거절할(사).
- 妄 : 허망할(망).
- 說苑 **(설원)** : 한(漢)나라 유향(劉向)이 편찬한, 옛날 현인(賢人)이나 철인(哲人)들의 이야기를 적은 책.

30. 스무 날 동안 아홉 끼를 먹음

자사가 위나라에 사는데 솜옷에 거죽이 없었고, 스무 날 동안 아홉 끼를 먹었다. 전자방이 그 소식을 듣고서 사람을 보내어 여우 흰 털 가죽 옷을 보내면서 받지 않을까 두려워하여 그에게 일러 말하였다. "나는 다른 사람에게 빌려주면 결국은 그것을 잊어버린다. 나는 다른 사람에게 줄 때에는 그것을 버리는 것과 같이 한다." 자사가 거절하며 받지 않으니 자방이 말하였다. "나는 재산이 있고 당신은 없는데 무슨 까닭으로 받지 않습니까?" 자사가 말하였다. "저는 들었습니다. 허망하게 주는 것은 물건을 도랑에 버리는 것만 같지 못하다고. 저는 비록 가난하더라도 자신을 도랑으로 삼는 것은 참고 견디지 못하겠습니다. 이러므로 받아들이지 못하는 것입니다."

31. 曳尾塗中(예미도중)

莊子釣於濮水 楚王使大夫二人往先焉 曰 願以竟內累矣 莊子持竿不顧曰 吾聞楚有神龜 死已三千歲矣 王巾笥而藏之廟堂之上 此龜者 寧其死爲留骨而貴乎 寧其生而曳尾於塗中乎 二大夫曰 寧生而曳尾於塗中 莊子曰 往矣 吾將曳尾於塗中.

莊子

■ ■ ■

- 濮水(복수) : 중국 화북(華北)지방을 흐르는 황하의 지류.
- 竟內(경내) : 나라 안.
- 巾笥(건사) : 헝겊으로 싸서 상자에 넣음.
- 寧 : 차라리(녕).
- 寧(녕) ~ 寧(녕) ~ : ~보다 ~가 났다.

31. 진흙 가운데서 꼬리를 끎

장자가 복수에서 낚시를 하는데, 초나라 임금이 대부 두 사람에게 먼저 가서 말하게 하였다. "바라건대 나랏일로 누를 끼치고자 합니다." 장자가 낚싯대를 잡고서 돌아보지 않으며 말하였다. "내가 들으니 초나라에 신령한 거북이 있었는데, 죽은 지가 이미 삼천 년이 되었으되 임금이 상자에 넣어 사당 꼭대기에 보관했다고 하니, 이 거북이가 죽어서 뼈를 남겨 귀하게 되고자 했겠는가, 살아서 진흙 가운데서 꼬리를 끌려고 했겠는가?" 두 대부가 말하였다. "차라리 살아서 진흙 가운데서 꼬리를 끌려고 했을 것입니다." 장자가 말하였다. "가시오. 나는 장차 진흙 가운데서 꼬리를 끌면서 살겠소."

32. 無汚我(무오아)

楚威王聞莊周賢　使使厚幣迎之　許以爲相　莊周笑謂使者曰　千金重利　卿相尊位也　子獨不見郊祭之犧牛乎　養食之數歲　衣以文繡 以入大廟 當是之時 雖爲孤豚 豈可得乎 子亟去 無汚我　我寧游戲汚瀆之中自快 無爲有國者所羈 終身不仕 以快吾志焉.

史記

■ ■ ■

- 楚 (초) : 전국시대의 나라 이름.
- 莊周 (장주) : 장자(莊子). 주(周)가 이름임. 노자(老子)와 함께 무위자연설(無爲自然說)을 주장함.
- 使使 (사사) : 사신(使臣)으로 하여금 ~하게 하다.
- 郊 : 제사지낼(교). 제천(祭天), 하늘에 제사 지냄.
- 食 : 먹일(사).
- 文繡 (문수) : 무늬가 있고 수놓은 좋은 비단.
- 亟 : 빨리(극).
- 瀆 : 도랑(독), 더러울(독).
- 羈 : 굴레, 고삐, 맬(기).
- 寧 (녕) : 차라리 ~하겠다.

32. 나를 더럽히지 말라

초나라 위왕이 장주가 어질다는 소식을 듣고 사신으로 하여금 넉넉한 패물로 그를 맞이하게 해서 재상이 되도록 하려고 했다. 장주가 웃으며 사신에게 일러 말하였다. "천금은 대단한 이익이고 경상은 존귀한 자리입니다. 당신은 오직 하늘 제사에 희생으로 쓰이는 소를 보지 못합니까? 기르고 먹인지 몇 해 동안에 무늬로 수놓은 옷을 입혀서 큰 사당으로 들어갈 때, 이때를 당해 비록 외로운 돼지가 되고자 하나 어찌 될 수 있겠습니까? 당신은 빨리 가시오. 나를 더럽히지 말고. 나는 차라리 더러운 도랑 속에서 놀더라도 스스로 유쾌합니다. 나라를 가진 이에게 얽매인바 되지 않겠습니다. 종신토록 벼슬하지 않고 그것으로써 내 마음을 기쁘게 할 것입니다."

33. 貧賤者驕人(빈천자교인)

魏文侯之子擊 遇田子方于道 下車伏謁 子方不爲禮 擊怒曰 富貴者驕人乎 貧賤者驕人乎 子方曰 亦貧賤者驕人耳 富貴者 安敢驕人 國君而驕人 失其國 大夫而驕人 失其家 夫士貧賤者 言不用行不合 則納履而去耳 安往而不得貧賤哉 擊謝之.

十八史略

■ ■ ■

- 田子方 (전자방) : 공자의 제자인 자하(子夏)의 문인(門人). 위(魏) 문후(文侯)가 그에게 배웠음.
- 伏謁 (복알) : 엎드려 뵘.
- 履 : 신(리).

33. 가난하고 천한 사람이 다른 사람에게 교만할 수 있음

위나라 문후의 아들 격이 전자방을 길에서 만났다. 수레에서 내려 엎드려 뵈었으나 자방이 답례를 하지 않았다. 격이 화가 나서 말하였다. "부유하고 귀한 사람이 다른 사람에게 교만할 수 있습니까? 가난하고 천한 사람이 다른 사람에게 교만할 수 있습니까?" 자방이 말하였다. "역시 가난하고 천한 사람이 다른 사람에게 교만할 수 있다. 부유하고 귀한 사람이 어찌 감히 다른 사람에게 교만할 수 있겠는가? 나라의 군주가 다른 사람에게 교만하게 하면 그 나라를 잃고 대부가 다른 사람에게 교만하면 그 집안을 잃게 된다. 무릇 선비로서 가난하고 천한 사람은 말을 해서 쓰임이 없고, 행동함이 합당하지 않으면 곧 신발을 신고 떠나가 버린다. 어디에 간들 가난하고 천한 것을 얻지 못하겠는가?" 격이 그에게 사죄했다.

34. 以玉爲寶(이옥위보)

宋人得玉 獻諸司城子罕 子罕弗受 獻玉者曰 以示玉人 玉人以爲寶 故獻之 子罕曰 我以不貪爲寶 爾以玉爲寶 若以與我 皆喪寶也 不若人有其寶. **蒙求**

■ ■ ■

- 獻 : 드릴(헌). 바칠(헌).
- 諸 (저) : 之於를 줄인 말.
- 司城 (사성) : 벼슬 이름. 삼공(三公)의 하나로 토지와 백성들에 관한 일을 다스림.
- 玉人 (옥인) : 옥 감정가.
- 以爲 (이위) : ~라고 여기다. ~라고 생각하다.
- 爾 : 너(이), 2인칭.
- 與 : 줄(여).
- 喪 : 잃을(상).

34. 옥으로 보배를 삼음

송나라 사람이 옥을 얻어 사성 자한에게 드렸다. 자한이 받지 않으니 옥을 드린 사람이 말하였다. "옥 감정가에게 보이니 옥 감정가가 보배라고 하였습니다. 그러므로 드린 것입니다." 자한이 말하였다. "나는 탐욕하지 않는 것으로 보배를 삼고, 당신은 옥으로써 보배를 삼으니, 만약 나에게 준다면 모두 보배를 잃는 것이다. 사람마다 저마다의 보배를 갖는 것만 같지 못하다."

35. 容膝(용슬)

陳仲子至於陵 楚王聞其賢 欲以爲相 遣使至於陵 仲子入謂妻曰 今日爲相 明日結駟連騎 食方丈於前 意可乎 妻曰 夫子左琴右書 樂在其中矣 結駟連騎 所安不過容膝 食方丈前 所甘不過一肉 今以容膝之安一肉之味 而懷楚國之優亂世多害 恐先生不保命也 於是出謝使者 遂相與逃去. **古士傳**

■ ■ ■

- 陳仲子 **(진중자)** : 춘추전국시대의 은자(隱者).
- 於陵 **(오릉)** : 땅 이름.
- 駟 : 사마수레(사). 네 마리의 말이 끄는 수레.
- 方丈 **(방장)** : 화상(和尙) · 국사(國師) 등의 높은 중의 처소. 주지(住持). 여기서는 군주(君主)의 뜻으로 쓰임.
- 高士傳 **(고사전)** : 진(晉) 나라 황보밀(皇甫謐)이 편찬한 진(晉) 나라 이전부터 당대까지의 덕망이 있고, 품행이 고상한 인물들의 전기.

35. 무릎을 움직일 수 있는 편안함

진중자가 오릉에 이르니 초나라 임금이 그가 어질다는 소문을 듣고 재상을 삼으려고 하여 사자를 오릉에 보냈다. 진중자가 들어와 아내에게 말하였다. "오늘 재상이 되면 내일부터 말 네 필이 끄는 수레를 타고 임금 앞에서 식사를 하게 되니 뜻이 괜찮은가?" 아내가 말하였다. "당신은 왼쪽에 거문고를 두고 오른쪽에 책을 두었으니 즐거움이 그 가운데 있습니다. 말 네 필이 끄는 수레에 타는 것은 무릎을 움직일 수 있는 정도에 불과한 편안함이고, 임금의 앞에서 식사를 하는 것은 한 점의 고기에 불과한 단맛인 것입니다. 지금 무릎을 받아들이는 편안함과 한 점 고기의 맛으로 초나라의 근심거리와 어지러운 세상의 많은 해로움을 떠안는다면 당신의 생명이 보전되지 않을까 걱정입니다." 이리하여 나가서 사자에게 거절하고, 드디어 둘이 함께 도망가 버렸다.

36. 坎井之蛙(감정지와)

夫坎井之蛙 謂東海之鼈曰 吾樂與 出跳梁乎井榦之上 入休乎缺甃之崖 赴水則接掖持頤 蹶泥則沒足滅跗 還虷蟹與科斗莫吾能若也 且夫擅一壑之水 而跨跱坎井之樂 此亦至矣 夫子奚不時來入觀乎 東海之鼈 左足未入 而右膝已縶矣 於是逡巡而却 告之海曰 夫千里之遠 不足以擧其大 千仞之高 不足以極其深 禹之時 十年九潦 而水弗爲加益 湯之時 八年七旱 而崖不爲加損 夫不爲頃久推移 不以多少進退者 此亦東海之大樂也 於是 坎井之蛙聞之 適適然驚 規規然自失也.

莊子

■ ■ ■

- 坎 : 웅덩이(감).
- 坎井 **(감정)** : 우물.
- 跳梁 **(도량)** : 도약(跳躍).
- 榦 : 우물난간(한).
- 甃 : 벽돌(추).
- 跗 : 발등(부).
- 跨 : 넘을(과).
- 跱 : 일진일퇴할(치).
- 縶 : 맬(칩), 걸림.
- 逡巡 **(준순)** : 뒷걸음질 침, 후퇴함.
- 適適然 **(적적연)** : 놀라는 모양.
- 規規然 **(규규연)** : 얼빠진 모양.

36. 우물 안의 개구리

우물 안의 개구리가 동해의 자라에게 일러 말하였다. “나는 즐겁다. 나와서는 우물 난간 위에 뛰어오르고, 들어가서는 깨진 벽돌 끝에서 쉬며, 물에 들어가면 곧 겨드랑이까지 차도 턱으로 버티고, 진흙탕을 밟으면 곧 발이 빠져서 발등이 보이지 않으니 돌아보아 장구벌레와 방게와 올챙이가 나와 같을 수가 없다. 또한 계곡의 물을 마음대로 하고, 우물을 뛰어오르는 즐거움이 이 또한 지극하다. 선생은 어찌 때때로 들어와서 구경하지 않는가?” 동해의 자라가 왼발을 채 들여놓지 못했는데 오른쪽 무릎이 이미 걸려버렸다. 이에 머뭇거리며 물러나서 바다를 알려주며 말하였다. “무릇 천 리의 먼 길이라도 그 크기를 들어 자랑하기에 부족하고, 천 길의 높이라도 그 깊음을 지극하다고 하기에 부족하다. 우임금 때에 십 년 동안 아홉 번 큰 비가 왔으나 물이 더 이상 보태지지 않았고, 탕임금 때에 팔 년 동안 일곱 번 가물었으나 벼랑이 더 이상 손상되지 않았다. 무릇 잠깐이나 오랫동안이라도 미루어 옮겨가지 않으며, 많고 적음으로써 나아가고 물러나지 않는 것은 이 또한 동해의 큰 즐거움이다.” 이에 우물 안의 개구리가 그 말을 듣고 깜짝 놀라고, 얼이 빠져 정신이 없었다.

37. 蝸角之爭(와각지쟁)

戴晉人曰 有所謂蝸者 君知之乎 曰然 有國於蝸之左角者 曰觸氏 有國於蝸之右角者 曰蠻氏 時相與爭地而戰 伏尸數萬逐北 旬有五日而後反 君曰 噫 其虛言歟 曰 臣請爲君實之君以意在四方上下有窮乎 君曰 無窮 曰 知遊心於無窮 而反在通達之國 若存若亡乎 君曰 然 曰 通達之中有魏 於魏中有梁 於梁中有王 王與蠻氏有辯乎 君曰 無辯 客出而君惝然 若有亡也.

莊子

■ ■ ■

- 戴晉人 (대진인) : 위(魏)의 현인(賢人).
- 北 : 패배할(배).
- 逐北 (축배) : 패배하여 달아나는 자를 뒤쫓음.
- 實 : 참(실), 실증함.
- 惝 : 경황없을(창).
- 通達之國 (통달지국) : 사방 한계가 있는 나라.
- 惝然 (창연) : 경황이 없어 멍멍한 상태.

37. 달팽이 뿔 위의 전쟁

대진인이 말하였다. "이른바 달팽이라는 것이 있는데 임금님께서는 그것을 아십니까?" "그렇습니다." "달팽이의 왼쪽 뿔에 있는 나라를 촉 씨라 하고, 달팽이 오른쪽 뿔에 있는 나라를 만 씨라고 하는데, 이때 서로 더불어 땅을 다투어 싸우다가 엎어져 죽은 시체가 수만에, 패배하여 도망가는 자를 뒤쫓다가 십오 일 뒤에 돌아왔다고 합니다." 임금이 말하였다. "아아, 헛된 말이오." "신이 청하옵건대 임금님을 위하여 실증해 보이겠습니다. 임금님께서는 동서남북 사방과 천지 상하에 끝이 있다고 생각하십니까?" "끝이 없지요." "끝이 없는 세계에서 마음껏 노닐다가 사방 한계가 있는 나라에 있음을 알게 된다면, 있는 것 하기도 하고 없는 것 같기도 하겠지요?" 임금이 말하였다. "그렇죠." "사방 한계가 있는 가운데 위나라가 있고, 위나라 가운데 양(위나라의 수도)이 있고, 양 가운데 임금님께서 계시니 임금님과 만 씨에 구별이 있겠습니까?" 임금이 말하였다. "구별이 없죠." 손님(대진인)이 나가자 임금이 정신을 차리지 못하고 마치 잃어버린 것이 있는 것 같았다.

38. 杞人之憂(기인지우)

杞國有人 憂天崩墜 身無所寄 廢寢食者 又有憂彼之所憂者 因往曉之曰 天積氣耳 亡處亡氣 若屈伸呼吸 終日在天中 行止 奈何憂崩墜乎 其人曰 天果積氣 日月星宿不當墜邪 曉之者曰 日月星宿亦積氣中之有光曜者 只使墜 亦不能有所中傷 其人曰 奈地壞何 曉者曰 地積塊耳 充塞四虛 亡處亡塊 若躇步跳蹈 終日在地上 行止 奈何憂其壞 其人舍然大喜 曉之者亦舍然大喜.

列子

■ ■ ■

- 杞 : 나라 이름(기).
- 曉 : 타이를(효). 깨달을(효).
- 中 : 맞을(중).
- 躇 : 건너뛸(착).
- 蹈 : 밟을(도).
- 舍然 **(사연)** : 시원스러운 모양. 사연(捨然).
- 列子 **(열자)** : 춘추시대 허(虛)와 무욕(無慾)을 중시한 도가사상가 열어구(列御寇)가 엮은 저술.

38. 기나라 사람의 근심

기나라에 어떤 사람이 하늘이 무너지면 몸을 맡길 곳이 없다고 근심하여 자고 먹는 것을 그만 둔 사람이 있었고, 또 그가 근심하는 것을 근심하는 사람이 있었다. 그래서 그에게 가서 깨우쳐 주며 말하였다. "하늘은 공기로 채워졌을 뿐이다. 공기 없는 곳이 없으니 구부리고 펴고 숨을 쉬며 종일토록 하늘 가운데 있어 가고 멈추는 것과 같은데 어찌하여 무너질 것을 걱정하는가?" 그 사람이 말하였다. "하늘이 과연 공기로 채워졌다면 해와 달과 별은 마땅히 떨어지지 않겠는가?" 깨우쳐 주는 사람이 말하였다. "해와 달과 별도 또한 채워진 공기 가운데서 빛을 내고 있는 것이니, 다만 떨어지더라도 또한 맞아서 다치는 일은 있을 수 없는 것이다." 그 사람이 말하였다. "땅이 무너지면 어찌하는가?" 깨우쳐 주는 사람이 말하였다. "땅은 흙덩이로 채워졌을 뿐이다. 사방에 가득 채워져서 흙덩이 없는 곳이 없으니 뛰뛰고 걷고 솟구치고 밟고 하여 종일도록 땅 위에 있어 가고 멈추는 것과 같은데 어찌하여 그 무너질 것을 걱정하는가?" 그 사람이 시원해져서 크게 기뻐하고, 깨우쳐준 자도 또한 시원하여 크게 기뻐하였다.

39. 朝三暮四(조삼모사)

宋有狙公者 愛狙 養之成群 能解狙之意 狙亦得公之心 損其家口 充狙之欲 俄而匱焉 將限其食 恐衆狙之不馴於己也 先誑之曰 與若芧 朝三而暮四 足乎 衆狙皆起而怒 俄而曰 與若芧 朝四而暮三 足乎 衆狙皆伏而喜.

列子

■ ■ ■

- 狙 : 긴팔원숭이(저).
- 狙公 (저공) : 원숭이를 부리는 사람.
- 匱 : 다할(궤).
- 馴 : 좇을(순). 길들(순).
- 誑 : 속일(광).
- 芧 : 상수리(서).
- 若 : 너(약), 2인칭.

39. 아침에 세 개, 저녁에 네 개

송나라에 원숭이를 부리는 사람이 있었는데 원숭이를 좋아하여 그것을 길러 무리를 이루었는데 원숭이의 뜻을 알 수 있었고, 원숭이 또한 공의 마음을 알았다. 그 식구 수를 줄이면서도 원숭이가 바라는 것을 충족시켜 주었는데, 조금 있다가 (재물이) 다 없어졌다. 장차 먹을 것을 제한하려 했으나 원숭이가 자기를 따르지 않을까 하여 먼저 그들을 속여 말하였다. "너희들에게 상수리를 주는데 아침에 세 개, 저녁에 네 개면 괜찮으냐?" 원숭이 무리들이 모두 일어나 화를 냈다. 잠깐 있다가 말하였다. "너희들에게 상수리를 주는데 아침에 네 개, 저녁에 세 개면 괜찮으냐?" 원숭이 무리들이 모두 엎드려 좋아했다.

40. 削刻之道(삭각지도)

桓赫曰 刻削之道 鼻莫如大 目莫如小 鼻大可小 小不可大也 目小可大 大不可小也 擧事亦然 爲其不可復者也 則事寡敗也.

韓非子

■ ■ ■

- 桓赫 (환혁) : 미상(未詳).
- 刻削 (각삭) : 조각할 때 새기고 깎고 하는 일.
- 擧事 (거사) : 일을 시행함.
- 韓非子 (한비자) : 전국시대(戰國時代) 법가사상가(法家思想家)인 한비(韓非)의 저술.

40. 새기고 깎는 방법

환혁이 말하였다. "(조각할 때) 새기고 깎는 방법은 코는 크게 함만 같은 것이 없고, 눈은 작게 함만 같은 것이 없다. 코는 크면 작게 할 수 있지만 작으면 크게 할 수 없다. 눈은 작으면 크게 할 수 있지만 크면 작게 할 수 없다. 일을 하는 것도 또한 그러하니 다시 할 수는 없다고 생각한다면 곧 일에 실패함이 적을 것이다."

41. 守株待兎(수주대토)

宋人有耕田者 田中有株 兎走觸株 折頸而死 因釋其耒而守株 冀復得兎 兎不可復得 而身爲宋國笑. 韓非子

■ ■ ■

- 觸 : 부딪칠(촉).
- 折頸 (절경) : 목이 부러짐.
- 頸 : 목(경).
- 耒 : 쟁기(뢰).
- 冀 : 바랄(기).

41. 그루터기를 지키며 토끼를 기다림

송나라에 밭을 가는 사람이 있었다. 밭 가운데 그루터기가 있었는데, 토끼가 달리다가 그루터기에 부딪쳐 목이 부러져 죽었다. 이로 인하여 그 쟁기를 풀어 놓고 그루터기를 지키기만 하여 다시 토끼를 얻고자 바랐으나, 토끼는 다시 얻을 수 없었고 제 몸만 송나라 사람들의 웃음거리가 되었다.

42. 矛盾(모순)

楚人有鬻盾與矛者　譽之曰　吾盾之堅莫能陷也　又譽其矛曰 吾矛之利 於物無不陷也 或曰 以子之矛 陷子之盾 何如 其人 弗能應也.

韓非子

■ ■ ■

- 矛 : 창(모), 세모진 창.
- 盾 : 방패(순), 楯(순)과 같음.
- 鬻 : 팔(육).
- 弗 : 不(불).

42. 창과 방패

초나라에 방패와 창을 파는 사람이 있었는데, 그것들을 자랑하여 말하였다. "내 방패의 견고함은 꿰뚫을 수가 없다." 또 그 창을 자랑하여 말하였다. "내 창의 날카로움은 어떤 물건이든지 꿰뚫지 못함이 없다." 어떤 이가 말하였다. "당신의 창을 가지고 당신의 방패를 꿰뚫는다면 어떻습니까?" 그 사람이 응답할 수가 없었다.

43. 失君道 失臣禮(실군도 실신례)

晉平公與群臣飮 飮酣 乃喟然歎曰 莫樂於爲人君 惟其言而莫之違 師曠侍坐於前 援琴撞之 公翻身而避 琴壞於壁 公曰 太師誰撞 師曠曰 今者有小人言於側者 故撞之 公曰 寡人也 師曠曰 啞 是非君人者之言也 左右請塗之 公曰 釋之 以爲寡人戒 或曰 平公失君道 師曠失臣禮 夫非其行則誅其身者 君之於臣也 非其行則陳其言 善諫不聽則遠其身者 臣之於君也 今師曠非平公之過 擧琴而親其體 雖嚴父不加於子 師曠行之於君 此失臣禮也 臣行非禮 平公喜聽之 是失君道也 故曰 平公失君道 師曠失臣禮矣.

韓非子

■ ■ ■

- 師曠 (사광) : 진(晋)의 악사(樂師). 옛날 악사는 맹인으로 음악에 뛰어난 사람을 기용했음.
- 酣 : 즐길(감), 한창(감).
- 喟然 (위연) : 탄식하는 모양.
- 撞 : 칠(당), 부딪치다.
- 翻 : 날(번), 나부끼다.
- 啞 : 성낼(오).
- 啞 (오) ~ 也 (야) : 성난 기색을 나타내는 감탄형.
- 塗 : 지울, 매흙질 할(도), 여기서는 도지(塗地), 곧 패멸(敗滅)의 뜻으로 쓰임. 죽여 없앰.
- 以爲寡人戒 : 以是爲寡人之戒와 같음.

43. 임금의 도리를 잃고 신하의 예의를 잃음

진나라의 평공이 여러 신하들과 함께 술을 마셨다. 술자리가 한창일 때 이에 탄식하면서 말하였다. "임금 노릇하는 것보다 즐거운 것이 없다. 오직 말을 하면 그것을 거스를 수 없으니." 사광이 앞에 모시고 앉아 있다가 거문고를 당겨 그를 후려쳤다. 평공이 몸을 날려 피하니 거문고는 벽에 부딪쳐 부서졌다. 평공이 말하였다. "태사는 누구를 후려쳤는가?" 사광이 말하였다. "지금 소인의 말이 곁에 있기에 그러므로 쳤습니다." 평공이 말하였다. "나일세." 사광이 말하였다. "오! 이것은 임금 된 사람의 말이 아닙니다." 좌우가 그를 죽여 없애라고 청하였다. 평공이 말하였다. "그를 내버려 두어라. 과인이 경계로 삼을 것이다." 어떤 이가 말하였다. "평공은 임금의 도리를 잃었고 사광은 신하의 예의를 잃었다. 무릇 그 행실이 어긋나면 곧 그 몸을 죽이는 것이 임금이 신하에게 대하는 것이다. 그 행실이 어긋나면 곧 말을 하여 잘 간해도 듣지 않으면 곧 그 몸을 멀리하는 것이 신하가 임금에게 대함이다. 지금 사광이 평공의 잘못을 비난하여 거문고를 들어 그 몸에 부딪치려 함은 비록 엄한 어버이라도 자식에게 가하지 않는 것인데, 사광이 임금에게 그렇게 행하였으니 이것은 신하의 예의를 잃은 것이다. 신하가 예의에 어긋난 짓을 하였는데도 평공이 즐겨 그 말을 들었으니 이것은 임금의 도리를 잃은 것이다. 그러므로 말한다. 평공은 임금의 도리를 잃었고 사광은 신하의 예의를 잃었다."

44. 處知則難(처지즉난)

昔者 鄭武公欲伐胡 故先以其女妻胡君 以娛其意 因問於群臣曰 吾欲用兵 誰可伐者 大夫關其思對曰 胡可伐 武公怒而戮之 曰 胡兄弟之國也 子言伐之 何也 胡君聞之 以鄭爲親己 遂不備鄭 鄭人襲胡 取之 宋有富人 天雨墻壞 其子曰 不築必將有盜 其隣人之父 亦云 暮而果大亡其財 其家甚智其子而疑隣人之父 此二人說者 皆當矣 厚者爲戮 薄者見疑 則非知難也 處知則難也.

韓非子

■ ■ ■

- 鄭(정) : 춘추시대(春秋時代) 하남성(河南省)에 있었던 제후국(諸侯國)의 하나.
- 胡(호) : 춘추시대 하남성에 있었던 제후국. '오랑캐'의 뜻이 아님.
- 女 : 딸(녀).
- 娛 : 즐거워할(오).
- 用兵(용병) : 무력(武力)을 씀.
- 大夫(대부) : 관직 명.
- 戮 : 죽일(륙).
- 以(이) ~ 爲(위) : ~를 ~라고 생각하다.
- 襲 : 엄습할 (습).

44. 앎에 처함이 어려움

옛날에 정나라 무공이 호나라를 치고자 하여 그러므로 먼저 그 딸을 호나라 임금의 아내로 삼아 그 마음을 즐겁게 하였다. 그러고서 여러 신하에게 물었다. “내가 군대를 쓰고자 하니 누구를 칠 수 있겠는가?” 대부 관기사가 대답하여 말하였다. “호나라를 칠 수 있습니다.” 무공이 성을 내어 그를 죽이며 말하였다. “호나라는 형제의 나라인데 자네가 칠 수 있다고 말함은 무엇 때문인가?” 호나라 군주가 그 말을 듣고 정나라가 자기 나라와 친밀하다고 여겨 마침내 정나라를 방비하지 않으니 정나라 사람이 호나라를 습격하여 취하였다. 송나라에 부유한 사람이 있었는데 하늘에서 비가 내려 담장이 무너졌다. 그 아들이 말하였다. “(담장을) 쌓지 않으면 반드시 장차 도둑이 있을 것입니다.” 그 이웃에 사는 노인도 또한 그렇게 말하였다. 저녁이 되어 과연 크게 그 재물을 잃어버리니 그 집에서는 아들을 매우 지혜롭다고 여기고 이웃에 사는 노인을 의심하였다. 이 두 사람이 말한 것은 모두 당연하지만 중후한 일에는 죽임을 당하고, 가벼운 일에는 의심을 받았으니 곧 앎이 어려운 것이 아니라 앎에 처하는 것이 어려운 것이다.

45. 和氏之璧(화씨지벽)

楚人和氏玉璞楚山中 奉而獻之厲王 厲王使玉人相之 玉人曰石也 王以和爲誑而刖其左足 及厲王薨 武王卽位 和又奉其璞而獻之武王 使玉人相之 又曰 石也 王又以和爲誑而刖其右足 武王崩 文王卽位 和乃抱其璞而哭於楚山之下 三日三夜 淚盡而繼之以血 王聞之 使人問其故曰 天下之刖者多矣子奚哭之悲也 和曰 吾非悲刖也 悲夫寶玉而題之以石 貞士而名之以誑 此吾所以悲也 王乃使玉人理其璞而得寶焉.

韓非子

- 和氏 (화씨) : 변화(卞和).
- 玉璞 (옥박) : 아직 다듬지 않은 옥 덩어리.
- 相 : 볼(상), 관찰하다, 감정하다의 뜻임.
- 誑 : 속일(광).
- 刖 : 발꿈치 벨(월), 고대의 형벌.
- 薨 : 훙서할(훙), 왕이나 제후, 귀인의 죽음.
- 崩 : 죽을(붕), 천자가 죽음.
- 理 : 다스릴(리), 옥을 다스림. 옥을 갊.

45. 화씨의 옥 덩어리

초나라 사람 화씨가 초산 가운데서 옥 덩어리를 얻어서 받들어 여왕에게 바쳤다. 여왕이 옥 감정가에게 그것을 살피게 하니 옥 감정가가 말하였다. "돌입니다." 임금이 화씨가 속였다고 여기고 그 왼쪽 발꿈치를 베어버렸다. 여왕이 죽고 무왕이 즉위하자 화씨가 그 옥 덩어리를 받들어 무왕께 드렸다. 옥 감정가에게 그것을 살피게 하니 또 말하였다. "돌입니다." 임금이 또 화씨가 속였다고 여기고 그 오른쪽 발꿈치를 베어버렸다. 무왕이 죽고 문왕이 즉위하였다. 화씨가 이에 그 옥 덩어리를 안고 초산의 아래에서 삼 일 낮과 밤을 울음 우니 눈물이 다하여 피가 계속되었다. 임금이 그 소식을 듣고 사람으로 하여금 그 까닭을 묻게 하였다. "천하에 발꿈치를 베인 사람이 많은데, 당신은 어찌 그리 슬프게 우는가?" 화씨가 말하였다. "나는 발꿈치를 베인 것이 슬픈 게 아니라 무릇 보배로운 옥을 돌이라고 쳐버리고, 곧은 선비를 거짓말쟁이로 이름붙임을 슬퍼하는 것입니다. 이것이 내가 슬퍼하는 까닭입니다." 임금이 이에 옥 감정가에게 그 옥 덩어리를 다듬게 하여 보배를 얻게 되었다.

46. 刻舟求劍(각주구검)

楚人有涉江者 其劍自舟中墜於水 遽刻其舟曰 是吾劍之所從墜 舟止 從其所刻者入水求之 舟已行矣 而劍不行. 呂氏春秋

■ ■ ■

- 自 : 말미암을(자), ~로부터.
- 遽 : 급히(거).
- 所 : 바(소), 곳(소), 장소, 곳.
- 呂氏春秋 (여씨춘추) : 전국시대 말에 진(秦)의 여불위(呂不韋)가 편찬한 역사책.

46. 배에다 새기고서 칼을 찾음

초나라에 강을 건너는 사람이 있었는데 그 칼을 배 가운데로부터 강물에 떨어뜨렸다. 급히 그 배에 새기면서 말하였다. "이곳이 내 칼이 떨어진 곳이다." 배를 멈추고서는 그 새긴 곳을 따라 강물로 들어가 칼을 찾았다. 배는 이미 흘러갔지만 칼은 흘러가지 않았다.

47. 晏子忠廉(안자충렴)

晏子方食 君之使者至 分食而食之 晏子不飽 使者返 言之景公 景公曰 噫 夫子之家 若是其貧也 寡人不知也 是寡人之過也 令吏致千家之具 一於晏子 晏子再拜而辭 曰 嬰之家不貧以君之賜 澤覆三族 延及交游 以振百姓 君之賜也厚矣 嬰之家不貧也 嬰聞之 厚取之君而厚施之人 是代君爲君也 忠臣不爲也 厚取之君而藏之 是筐篋存也 仁人不爲也 厚取之君而無所施之 身死而財遷 智者不爲也 嬰也聞 爲人臣 進不伺上以爲忠 退不克下以爲廉 八升之布一豆之食 足矣 使者三返 遂辭不受也.

說苑

■ ■ ■

- 晏子 **(안자)** : 춘추시대 제(齊)나라의 중흥을 이끈 재상. 이름은 영(嬰).
- 食 : 밥(사). 먹을(식).
- 景公 **(경공)** : 춘추시대 제(齊)나라의 군주. 안자를 재상으로 하여 제나라의 중흥을 이끎.
- 辭 : 사양할(사).
- 覆 : 덮을(부). 엎어질(복).
- 筐篋 **(광협)** : 광주리. 상자.
- 伺 : 엿볼(사).
- 克下 **(극하)** : 아랫사람을 짓누름. 剋下(극하).
- 八升之布 **(팔승지포)** : 여덟 올로 짜진 성긴 베. 15승이 되어야 좋은 베임.
- 豆 : 말(두). 斗(두)와 통용.
- 說苑 **(설원)** : 전한의 유향이 편찬한 전현(前賢), 선철(先哲)의 일화집.

47. 안자의 충성과 염치

안자가 막 식사를 하려고 할 때 임금의 사자가 이르러 밥을 나누어 먹었더니 안자가 배부르지 않았다. 사자가 돌아가서 경공에게 아뢰니 경공이 말하였다. "아! 선생의 집이 이처럼 가난한가. 과인이 몰랐으니 이는 과인의 잘못이다." 관리로 하여금 천 집에서 모아 안자에게 몰아주니 안자가 두 번 절하고 사양하여 말하였다. "저의 집은 가난하지 않습니다. 임금께서 주신 것으로 삼족이 은택을 입고, 사귀는 사람들로부터 백성들까지 진휼할 수 있습니다. 임금께서 주신 것이 두터우니 저의 집은 가난하지 않습니다. 저는 들었습니다. 임금께 두텁게 얻어서 두텁게 베푸는 사람은 이는 임금을 대신하여 임금 노릇하는 것이니 충신이 하지 않는 것이고, 임금께 두텁게 얻어서 감추어 두는 것은 이는 광주리 속에만 두는 것이니 어진 사람이 하지 않는 것이고, 임금께 두텁게 얻어서 베풀지 않다가 그 몸이 죽으면 재산이 남에게 옮겨기니 지혜로운 사림이 하지 않는 것입니다. 저는 들었습니다. 남의 신하가 되어 나아가서는 위를 엿보는 것을 충성이라 하지 않고, 물러나서는 아래를 짓누르는 것을 바르다고 하지 않으니 여덟 올의 (성긴) 베와 한 말의 식량이면 족한 것입니다." 사자가 세 번 왔다갔지만 끝내 사양하여 받지 않았다.

48. 國之不祥(국지불상)

齊景公出獵 上山見虎 下澤見蛇 歸召晏子而問之曰 今日 寡人出獵 上山則見虎 下澤則見蛇 殆所謂之不祥也 晏子曰 國有三不祥 是不與焉 夫有賢而不知 一不祥 知而不用 二不祥 用而不任 三不祥也 所謂不祥 乃若此者也 今上山見虎 虎之室也 下澤見蛇 蛇之穴也 如虎之室 如蛇之穴 而見之 曷爲不祥也.

說苑

- 上 : 오를(상). 올라가다, 동사로 쓰임.
- 下 : 내릴(하). 내려가다, 동사로 쓰임.
- 殆 : 가까울(태), ~인 듯싶다.
- 如 : 갈(여).
- 曷 : 어찌(갈).

48. 나라에 상서롭지 못한 것

제나라 경공이 사냥을 나가 산에 올라가서는 호랑이를 보았고 물가로 내려와서는 뱀을 보았다. 돌아와서 안자를 불러서 그 일에 대해 물었다. "오늘 과인이 사냥을 나가서 산에 올라가서는 곧 호랑이를 보고 물가로 내려와서는 곧 뱀을 보니 이른바 상서롭지 못한 것 같소." 안자가 말하였다. "나라에는 세 가지 상서롭지 못한 것이 있는데 이것은 함께 하지 않습니다. 무릇 현명한 사람이 있는데도 알아보지 못함이 첫째 상서롭지 못함이고, 아는데도 등용하지 못함이 둘째 상서롭지 못함이며, 등용은 했으나 맡기지 않음이 셋째 상서롭지 못함입니다. 이른바 상서롭지 못함은 이와 같은 것입니다. 지금 산에 올라가 호랑이를 보셨는데 (산은) 호랑이의 집입니다. 물가로 내려와 뱀을 보셨는데 (물가는) 뱀의 굴혈입니다. 호랑이의 굴에 가시고 뱀의 굴혈에 가셔서 그것들을 보셨으니 어찌 상서롭지 못하다 하겠습니까?"

49. 忠臣不死難(충신불사난)

齊侯問於晏子曰 忠臣之事其君 何若 對曰 有難不死 出亡不送 君曰 裂地而封之 疏爵而貴之 吾有難不死 出亡不送 可謂忠乎 對曰 言而見用 終身無難 臣何死焉 謀而見從 終身不亡 臣何送焉 若言不見用 有難而死之 是妄死也 諫而不見從 出亡而送之 是詐爲也 故忠臣者 能納善於君 而不能與君陷難者也.

說苑

■ ■ ■

- 事 : 섬길(사)
- 難 : 국난(國難).
- 亡 : 달아날(망). 망명하다의 뜻으로 쓰임.
- 疏 : 나눌(소).
- 送 : 보낼(송). 전송함.
- 善 : 상서로움, 행복됨. 吉(길)의 뜻으로 쓰임.
- 陷難(함난) : 어려움에 빠져 듦.

49. 충신은 어려움이 있어도 죽지 않음

제나라의 군주가 안자에게 물어 말하였다. "충신이 자기 임금을 섬길 때 어떻게 합니까?" 대답하여 말하였다. "(군주에게) 어려움이 있어도 죽지 않고 (군주가) 나아가 망명할 때에도 전송하지 않습니다." 군주가 말하였다. "땅을 쪼개어 봉지로 주고 벼슬을 나누어 그를 귀하게 해주었는데, 나에게 어려움이 있는데 죽지 않고 나아가 망명할 때도 전송하지 않는다면, 충신이라고 이를 수 있습니까?" 대답하여 말하였다. "말씀을 드려 쓰임을 본다면 종신토록 어려움이 없을 텐데 신이 무엇 때문에 죽겠습니까? 꾀를 내어서 따름이 있다면 종신토록 망명함이 없을 텐데 신이 무엇 때문에 전송하겠습니까? 만일 말씀을 드렸는데 쓰임을 보지 못하여 어려움이 있게 되어 죽는다면 그것은 헛된 죽음입니다. 간하여도 따름이 없어 나아가 망명함에 전송한다면 이것은 거짓인 것입니다. 그러므로 충신인 사람은 임금께 행복을 드릴 뿐이지, 임금과 함께 어려움에 빠져들 수는 없는 것입니다."

50. 晏子御(안자어)

晏子爲齊相 出 其御之妻從門閒而闚其夫 其夫爲相御 擁大蓋 策駟馬 意氣揚揚 甚自得也 旣而歸 其妻請去 夫問其故 妻曰 晏子長不滿六尺 身相齊國 名顯諸侯 今者妾觀其出 志念深矣 常有以自下者 今子長八尺 乃爲人僕御 然子之意自以爲足 妾是以求去也 其後夫自抑損 晏子怪而問之 御以實對 晏子薦以爲大夫.

史記

- 闚 : 엿볼(규).
- 御 : 마부(어).
- 蓋 : 일산(개).
- 駟馬 (사마) : 네 말이 끄는 수레.
- 自得 (자득) : 뽐냄.
- 抑損 (억손) : 태만한 마음을 누르고 겸양함.

50. 안자의 마부

안자가 제나라의 재상이 되어 외출할 때에 그 마부의 아내가 문틈으로 그 남편을 보니, 그 남편은 재상의 마부가 되어 큰 일산을 잡고 네 마리 수레 끄는 말에 채찍질을 하는데 의기양양하여 심히 뽐내었다. 마치고 돌아오자 그 아내가 헤어질 것을 청하였다. 남편이 그 까닭을 물으니 아내가 말하였다. "안자께서는 키가 여섯 자에도 차지 않는데 제나라의 재상이 되어 이름이 제후 사이에 드날리는데도 지금 첩이 그 출타하는 것을 보니 생각함이 깊은 듯 항상 눈 아래를 보는데, 지금 당신은 키가 여덟 자나 되면서도 이에 남의 노비인 마부가 되었는데, 그러나 당신의 뜻은 스스로 만족하는 듯하니 첩이 그래서 헤어짐을 구하는 것입니다." 그 후에 남편이 스스로 겸양해지니 안자가 괴이하여 그에게 묻자 마부가 사실대로 대답하였다. 안자가 추천하여 대부가 되었다.

51. 不飛不鳴(불비불명)

楚莊王卽位 三年不出號令 日夜爲樂 令國中曰 有敢諫者 死無赦 伍擧入諫 莊王左抱鄭姬 右抱越女 坐鐘鼓之間 伍擧曰 願有進隱 曰有鳥在於阜三年不飛不鳴 是何鳥也 莊王曰 三年不飛 飛將衝天 三年不鳴 鳴將驚人 擧退矣 吾知之矣 居數月 淫益深 大夫蘇從 乃入諫 王曰 若不聞令乎 對曰 殺身以明君 臣之願也 於是 乃罷淫樂 聽政 所誅者數百人 所進者數百人 任伍擧蘇從以政 國人大說.

史記

■ ■ ■

- 楚莊王 (초장왕) : 춘추시대 초나라의 군주로 다섯 명의 패자(霸者) 중의 한 사람.
- 不出號令 (불출호령) : 법령을 공포하지 않음.
- 伍擧 (오거) : 춘추시대 초나라의 대부.
- 進隱 (진은) : 은밀한 말을 드림.
- 阜 : 언덕(부).
- 若 : 너(약). 2인칭.
- 蘇從 (소종) : 춘추시대 초나라의 대부.
- 說 : 기쁠(열). 말씀(설). 달랠(세).

51. 날지 않고 울지 않음

초나라 장왕이 즉위한 지 삼 년 동안 법령을 공포하지 않고 밤낮으로 즐기기만 하며 나라 안에 명령하였다. "감히 간언하는 사람이 있으면 죽고 용서받지 못할 것이다." 오거가 들어가서 간언할 때에 장왕은 왼쪽에는 정나라 여자를 끼고, 오른쪽에는 월나라 여자를 끼고서 악기들 사이에 앉아 있었다. 오거가 말하였다. "바라건대 은밀한 말씀을 드리겠습니다. 어떤 새가 언덕에 있는데 삼 년 동안 날지도 않고 울지도 않는다고 합니다. 이는 무슨 새입니까?" 장왕이 말하였다. "삼 년 동안 날지 않았지만 날면 장차 하늘을 치솟을 것이고, 삼 년 동안 울지 않았지만 울면 장차 사람들을 놀라게 할 것이다. 오거는 물러가거라. 내가 그 말을 알았도다." 몇 달이 지났는데도 방탕함이 더욱 심해지니 대부 소종이 이에 들어가서 간언하니 장왕이 말하였다. "그대는 명령을 듣지 못하였는가?" (소종이) 대답하여 말하였다. "제 몸을 죽여서 임금님을 밝게 함이 서의 바람입니다." (장왕이) 이에 방탕하게 즐김을 그치고 정사를 듣고 판단하니 주살한 사람이 수백 명이고, 등용한 사람이 수백 명이며, 오거와 소종에게 정사를 맡기니 나라 사람들이 크게 기뻐하였다.

52. 陰德陽報(음덕양보)

楚莊王賜群臣酒 日暮酒酣 燈燭滅 乃有人引美人之依者 美人援絶其冠纓 告王曰 今者燭滅 有引妾衣者 妾援得其冠纓持之 趣火來上 視絶纓者 王曰 賜人酒 使醉失禮 奈何欲顯婦人之節 而辱士乎 乃命左右曰 今日與寡人飮 不絶冠纓者 不歡 群臣百餘人皆絶去其冠纓 而上火 卒盡歡罷 居三年 晉與楚戰 有一臣常在前 五合五獲首 却敵 卒得勝之 莊王怪而問曰 寡人德薄 又未嘗異子 子何故出死不疑 如是 對曰 臣當死往者醉失禮 王隱忍 不暴而誅也 臣終不敢以蔭蔽之德 而不顯報王也 常願肝腦塗地 用頸血湔敵 久矣 臣乃夜絶纓者也 遂斥晉軍 楚得以强 此有陰德者 必有陽報也. 說苑

■ ■ ■

- 酣 : 즐길(감), 한창(감)
- 美人 (미인) : 후궁(後宮).
- 纓 : 갓끈(영).
- 趣 : 빨리(촉), 서두를(촉).
- 顯 : 드러내다.
- 未嘗異子 (미상이자) : 일찍이 자네를 달리 대접하지 않았다.
- 敢 (감) : 감당하다.
- 隱忍 (은인) : 감추고 용서함.
- 肝腦塗地 (간뇌도지) : 간과 뇌가 땅에 흩어짐.
- 頸 : 목(경).
- 湔 : 씻을(전).

52. 남모르는 덕행에는 드러난 보답이 있음

초나라 장왕이 여러 신하들에게 술을 내려 주었는데, 날이 저물어 가고 술이 한창일 때 등불이 꺼지니 이에 미인의 옷을 당기는 사람이 있었다. 미인이 그의 갓끈을 잡아당겨 끊고서 왕에게 아뢰었다. "지금 등불이 꺼짐에 제 옷을 당기는 자가 있어서 제가 그의 갓끈을 잡아당겨서 가지고 있사오니 빨리 불을 밝히고 위에 오르시어 갓끈이 끊어진 사람을 살피소서." 왕이 말하였다. "사람들에게 술을 내려주어서 취하여 예를 잃도록 하였는데 어찌 부인의 정절을 드러내려고 선비를 욕되게 하겠는가?" 이에 좌우에게 명하여 말하였다. "오늘 과인과 함께 술을 마시면서 갓끈이 끊어지지 않은 사람은 즐거워하지 않는다고 여기겠다." 여러 신하 백여 사람이 모두 그 갓끈을 끊어 던지고 나서야 불을 밝혔고, 마침내 즐거움이 다한 후에 술자리를 마쳤다. 삼년이 지남에 진나라가 초나라와 더불어 싸울 적에 한 신하가 항상 앞장서서 다섯 번 겨루어 다섯 번 적의 머리를 베어 오니 적을 물리치고 마침내 이길 수 있었다. 장왕이 괴이하게 여겨 물었다. "과인은 덕이 적고 또 일찍이 그대를 남달리 (대우)하지 않았는데, 그대는 무슨 까닭으로 의심하지 않고 죽음 앞에 나가기를 이처럼 하였는가?" 대답하여 말하였다. "신은 마땅히 죽어야 합니다. 지난번에 술에 취하여 예를 잃었었는데 왕께서 감추어 용서하시고, 드러내서 죽이지 않으셨습니다. 신은 마침내 숨기고 가려주신 은덕을 감당하지 못하였고 왕께 보답함을 드러내지 못하여서 항상 간과 뇌가 땅에 흩어지고 목의 피로써 적을 씻어버리려고 바란 지가 오래 되었습니다. 신은 그날 밤에 갓끈이 끊긴 사람이옵니다." 드디어 진나라 군대를 물리쳐서 초나라가 강해질 수 있었으니 이는 음덕이 있는 사람에게는 반드시 드러난 보답이 있다는 것이다.

53. 陰德天報(음덕천보)

孫叔敖爲嬰兒 出遊而還 憂而不食 其母問其故 泣而對曰 今日吾見兩頭蛇 恐去死無日矣 母曰 今蛇安在 曰 吾聞見兩頭蛇者死 吾恐他人又見 已埋之矣 母曰 無憂 汝不死 吾聞之有陰德者天報以福.

蒙求

■ ■ ■

- 孫叔敖 (손숙오) : 춘추시대(春秋時代) 초(楚)나라의 대부. 장왕을 도와 패업(霸業)을 이룸.
- 恐 (공) : ~인 듯 싶다. 아마도 ~할 것이다.
- 無日 (무일) : 며칠 남지 않음. 오래지 않음.

53. 남모르는 덕행에는 하늘의 보답이 있음

손숙오가 어린 시절에 나가서 놀다가 돌아와서는 근심을 하고 밥을 먹지 않았다. 그 어머니가 그 까닭을 물으니, 울면서 대답하였다. "오늘 제가 머리 둘 달린 뱀을 보았으니, 죽을 날이 며칠 남지 않은 것 같습니다." 어머니가 말하였다. "지금 뱀은 어디에 있는가?" (손숙오가) 말하였다. "제가 듣기로 머리 둘 달린 뱀을 본 사람은 죽는다 하기에 제가 다른 사람이 또 볼가 싶어 이미 파묻어 버렸습니다." 어머니가 말하였다. "근심하지 말거라. 너는 죽지 않는다. 내가 듣기에 남몰래 은덕을 베푸는 사람은 하늘이 복으로써 보답한다고 하였다."

54. 陳可伐也(진가벌야)

楚莊王欲伐陳 使人視之 使者曰 陳不可伐也 莊王曰 何故 對曰 其城郭高 溝壑深 蓄積多 其國寧也 王曰 陳可伐也 夫陳小國也 而蓄積多 蓄積多 則賦斂重 則民怨上矣 城郭高 溝壑深 則民力罷矣 興兵伐之 遂取陳. 說苑

■ ■ ■

- 陳(진) : 춘추전국시대 있었던 나라 이름.
- 伐 : 칠(벌). 죄 있는 자를 침.
- 征 : 칠(정). 군주를 파견하여 악당을 침.
- 城郭(성곽) : 성. 城(성)은 내성(內城)이고, 郭(곽)은 외성(外城)을 뜻함.
- 溝 : 도랑(구), 구렁(구).
- 壑 : 구렁(학), 골짜기(학).
- 溝壑(구확) : 성곽 밖에 방비용으로 둘러 판 연못.
- 罷 : 피폐할(피). 疲(피)의 뜻으로 쓰임.

54. 진나라는 칠 수 있다

초나라 장왕이 진나라를 정벌하고자 하여 사람으로 하여금 그 곳을 살피게 했다. 사신이 말하였다. "진나라는 칠 수 없습니다." 장왕이 말하였다. "무엇 때문인가?" 대답하여 말하였다. "그 성곽이 높고 도랑이 깊고 쌓아 놓은 것이 많으니 그 나라가 평안합니다." 왕이 말하였다. "진나라는 칠 수 있다. 무릇 진나라는 작은 나라인데도 쌓아 놓은 것이 많다. 쌓아 놓은 것이 많으면 세금이 무거운 것이고, 백성들의 원망이 높은 것이다. 성곽이 높고 도랑이 깊으면 곧 백성들의 힘이 피폐한 것이다." 군사를 일으켜 그 곳을 쳐들어가서 드디어 진나라를 취해버렸다.

55. 一擧兩實(일거양실)

秦惠王曰 今韓魏相攻 期年不解 或謂寡人 救之便 或曰 勿救便 寡人不能決 願子爲子主計之餘 爲寡人計之 陳軫對曰 亦嘗有以下莊子刺虎聞於王者乎 莊子欲刺乎 館豎子止之曰 兩虎方且食牛 食甘必爭 爭則必鬪 鬪則大者傷 小者死 從傷而刺之 一擧必有雙虎之名 莊子以爲然 立須之 有頃 兩虎果鬪 大者傷 小者死 莊子從傷者而刺之 一擧果有雙虎之功 今韓魏相攻 期年不解 是必大國傷 小國亡 從傷而伐之 一擧必有兩實 此猶莊子刺虎之類也 臣主與王何異也 王曰 善 卒弗救 大國果傷 小國亡 秦興兵而伐 大剋之.

史記

■ ■ ■

- 期年(기년) : 만 일 년. 일주년.
- 便 : 편의(편). 유리한 기회. 유리한 방법.
- 陳軫(진진) : 장의(張儀)와 함께 진(秦)나라 혜왕(惠王)을 섬긴 유세객(遊說客).
- 刺 : 찌를(척).
- 豎 : 아이(수).
- 須 : 기다릴(수).
- 解 : 풀(해), 원한을 풂. 화해함.
- 剋 : 이길(극).

55. 한 번 거동하여 두 개의 열매를 얻음

진나라의 혜왕이 말하였다. "지금 한나라와 위나라가 서로 공격하여 만 일 년이 되어도 화해하지 않으니, 어떤 사람은 이르기를 그들을 돕는 것이 유리하다고 하고 어떤 사람은 말하기를 돕지 않음이 유리하다고 하여 과인이 결정할 수 없으니, 바라건대 선생은 선생의 주군을 위하여 계략을 낸 나머지로 과인을 위하여 계략을 내주시오." 진진이 대답하여 아뢰었다. "일찍이 변 장자가 호랑이를 찌른 일이 있으니 임금님께 들려드리겠습니다. 장자가 호랑이를 찌르려고 하니 여관집 아이가 그를 말리며 말하였습니다. '두 호랑이가 장차 소를 잡아먹으려 하는데, 먹이가 맛이 있으면 반드시 다투고, 다투면 곧 반드시 싸울 것이며, 싸우면 큰 놈은 다치고 작은 놈은 죽게 되니, 다친 놈을 쫓아 찌르면 한 번 거동하여 반드시 두 호랑이를 잡은 명성이 있을 것입니다. 장자가 그렇다고 생각하고 서서 기다리니, 시간이 지나며 두 호랑이가 과연 싸워서 큰 놈은 다치고 작은 놈은 죽었습니다. 장자가 다친 놈을 쫓아 그것을 찌르니 한 번 거동하여 과연 두 호랑이를 잡은 공이 있었습니다. 지금 한나라와 위나라가 서로 공격하여 만 일 년이 되어도 화해하지 않으니, 이렇다면 반드시 큰 나라는 상할 것이고 작은 나라는 망할 것입니다. 상한 나라를 쫓아 그를 친다면 한 번 거동하여 두 개의 열매가 있을 것입니다. 이는 장자가 호랑이를 찌른 것 같은 유형입니다. 신의 주군이 임금님과 더불어 무엇이 다르겠습니까?" 혜왕이 말하였다. "옳소." 끝내 돕지 않았다. 큰 나라는 과연 상하고 작은 나라는 망하게 되니 진나라가 군사를 일으켜 쳐들어가 그들을 크게 이겼다.

56. 鷄口牛後(계구우후)

(蘇秦曰) 大王事秦 秦必求宜陽成皐 今玆效之 明年又復求割地 與則無地以給之 不與則弃前功而受後禍 且大王之地有盡而秦之求無已 以有盡之地而逆無已之求 此所謂市怨結禍者也 不戰而地已削矣 臣聞鄙諺曰 寧爲鷄口 無爲牛後 今西面交臂而臣事秦 何異於牛後乎 夫以大王之賢 挾彊韓之兵 而有牛後之名 臣竊爲大王羞之 於是 韓王勃然作色 攘臂瞋目按劍仰天太息曰 寡人雖不肖 必不能事秦 今主君詔以趙王之教 敬奉社稷以從.

史記

■ ■ ■

- 蘇秦 (소진) : 전국시대의 유세가(遊說家). 합종책(合從策)을 주장하여 여섯 나라의 재상이 됨.
- 事 : 섬길(사).
- 玆 : 이곳(자).
- 效 : 드릴(효), 바침.
- 弃 : 버릴(기). 棄(기)의 옛글자
- 市 : 살(시).
- 鄙諺 (비언) : 낮고 속된 말, 속언(俗言), 속담(俗談).
- 臂 : 팔(비).
- 交臂 (교비) : 친밀한 정을 표하여 서로 손을 마주 잡음. 악수.
- 彊 : 강할(강), 强(강).
- 瞋目 (진목) : 눈을 부라림.

56. 소의 꼬리 보다 닭의 머리

(소진이 말하였다.) "대왕께서 진나라를 섬기면 진나라는 반드시 의양과 성고 땅을 요구할 것입니다. 지금 이곳들을 준다면 내년에는 또 다시 땅을 떼어줄 것을 요구할 것이고, 주자니 곧 줄 땅이 없고 주지 않자니 곧 이전의 공은 잊어버리고 후에는 재앙을 당하게 될 것입니다. 또한 대왕의 땅은 다함이 있지만 진나라의 요구는 끝이 없을 것이니, 다함이 있는 땅으로 끝이 없는 요구를 거역한다면, 이것은 이른바 원수를 사서 재앙을 맺는 것입니다. 싸우지도 못하고 땅은 이미 깎이는 것이지요. 제가 들은 속담에 '차라리 닭의 머리가 될지언정 소의 꼬리는 되지 말라.'고 하였습니다. 지금 서쪽을 바라보고 악수를 하고서 신하가 되어 진나라를 섬긴다면 소의 꼬리가 됨과 무엇이 다르겠습니까? 무릇 대왕의 현명함으로 강한 한나라의 군사를 거느리고도 소의 꼬리라는 이름이 있다면 저는 몰래 대왕을 위하여 그것을 부끄럽게 여깁니다." 이때에 한나라의 임금이 발끈하여 얼굴빛이 변하면서 팔을 휘두르고 눈을 부라리며 칼을 어루만지고 크게 탄식하며 말하였다. "과인이 비록 변변치 못하나 반드시 진나라를 섬길 수는 없소. 지금 당신이 조나라 임금의 가르침으로써 부르니 삼가 사직을 받들어 따르도록 하겠소."

57. 螳螂在後(당랑재후)

吳王欲伐荊 告其左右曰 敢有諫者死 舍人有少孺子者 欲諫不敢 則懷丸操彈 遊於後園露沾其衣 如是者三旦 吳王曰 子來 何故沾衣如此 對曰 園中有樹 其上有蟬 蟬高居悲鳴飮露 不知螳螂在其後也 螳螂委身曲附欲取蟬 而不知黃雀在其傍也 黃雀延頸 欲啄螳螂 而不知彈丸在其下也 此三者 皆務欲得其前利 而不顧其後之有患也 吳王曰 善哉 乃罷其兵. **說苑**

■ ■ ■

- 螳螂(당랑) : 버마재비. 사마귀.
- 荊 : 땅이름(형). 초(楚)나라.
- 舍人(사인) : 궁중에서 숙직하며 보살피는 벼슬.
- 彈 : 활(탄).
- 沾 : 적실(첨), 젖을(첨).
- 旦 : 아침(단).
- 曲附(곡부) : 웅크리고 달라붙음.
- 黃雀(황작) : 참새.
- 兵 : 칠(병), 적을 침. 싸울(병), 전쟁.

57. 버마재비가 뒤에 있음

오나라 임금이 초나라를 치고자 하여 그 좌우 신하에게 말하였다. "감히 간하는 사람이 있으면 죽이겠다." 궁중지기에 젊은이가 있었는데 간하고자 하나 감히 하지 못하고, 곧 탄알을 품에 품고 활을 가지고 후원에서 놀아 이슬에 그 옷을 적시는데, 이와 같이 삼 일을 하였다. 오나라 임금이 말하였다. "네가 올 때마다 무슨 까닭으로 이와 같이 옷을 적시느냐?" 대답하여 말하였다. "정원 가운데 나무가 있고 그 위에 매미가 있었습니다. 매미는 높은 데에서 구슬프게 울며 이슬을 먹고 지내면서 버마재비가 자기 뒤에 있는 것을 알지 못하였습니다. 버마재비는 몸을 구부려 웅크리고 딱 달라붙어 매미를 잡으려 하면서 참새가 자기 옆에 있는 것을 알지 못하였습니다. 참새는 목을 늘여 버마재비를 쪼고자 하면서 활과 탄알이 자기의 아래에 있는 것을 알지 못하였습니다. 이들 셋은 모두 자기 앞의 이익만을 얻고자 힘써서 자기들의 뒤에 우환이 있음을 돌아보지 못하였습니다." 오나라 임금이 말하였다. "알았다." 이리하여 전쟁을 그만두었다.

58. 螳螂拒轍(당랑거철)

齊莊公出獵 有一蟲擧足將搏其輪 問其御曰 此何蟲也 對曰 此所謂螳螂者也 其爲蟲也 知進而不知卻 不量力而輕敵 莊公曰 此爲人而必爲天下勇武矣 廻車而避之. 淮南子

■ ■ ■

- 螳螂(당랑) : 사마귀, 버마재비.
- 轍 : 바퀴자국(철), 바퀴의 뜻으로 쓰임.
- 御 : 마부(어).
- 輪 : 수레바퀴(륜).
- 卻 : 물러날(각).
- 淮南子(회남자) : 전한의 회남왕(淮南王) 유안(劉安)이 노장(老莊)의 도(道)로써 고금의 치란, 천문 등을 설명한 저술.

58. 버마재비가 수레바퀴를 가로막음

제나라의 장공이 사냥을 나가는데 한 마리의 곤충이 발을 들어 수레바퀴를 막으려고 하였다. (장공이) 그 마부에게 물었다. “이것은 무슨 곤충인가?” 대답하여 말하였다. “이것은 버마재비라고 이르는 것입니다. 그 곤충 됨이 나아갈 줄만 알지 물러날 줄을 모르고, 제 힘을 헤아리지 못하고 적을 가볍게 여깁니다.” 장공이 말하였다. “이것이 사람이 된다고 하면 반드시 천하에 용맹한 무인이 될 것이다.” 수레를 돌려서 피하여 갔다.

59. 伯牙絶絃(백아절현)

列子曰 伯牙善鼓琴 鍾子期善聽 伯牙鼓琴 志在高山 子期曰 善哉 峨峨乎若泰山 志在流水 子期曰 善哉 洋洋乎江河 伯牙所念 子期必得之 呂氏春秋曰 鍾子期死 伯牙破琴絶絃 終身不復鼓琴 爲無足爲鼓者.

蒙求

■ ■ ■

- 伯牙 (백아) : 중국 춘추시대 거문고의 명인.
- 鍾子期 (종자기) : 중국 춘추시대 초나라 사람으로 거문고 소리를 듣고 연주하는 사람의 심정을 잘 헤아렸다는 사람.
- 峨峨 (아아) : 높고도 높다.
- 洋洋 (양양) : 넓고도 넓다.
- 江河 (강하) : 장강(長江)과 황하(黃河).
- 得(득) : 알다, 知(지).

59. 백아가 거문고 줄을 끊음

열자가 말하였다. 백아는 거문고 연주를 잘하였고, 종자기는 듣기를 잘하였다. 백아가 거문고를 연주하는데 뜻이 높은 산에 있으면, 종자기가 말하였다. “좋구나! 높고도 높음이 태산과 같구나.” 뜻을 흐르는 물에 두면 종자기가 말하였다. “좋구나! 넓고도 넓기가 장강과 황하 같구나.” 백아가 생각하는 것을 종자기는 반드시 그것을 알았다. 여씨춘추에 말하였다. “종자기가 죽으니 백아가 거문고를 부수고 줄을 끊고서는 종신토록 다시는 거문고를 연주하지 않았다. 그래서 연주를 잘하는 사람이 없게 되었다.”

60. 使能之效(사능지효)

王者何以選賢 夫王者 得賢才以自輔然後 治也 雖有堯舜之明 而股肱不備 則主恩不流 化澤不行 故明君在上 愼於擇士 務於求賢 設四佐以自輔 有英俊以治官 尊其爵 重其祿 賢者進以顯榮 罷者退而勞力 是以 主無遺憂 下無邪慝 百官能治 臣下樂職 恩流群生 潤澤草木 虞舜左禹右皐陶 不下堂而天下治 此使能之效也.

說苑

■ ■ ■

- 股肱 **(고굉)** : 임금이 가장 믿는 아주 긴요한 신하.
- 爵 : 벼슬(작).
- 罷者 **(파자)** : 임기를 마친 사람.
- 慝 : 악할(특), 간사할(특).
- 虞 : 순(舜)임금 성(우).
- 虞舜 **(우순)** : 순(舜)임금.
- 禹 : 우(禹)임금(우).
- 皐陶 **(고요)** : 순임금의 신하. 옥관(獄官)의 장(長)을 지냈음.
- 堂 : 집(당), 높고 큰 집, 묘당을 뜻함.

60. 능력 있는 신하를 부리는 효과

임금 된 사람은 무엇 때문에 어진 이를 택하는가? 대저 임금 된 사람은 어질고 재주 있는 이를 얻어서 스스로 도움 받은 뒤에 다스리니 비록 요임금과 순임금의 명철함이라도 팔다리와 같은 긴요한 신하를 갖추지 못하면 임금의 은혜가 (백성에게) 흘러가지 못하고 교화의 은택이 행해지지 못한다. 그러므로 명철한 임금은 위에 있어서 선비를 택함에 신중하고, 어진 이를 구함에 힘써서 사방에 신하를 두어 스스로 도움을 받는다. 영특한 인재를 가려서 관직을 다스리는 벼슬을 줌에 그 벼슬을 높이고 그 봉록을 중하게 하니, 어진 자가 나아와서 번영함을 드러내고, 벼슬 마친 자는 물러나서 노력하는 것이다. 이로써 임금은 남은 근심이 없고 아래 신민은 사특함이 없으며, 모든 관리가 능히 다스리고 신하가 받은 직책을 즐거워하며, 은혜가 뭇 생명에게 흐르고 초목이 윤택하게 된다. 순임금이 왼쪽에 우를 두고 오른쪽에 고요를 두어 묘당에서 떠나지 않게 하고 천하를 다스렸으니, 이는 능력 있는 신하를 부리는 효과인 것이다.

61. 三人成虎(삼인성호)

龐葱謂魏王曰 今一人言市有虎 王信之乎 王曰 否 二人言市有虎 王信之乎 王曰 寡人疑之矣 三人言市有虎 王信之乎 王曰 寡人信之矣 龐葱曰 夫市無虎明矣 然而三人言而成虎.

戰國策

■ ■ ■

- 龐葱 **(방총)** : 전국시대 위(魏)나라의 장군.
- 葱 : 葱(푸를 총)의 옛 글자.
- 市 : 저자(시), 시장.
- **戰國策 (전국책)** : 전국시대 유세가(遊說家)들의 책모(策謀)를 나라별로 모은 저술. 전한의 유향이 편찬했다고 하나 확실치 않음.

61. 세 사람이면 호랑이를 만듦

방총이 위나라 임금에게 말하였다. "지금 한 사람이 저자에 호랑이가 있다고 말하면 임금님께서는 그것을 믿으시겠습니까?" 임금이 말하였다. "아니다." "두 사람이 저자에 호랑이가 있다고 말하면 임금님께서는 그것을 믿으시겠습니까?" 임금이 말하였다. "과인은 그것을 의심할 것이다." "세 사람이 저자에 호랑이가 있다고 하면 임금님께서는 그것을 믿으시겠습니까?" 임금이 말하였다. "과인은 그것을 믿을 것이다." 방총이 말하였다. "무릇 저자에 호랑이가 없음이 분명하지만, 그러나 세 사람이 말하면 호랑이가 만들어지게 되는 것입니다."

62. 食玉炊桂(식옥취계)

蘇秦之楚 三日乃得見乎王 談卒 辭而行 王曰 寡人聞先生 若聞古人 今先生乃不遠千里 而臨寡人 曾不肯留 願聞其說 對曰 楚國之食貴於玉 薪貴於桂 謁者難得見如鬼 王難得見如天帝 今令臣食玉炊桂 因鬼見帝 王曰 先生就舍 寡人聞命矣.

戰國策

■ ■ ■

- 蘇秦 **(소진)** : 전국시대의 유세가. 합종책(合從策)을 주장하여 여섯 나라의 재상을 지냈음.
- 之 : 갈(지).
- 見 **(현)** : 알현(謁見).
- 辭 : 하직할(사).
- 謁者 **(알자)** : 임금에게 알현을 주선해주는 안내인.
- 曾 **(증)** : 이에 곧. 일찍이.
- 古人 **(고인)** : 옛 성인(聖人).
- 舍 **(사)** : 빈사(賓舍). 객사(客舍).

62. 옥을 먹고 계수나무로 불땜

소진이 초나라에 가서 삼일 후에야 왕에게 뵐 수가 있었다. 이야기가 끝나자 하직하고 떠나려고 했다. 왕이 말하였다. “과인이 선생에 대해 듣기를 옛 성인의 (인품을) 듣듯이 하였는데, 지금 선생께서 이에 천리를 멀다 하지 않으시고 과인에게 임하셔서는 곧 머무르려 하지 않으시니 바라건대 그 까닭을 듣고 싶습니다.” 대답하여 말하였다. “초나라의 음식은 옥보다 귀하고, 땔나무는 계수나무보다 귀하고, 뵙기를 주선하는 사람은 귀신보다 보기가 어렵고, 왕은 천제와 같이 뵙기가 어려우니, 지금 저로 하여금 옥을 먹고 계수나무를 때면서 귀신을 통하여 하느님을 뵙는 것 같이 하였습니다.” 왕이 말하였다. “선생께서는 객사로 나아가십시오. 과인이 명을 듣겠습니다.”

63. 漁父之利(어부지리)

趙且伐燕 蘇代爲燕謂惠王曰 今日臣來 過易水 蚌方出曝而鷸啄其肉 蚌合而箝其喙 鷸曰 今日不雨 明日不雨 卽有死蚌 蚌亦謂鷸曰 今日不出 明日不出 卽有死鷸 兩者不肯相舍 漁者得而幷擒之 今趙且伐燕 燕趙久相攻以敝大衆 臣恐强秦之爲漁父也 願大王熟計之也 惠王曰 善 乃止. 戰國策

■ ■ ■

- 趙(조)·燕(연) : 모두 전국시대(戰國時代)의 나라 이름.
- 且(차) : 바야흐로 ~하려고 하다.
- 蘇代(소대) : 전국시대의 유세가(遊說家). 합종책(合從策)을 주장한 소진(蘇秦)의 아우임.
- 惠王(혜왕) : 전국시대 조(趙)나라의 혜문왕(惠文王).
- 易水(역수) : 중국 하북성(河北省)에 있는 강 이름.
- 蚌 : 조개(방).
- 曝 : 쬘(폭).
- 鷸 : 도요새(휼). 황새(휼).
- 箝 : 깨물(겸).
- 喙 : 부리(훼).
- 舍 : 놓을(사). 捨(사).
- 秦(진) : 전국시대의 나라 이름.

63. 어부의 이익

조나라가 바야흐로 연나라를 치려고 하니 소대가 연나라를 위하여 혜왕에게 일러 말하였다. “오늘 제가 역수를 지나는데, 조개가 때마침 물가에 나와 햇볕을 쬐고 있는데 황새가 그 살코기를 쪼니 조개가 껍데기를 닫아 그 부리를 물었습니다. 황새가 말하였습니다. ‘오늘 비가 오지 않고 내일 비가 오지 않으면 곧 죽은 조개가 있을 것이다.’ 조개 또한 황새에게 일러 말하였습니다. ‘오늘 내어주지 않고 내일 내어주지 않으면 곧 죽은 황새가 있을 것이다.’ 둘이 서로 놓질 않으니 어부가 그것들을 모조리 사로잡았습니다. 이제 조나라가 장차 연나라를 치려고 하니, 연나라와 조나라가 오랫동안 서로 공격하여 대중들을 피폐하게 한다면, 저는 강한 진나라가 어부가 될까 염려되옵니다. 원하옵건대 대왕께서는 깊이 헤아리십시오.” 혜왕이 말하였다. “좋습니다.” 이에 (침공함을) 중지하였다.

64. 畵蛇添足(화사첨족)

楚有祠者 賜其舍人卮酒 舍人相謂曰 數人飮之不足 一人飮之有餘 請畵地爲蛇 先成者飮酒 一人蛇先成 引酒且飮之 乃左手持卮 右手畵蛇曰 吾能爲之足 未成 一人之蛇成 奪其卮曰 蛇固無足 子安能爲之足 遂飮其酒 爲蛇足者 終亡其酒.

戰國策

- 有祠者 (유사자) : 제사를 맡은 사람.
- 舍人 (사인) : 가인(家人). 집안사람.
- 卮 : 술잔(치).
- 亡 : 잃을(망).

64. 뱀의 발을 덧붙여 그림

초나라의 제사관이 그 집안사람들에게 한잔 술을 주니 집안사람들이 서로 말하였다. "몇 사람이 마시면 부족하고 한 사람이 마시면 넉넉할 것이니, 청하건대 땅에 그림을 그려 뱀이 되게 하여 먼저 완성한 사람이 술을 마시도록 하자." 한 사람이 뱀을 먼저 완성하고 술을 가져다가 장차 마시려고 할 적에, 이에 왼손으로는 술잔을 잡고 오른손으로는 뱀을 그리며 말하였다. "나는 뱀의 발도 그릴 수 있다." 채 완성하지 못하였는데, 한 사람이 뱀을 완성하고 그 술잔을 빼앗으며 말하였다. "뱀은 본래 발이 없는데 자네는 어찌하여 뱀의 발을 그릴 수 있다고 하는가?" 드디어 그 술을 마셔버리니 뱀의 발을 그리던 사람은 끝내 그 술을 잃고 말았다.

65. 狐假虎威(호가호위)

虎求百獸而食之 得狐 狐曰 子無敢食我也 天帝使我長百獸 今子食我 是逆天帝命也 子以我爲不信 吾爲子先行 子隨我後 觀百獸之見我而敢不走乎 虎以爲然 故遂與之行 獸見之皆走 虎不知獸畏己而走也 以爲畏狐也. 戰國策

■ ■ ■

- 百獸 (백수) : 온갖 짐승.
- 逆 : 어길(역), 거역함.
- 以爲然 (이위연) : 그렇다고 생각하다.
- 遂 : 드디어(수), 따를(수).

65. 여우가 호랑이의 위세를 빌림

호랑이가 온갖 짐승을 찾아 그것을 잡아먹으려고 하다가 여우를 잡았다. 여우가 말하였다. "너는 감히 나를 먹을 수 없다. 하느님이 나로 하여금 온갖 짐승의 어른이 되게 하였으니, 지금 네가 나를 먹는다면 이것은 하느님의 명령을 어기는 것이다. 네가 나를 믿지 못한다면 내가 네 앞에서 갈 것이니 너는 내 뒤를 따르다가 온갖 짐승들이 나를 보고 감히 달아나지 않는가 보아라." 호랑이가 그렇겠다고 생각하였다. 그러므로 드디어 그(여우)와 함께 가니, 짐승들이 그(호랑이)를 보고서 모두 도망갔다. 호랑이는 짐승들이 자기를 두려워하여 달아난 것을 알지 못하고, 여우를 두려워하는 것이라고 생각했다.

66. 塞翁禍福(새옹화복)

夫禍福之轉而相生 其變難見也 近塞上之人有善術者 馬無故亡而入胡 人皆弔之 其父曰 此何遽不爲福乎 居數月 其馬將胡駿馬而歸 人皆賀之 其父曰 此何遽不能爲禍乎 家富良馬 其子好騎 墮而折其髀 人皆弔之 其父曰 此何遽不能爲福乎 居一年 胡人大入塞 丁壯者引弦而戰 近塞之人 死者十九 此獨以跛之故 父子相保 故福之爲禍 禍之爲福 化不可極 深不可測也.

淮南子

■ ■ ■

- 塞翁 (새옹) : 변경에 사는 노인.
- 善術 (선술) : 점을 잘 침.
- 何遽不 (하거불) ~ 乎 (호) : 어찌 ~않겠는가?
- 將 : 거느릴(장).
- 墮 : 떨어질(타).
- 髀 : 넓적다리(비).
- 丁壯者 (정장자) : 젊은 사람. 丁(정)은 20세, 壯(장)은 30세.
- 弦 : 시위(현), 줄(현).
- 引弦 (인현) : 활 시위를 당김.
- 死者十九 (사자십구) : 죽은 사람이 열에 아홉임.
- 跛 : 절룩거릴(파), 절름발이(파).

66. 변방 노인의 화와 복

무릇 화와 복이 서로 굴러 돌며 나타나니 그 변화는 알아보기 어렵다. 근래 변방 사람 중에 점을 잘 치는 이가 있었는데, 말이 까닭 없이 도망가서 오랑캐 땅에 들어갔다. 사람들이 모두 그를 위로하니, 그 아버지가 말하였다. "이것이 어찌 복이 되지 않겠는가?" 몇 달이 지나 그 말이 오랑캐의 좋은 말들을 거느리고서 돌아왔다. 사람들이 모두 그것을 축하하니, 그 아버지가 말하였다. "이것이 어찌 화가 되지 않을 수 있겠는가?" 집에 좋은 말이 많으니 그 아들이 말 타기를 좋아하다 떨어져서 넓적다리가 부러졌다. 사람들이 모두 그것을 위로하니, 그 아버지가 말하였다. "이것이 어찌 복이 되지 않을 수 있겠는가?" 일 년이 지나 오랑캐 사람들이 크게 변방에 쳐들어왔다. 젊은 사람들이 활을 가지고 싸웠는데, 변방에 가까운 사람들은 죽은 사람이 열에 아홉이었다. 이 사람만이 홀로 절룩거리는 까닭으로 아버지와 아들이 모두 보전하였다. 그러므로 복이 화가 되고, 화가 복이 됨은 변화가 끝이 없고 그 깊이는 헤아릴 수 없다.

67. 鷄鳴狗盜(계명구도)

孟嘗君入秦 昭王卽以孟嘗君爲相 人或說秦昭王曰 孟嘗君賢而又齊族也 今相秦 必先齊而後秦 秦其危矣 於是秦昭王乃止 因孟嘗君謀 欲殺之 孟嘗君使人抵昭王幸姬求解 幸姬曰妾願得君狐白裘 此時孟嘗君有一狐白裘 直千金 天下無雙入秦獻之昭王 更無他求 孟嘗君患之 徧問客 莫能對 最下坐有能爲狗盜者 曰 臣能得狐白裘 乃夜爲狗 以入秦宮臧中 取所獻狐白裘至 以獻秦王幸姬 幸姬爲言昭王 昭王釋孟嘗君孟嘗君得出 卽馳去 更封傳 變名姓以出關 夜半至函谷關 秦昭王後悔出孟嘗君 求之已去 卽使人馳傳逐之 孟嘗君至關關法鷄鳴而出客 孟嘗君恐追至 客之居下坐者有能爲鷄鳴 而鷄齊鳴 遂發傳出 出如食頃 秦追果至關 已後孟嘗君出 乃還始孟嘗君列此二人於賓客 賓客盡羞之 及孟嘗君有秦難 卒此二人拔之 自時之後 客皆服.

史記

■ ■ ■

- 孟嘗君 (맹상군) : 전국시대 제나라의 정치가. 이름은 문(文). 제나라 정승이 되었을 때, 어진 선비들을 초빙하여 식객(食客)이 삼천 명에 이르렀음.
- 幸 : 괼(행). 사랑함.
- 幸姬 (행희) : 제왕의 총애를 받는 측실(후궁).
- 直 : 값어치(치).
- 狗盜 (구도) : '개도둑'이란 뜻으로, 곧 좀도둑을 말함.

☞ 338쪽에 계속

67. 닭의 울음소리 잘 내는 재주와 좀도둑질 잘하는 재주

맹상군이 진나라에 들어가니 소왕이 즉시 맹상군을 재상으로 삼으려고 하였다. 어떤 이가 소왕을 달래어 말하였다. “맹상군은 어질지만 또한 제나라의 왕족입니다. 지금 진나라의 재상이 되면 반드시 제나라를 먼저 위하고 진나라는 뒤에 놓을 것이니 진나라가 위험합니다.” 이리하여 진나라 소왕은 이에 중지하고 맹상군이 지모가 있다하므로 그를 죽이고자 하였다. 맹상군이 사람을 보내어 소왕의 애첩에게 구원해 달라고 하니 애첩이 말하였다. “나는 당신(맹상군)의 호백구(여우 겨드랑이 흰털로 만든 갖옷)를 얻고자 합니다.” 이때에 맹상군은 한 벌의 호백구를 가지고 있었는데 값이 천금이나 나가는 천하에 둘도 없는 옷으로, 진나라에 들어올 때 소왕에게 바쳤기에 다시는 달리 구할 수가 없었다. 맹상군이 근심을 하여 두루두루 식객들에게 물었으나 대답할 수가 없었는데, 가장 아랫자리에 앉아 있는 좀도둑질을 잘하는 사람이 말하였다. “제가 호백구를 가져올 수 있습니다.” 이에 밤에 개처럼 하여 진나라의 궁중 창고에 들어가 (소왕에게) 바쳤던 호백구를 가지고 왔으므로 진나라 임금의 애첩에게 드렸다. 애첩이 (맹상군을) 위하여 소왕에게 말하니 소왕이 맹상군을 풀어주었다. 맹상군이 나와 즉시 말을 달려 도망갔다. 봉전을 고쳐 이름을 바꾸고 관문을 나오려고 하여 한밤중에 함곡관에 이르렀다. 진나라 소왕이 맹상군을 내어보낸 것을 후회하여 그를 잡으려고 하였으나 이미 도망갔으므로, 즉시 사람으로 하여금 역참의 말을 달리게 하여 그들을 뒤쫓도록 하였다. 맹상군이 함곡관에 이르렀으나 관문 법에 닭이 울어야

☞ 339쪽에 계속

68. 取人之術(취인지술)

凡取人之術 苟不得聖人君子而與之 與其得小人 不若得愚人 何 則君子挾才以爲善 小人挾才以爲惡 愚者雖欲爲不善 智不能周 力不能勝 譬如乳狗搏人 人得而制之 小人智足以遂其姦 勇足以決其暴 是虎而翼者也 其爲害豈不多哉. 資治通鑑

■ ■ ■

- 苟 : 진실로(구). 가령 ~한다면(가정).
- 與其 (여기) ~ 不若(불약) ~ : ~라기 보다는 ~이다. ~보다 ~가 낫다.
- 譬 : 비유할(비).
- 乳狗 (유구) : 강아지.
- 足以 (족이) : ~할 수 있다. 能(능).
- 暴 : 사나울(포). 모질게 굴(포).
- 資治通鑑 (자치통감) : 송(宋)나라 사마광(司馬光)이 편년체(編年體)로 기술한 주(周)나라 역사서.

☞ 336쪽에서 계속

- 封傳 (봉전) : 관문을 드나들 수 있는 통행증.
- 函谷關 (함곡관) : 하남성(河南省) 영보현(靈寶縣) 황하 유역의 험준하기로 유명한 골짜기에 있는 관문.
- 傳 (전) : 역마을(전).

68. 사람을 등용하는 방법

무릇 사람을 등용하는 방법은 가령 성인과 군자를 얻어 그와 함께 할 수 없다면, 소인을 얻는 것보다는 어리석은 사람을 얻는 것이 낫다. 무엇 때문인가? 군자는 재주를 가지고 착한 일을 하고, 소인은 재주를 가지고 악한 일을 한다. 어리석은 사람은 비록 착하지 않은 일을 하려해도, 지혜가 넓을 수 없고 힘이 감당할 수가 없다. 비유하자면 강아지가 사람을 치는 것 같아서 사람이 그것을 제압할 수 있다. 소인은 지혜가 그 간악함을 수행할 수 있고, 용기는 그 포악함을 결행할 수 있으니 이것은 호랑이가 날개를 단 것이다. 그 해로움이 어찌 많지 않겠는가?

☞ 337쪽에서 계속

여객들을 내보냄으로 맹상군은 추격병이 다다를까 근심하는데, 식객 중 아랫자리에만 늘 있던 사람이 닭의 울음소리를 잘 낼 수 있었으므로 닭이 일제히 우니 드디어 봉전을 내어 보이고 빠져나왔다. 나온 후 한 식경은 되어 진나라 추격병이 과연 함곡관에 도착하였으나 이미 맹상군이 빠져나간 뒤여서 이에 돌아왔다. 처음에 맹상군이 이 두 사람을 빈객으로 두었을 때, 빈객들은 다 그들을 창피하게 여겼으나 맹상군에게 진나라의 곤란함이 있기에 이르러 졸지에 이 두 사람이 빼어나게 되었으므로 이때로부터 식객들이 모두 심복하였다.

69. 指鹿爲馬(지록위마)

丞相趙高欲專權 恐羣臣不聽 乃先設驗 持鹿獻於二世曰 馬也 二世笑曰 丞相誤邪 指鹿爲馬 問左右 或默或言 高陰中諸言鹿者以法 後羣臣皆畏高 無敢言其過. 十八史略

■ ■ ■

- 趙高 (조고) : 진(秦)나라 말기의 환관. 진시황이 죽은 후 권력을 장악하여 진나라 멸망의 원인을 제공함.
- 二世 (이세) : 이세황제(二世皇帝). 호해(胡亥)를 가리킴. 조고와 이사(李斯)가 모략으로 진시황의 맏아들 부소(扶蘇)를 죽이고 임금으로 세웠으나 결국 조고에게 살해됨.
- 左右 (좌우) : 좌우(左右)의 신하.
- 中 : 맞힐(중). 해침.

69. 사슴을 가리켜 말이라고 함

승상 조고가 모든 권력을 오로지하려 하였으나, 여러 신하들이 듣지 않을까 싶어 이에 먼저 실험을 하였다. 사슴을 가져다 이세 황제에게 바치며 말하였다. "말입니다." 이세 황제가 웃으며 말하였다. "승상은 잘못되었소. 사슴을 가리켜 말이라고 하다니." 좌우 신하에게 물으니 어떤 이는 가만히 있고, 어떤 이는 사슴이라고 말했다. 조고가 몰래 사슴이라고 말한 모든 사람들을 법을 적용해서 해치니, 그 후에 여러 신하들이 모두 조고를 두려워하여 감히 그 잘못을 말하지 못하였다.

70. 族秦者秦(족진자진)

嗚呼 滅六國者 六國也 非秦也 族秦者 秦也 非天下也 嗟夫 使六國各愛其人 則足以拒秦 秦復愛六國之人 則遞三世 可至萬世而爲君 誰得而族滅也 秦人不暇自哀 而後人哀之 後人哀之 而不鑑之 亦使後人復哀後人也. **古文眞寶**

■ ■ ■

- 嗚呼 **(오호)** : 감탄사.
- 族 : 일족(一族)을 모두 죽임.
- 嗟夫 **(차부)** : 감탄사.
- 遞 : 갈마들(체), 번갈아(체).
- 三世 **(삼세)** : 진(秦)나라는 시황(始皇)이 천하를 통일한 후 3대 째에 멸망함.
- 得而 **(득이)** : ~할 수 있다, 能(능).
- 古文眞寶 **(고문진보)** : 송(宋)의 황견(黃堅)이 엮은 시문집.

70. 진나라 사람을 죽인 이는 진나라임

아아! 여섯 나라를 멸망시킨 이는 여섯 나라 스스로이지 진나라가 아니다. 진나라 일족을 모두 죽인 이는 진나라 스스로이지 천하가 아니다. 여섯 나라가 각기 (저의 나라) 사람들을 사랑하였더라면 곧 진나라를 막을 수 있었을 것이고, 진나라가 다시 여섯 나라 사람들을 사랑하였더라면 삼세로부터 차례차례 이어져 만세에 이르도록 임금이 될 수 있었을 것이니, 누가 일족을 죽이고 멸망시킬 수 있었겠는가? 진나라 사람들은 스스로를 슬퍼할 겨를이 없이 후세의 사람들이 그들을 슬퍼하게 되었는데, 후세의 사람들이 그들을 슬퍼하면서도 거울삼지 않는다면, 또한 더 후세의 사람들로 하여금 후세 사람들을 슬퍼하게 할 것이다.

71. 四面楚歌(사면초가)

項羽至垓下 兵少食盡 韓信等乘之 羽敗入壁 圍之數重 羽夜聞漢軍 四面皆楚歌 大驚曰 漢皆已得楚乎 何楚人多也 起飮帳中 命虞美人起舞 悲歌慷慨 泣數行下 其歌曰 力拔山兮氣蓋世 時不利兮騅不逝 騅不逝兮可奈何 虞兮虞兮奈若何 騅者 羽平日所乘駿馬也 左右皆泣 莫敢仰視 羽乃夜從八百餘騎 潰圍南出 渡淮迷失道 陷大澤中 漢追及之 至東城 乃有二十八騎 羽謂其騎曰 吾起兵八歲 七十餘戰 未嘗敗也 今卒困此 此天亡我 非戰之罪 今日固決死 願爲諸君決戰 必潰圍斬將 令諸君知之 皆如其言 於是欲東渡烏江 亭長艤船待 曰 江東雖小 亦足以王 願急渡 羽曰 籍與江東子弟八千人渡江而西 今無一人還 縱江東父兄憐而王我 我何面目復見 獨不愧於心乎 乃刎而死.

十八史略

■ ■ ■

- **項羽 (항우)** : 항적(項籍). 진(秦)나라 말에 군대를 일으켜 진을 멸하고 스스로 '서초패왕(西楚霸王)'이라 하였으나 뒤에 한(漢)의 유방(劉邦)에게 패망하였음.
- **垓下 (해하)** : 중국의 지명. 지금의 안휘성(安徽省)안에 있음. 항우가 유방에게 크게 패한 곳.
- **韓信 (한신)** : 유방을 도와 항우를 패망시킨 한 나라의 명장. 한 나라의 삼걸(三桀)로 일컬어짐. 뒤에 숙청됨.
- **壁** : 진(벽).

☞ 346쪽에 계속

71. 사방이 초나라의 노래

항우가 해하에 이르니 병사는 줄고 식량은 다하였다. 한신 등이 이를 틈타, 항우가 패하여 진지 속으로 들어가니 몇 겹으로 포위하였다. 항우가 밤에 한나라의 군사들이 사방에서 모두 초나라의 노래를 부르는 것을 듣고 크게 놀라 말하였다. "한나라가 이미 초나라를 모두 얻었단 말인가? 어찌하여 초나라 사람이 많은가?" 일어나 장막 안에서 술을 마시며 우미인으로 하여금 일어나 춤추게 하고 슬픈 노래로 의분에 북받치어 개탄하니 눈물이 몇 줄기 흘러 내렸다. 그 노래에 말하였다. "힘은 산을 뽑고 기개는 세상을 덮을 만한데, 때가 이롭지 못하여 오추마도 달리지 않는구나. 오추마가 달리지 않으니 어찌하리오. 우미인이여 우미인이여 어찌하리오." 오추마는 항우가 평일에 타던 준마였다. 좌우가 모두 울고 감히 쳐다보지 못하였다. 항우가 이에 밤에 팔백여 명의 기병을 거느리고 포위망을 뚫고 남쪽으로 빠져나가 회수를 건너다가 길을 잃어 큰 진펄 속에 빠졌다. 한나라 군사가 뒤따라오므로 동성에 이르니 스물여덟 명의 기병만 남아 있었다. 항우가 그 기병들에게 말하였다. "내가 군사를 일으킨 지 팔 년에 칠십여 번을 싸웠으나 일찍이 패한 적이 없었는데, 지금 마침내 이곳에서 곤란하게 되었으니, 이것은 하늘이 나를 망하게 한 것이지 싸움을 잘못한 죄가 아니다. 오늘 진실로 죽기를 결심하였으니 제군들도 싸우기를 결심하여 반드시 포위를 뚫고 적장을 목 벨 것을 바란다. 제군들은 이를 알도록 하라." 모두 그 말과 같이 하였다. 이렇게 하여 동쪽으로 오강을 건너려 하니 (오강) 정장이 배를 대어 놓고 기다리다가 말하였다. "강동이 비록 작으나 또한 왕 노릇할 수 있습니다. 바라건대

☞ 347쪽에 계속

72. 蒲伏胯下(포복과하)

淮陰韓信 家貧釣城下 有漂母見信饑飯信 信曰 吾必厚報母 母怒曰 大丈夫不能自食 吾哀王孫而進食 豈望報乎 淮陰屠中少年有侮信者 因衆辱之曰 若雖長大好帶劒 中情怯耳 能死刺我 不能胯下 信熟視之 俛出胯下蒲伏 一市人皆笑信怯.

十八史略

■ ■ ■

- 蒲伏 **(포복)** : 배를 땅에 대고 김. 포복(匍匐).
- 漂 : 빨래할(표).
- 漂母 **(표모)** : 빨래하는 노파.
- 王孫 **(왕손)** : 청년에 대한 존칭.
- 屠 : 백정(도), 짐승 잡는 것을 업으로 하는 사람.
- 若 : 너(약). 2인칭.
- 胯下 **(과하)** : 사타구니 아래.

☞ 344쪽에서 계속

- 行 : 줄(항).
- 騅 : 오추마(추). 검푸른 털에 흰 털이 섞인 말.
- 從 : 거느릴(종).
- 淮 : 회수(淮水). 황하(黃河)의 지류.
- 澤 : 진펄(택).
- 卒 : 끝내(졸), 마침내(졸).
- 烏江 **(오강)** : 양자강의 지류.
- 艤 : 배댈(의).

72. 사타구니 밑을 기어서 지나감

회음 땅의 한신이 집이 가난하여 성 아래에서 낚시를 하였다. 빨래하던 노파가 한신이 굶주린 것을 보고 한신에게 밥을 먹게 했다. 한신이 말하였다. "제가 아주머니께 반드시 후한 보답을 하겠습니다." 노파가 화를 내며 말하였다. "대장부가 스스로 밥 먹을 수 없으니 내가 청년을 딱하게 여겨 밥을 주었는데 어찌 보답을 바라겠는가?" 회음 땅 도살업자들이 사는 마을의 소년 중에 한신을 업신여기는 사람이 있었는데 무리들을 믿고서 그(한신)를 모욕하여 말하였다. "네가 비록 (몸집이) 장대하고 칼을 차기를 좋아하나 내심은 겁쟁이이다. 죽일 수 있으면 나를 찌르고 그럴 수 없으면 내 사타구니 밑으로 지나가거라." 한신이 이윽히 그를 바라보다가 (몸을) 굽히고 사타구니 밑을 배를 대고 기어서 지나갔다. 한 고을의 사람들이 모두 한신을 비겁하다고 비웃었다.

☞ 345쪽에서 계속

빨리 건너십시오." 항우가 말하였다. "내가 강동의 자제 팔천 명과 함께 강을 건너 서쪽으로 갔다가 이제 한 사람도 돌아옴이 없으니, 가령 강동의 부형들이 가련히 여겨 나를 왕으로 삼는다고 하더라도 내가 무슨 면목으로 다시 보겠는가? 오직 마음에 부끄럽지 않겠는가?" 이에 (스스로) 목을 베어 죽었다.

73. 兎死狗烹(토사구팽)

項王亡將鍾離眛家在伊盧 素與信善 項王死後 亡歸信 漢王怨眛 聞其在楚 詔楚捕眛 信初之國 行縣邑 陳兵出入 漢六年人有上書告楚王信反 高帝以陳平計 天子巡狩會諸侯 南方有雲夢 發使告諸侯會陳 吾將游雲夢 實欲襲信 信弗知 高祖且至楚 信欲發兵反 自度無罪 欲謁上 恐見禽 人或說信曰 斬眛謁上 上必喜 無患 信見眛計事 眛曰 漢所以不擊取楚 以眛在公所 若欲捕我以自媚於漢 吾今日死 公亦隨手亡矣 乃罵信曰 公非長者 卒者剄 信持其首 謁高祖於陳 上令武士縛信 載後車 信曰 果若人言 狡兎死 良狗烹 高鳥盡 良弓藏 敵國破謀臣亡 天下已定 我固當烹 上曰 人告公反 遂械繫信. 史記

■ ■ ■

- 烹 : 삶을(팽).
- 項王 (항왕) : 항우(項羽)를 이르는 말.
- 鍾離眛 (종리매) : 항우의 부하 장수로 끝까지 항우에 대한 의리를 지켜 한 고조를 괴롭힘.
- 伊盧 (이려) : 중국의 지명(地名).
- 信 (신) : 한신(韓信)을 가리킴.
- 陳平 (진평) : 한 고조를 도와 천하를 평정하고, 권력을 함부로 휘두르던 여씨(呂氏) 일가를 몰아내어 한실(漢室)을 편안케 함.
- 高帝 (고제) : 한 고조 유방(劉邦)을 가리킴.
- 巡狩 (순수) : 천자가 제후의 나라를 순회하며 시찰함.

☞ 350쪽에 계속

73. 토끼가 죽으면 개를 삶음

항왕에게서 도망해온 장군 종리매의 집이 이려에 있었다. (종리매는) 평소 한신과 잘 지냈는데 항왕이 죽은 후 도망하여 한신에게 귀의하였다. 한왕은 종리매를 원망하고 있었는데, (그가) 초나라에 있다는 소식을 듣고 초나라에 조서를 보내 종리매를 잡으려고 하였다. 한신이 처음 초나라에 가서 고을을 순행할 때 병사들을 벌여놓고 나가고 들어오니, 한나라 6년에 어떤 사람이 상서하여 초나라 임금인 한신이 모반한다고 아뢰었다. 고제(유방)가 진평의 계책으로 천자가 순행하며 사냥한다고 하여 제후들을 모았다. 남쪽 지방에 운몽이라는 곳이 있는데, 사자들을 보내어 제후들이 회진하도록 알리고, '내가 장차 운몽에서 머물겠다.'하였다. 실은 한신을 습격하려는 것이었으나 한신은 알 수가 없었다. 고조(유방)가 장차 초나라에 도착하려 하니 한신이 군사를 내어 모반할까 하였으나 스스로 헤아려 봐도 죄가 없기에 주상을 뵙고자 하였으나 사로잡힐까 두려워하였다. 어떤 사람이 한신을 달래어 말하였다. "종리매를 목 베고 주상을 뵈면 주상께서 반드시 기뻐하여 후환이 없을 것입니다." 한신이 종리매를 보고 일을 계획하니 종리매가 말하였다. "한나라가 초나라를 치지 못하는 까닭은 종리매가 공의 처소에 있기 때문입니다. 만약 저를 잡아 스스로 한나라에 아첨하고자 바란다면 저는 오늘 죽겠습니다. 공 또한 뒤따라 죽게 될 것입니다." 이어 한신을 꾸짖어 말하였다. "공도 어른은 아니었구려!" 마침내 스스로 목을 찔러 죽었다. 한신이 그 목을 가지고 회진한 곳에서 고조를 뵈니 주상(고조)이 무사로 하여금 한신을 묶어 뒤따르는 수레에 싣도록 하였다. 한신이 말하였다. "과연 사람들의

☞ 351쪽에 계속

74. 多多益善(다다익선)

高祖嘗從容問信 諸將能將兵多少 上曰 如我能將幾何 信曰 陛下不過將十萬 上曰 於君何如 信曰 臣多多益善 上笑曰 多多益善 何以爲我禽 曰 陛下不能將兵而能將將 此臣所以爲陛下禽 且陛下所謂天授 非人力也. 十八史略

■ ■ ■

- 信 : 한신(韓信).
- 陛 : 섬돌(폐) · 층계(폐).
- 君 : 그대. 자네.
- 禽 : 사로잡힐(금). 포로(금).
- 將將 (장장) : 장수를 거느림.

☞ 348쪽에서 계속

- 雲夢 (운몽) : 중국의 지명.
- 剄 : 목벨(경).
- 縛 : 묶을(박).
- 狡 : 간교할(교).
- 械 : 형틀채울(계), 형틀(계).

74. 많으면 많을수록 좋음

고조가 일찍이 조용하게 한신에게 여러 장수들이 거느릴 수 있는 군사의 많고 적음을 물었다. 임금(고조)이 말하였다. "나 같은 사람은 얼마만큼 군대를 거느릴 수 있는가?" 한신이 말하였다. "폐하께서는 십만 이상을 거느릴 수 없습니다." 임금이 말하였다. "그대는 어떠한가?" 한신이 말하였다. "신에게는 많으면 많을수록 더욱 좋습니다." 임금이 웃으며 말하였다. "많으면 많을수록 더욱 좋은데 어째서 나의 신하가 되었는가?" "폐하께서는 군사는 거느릴 수 없지만 장수는 거느릴 수 있습니다. 이것이 신이 폐하의 신하가 된 까닭입니다. 또한 폐하께서는 이른바 하늘이 내려준 분이지 사람의 힘으로 된 분은 아닌 것입니다."

☞ 349쪽에서 계속

말과 같구나. 교활한 토끼가 죽으면 충직한 사냥개를 삶고, 높이 나는 새가 없어지면 좋은 활을 넣어두게 되고, 적국이 격파되면 지모 있는 신하가 죽게 된다고 하였으니, 천하가 이미 평정되었으니 내가 삶겨 죽게 됨은 참으로 마땅하구나." 주상이 말하였다. "어떤 사람이 공이 모반한다고 하였소." 드디어 한신을 형틀에 채워버렸다.

75. 雍齒封侯(옹치봉후)

(高祖)已奉大功臣二十餘人 其餘日夜爭功不決 未得行奉 上在雒陽南宮 從復道望見諸將往往相與坐沙中語 上曰 此何語 留侯曰 陛下不知乎 此謀反耳 上曰 天下屬安定 何故反乎 留侯曰 陛下起布衣 以此屬取天下 今陛下爲天子 而所封皆蕭·曹故人所親愛 而所誅者皆生平所仇惡 今軍吏計功 以天下不足偏封 此屬畏陛下不能盡封 恐又見疑平生過失及誅 故卽相聚謀反耳 上乃憂曰 爲之奈何 留侯曰 上平生所憎 羣臣所共知 誰最甚者 上曰 雍齒與我故 數嘗窘辱我 我欲殺之 爲其功多 故不忍 留侯曰 今急先封雍齒以示羣臣 羣臣見雍齒封 則人人自堅矣 於是上乃置酒 封雍齒爲什方侯 而急趣丞相 御使定功行封 羣臣罷酒 皆喜曰 雍齒尙爲侯 我屬無患矣. 史記

■ ■ ■

- 雍齒 (옹치) : 유방(劉邦)과 항우(項羽)가 천하를 다툴 때, 항우의 부하로 유방을 수차례 괴롭혔던 장수. 뒤에 유방에 귀순하여 항우를 물리치는데 공을 세움.
- 雒 : 물 이름(락). 땅 이름(락). 洛(락)과 통용.
- 留侯 (유후) : 한(漢) 고조(高祖) 유방의 공신인 장량(張良)의 봉호(封號).
- 屬 : 속할(속). 무리(속)
- 蕭·曹(소·조) : 한 고조 유방의 공신인 소하(蕭何)와 조참(曹參).
- 仇惡 (구오) : 원수같이 미워함.
- 徧 : 두루 미칠(편).

☞ 354쪽에 계속

75. 옹치를 제후로 봉함

고조가 이미 큰 공신 20여 명은 봉했지만 나머지는 밤낮으로 공적을 다투기에 결정을 하지 못하였다. 봉함을 아직 마치지 못했을 때 임금(고조)이 낙양의 남궁에 있는데 복도에서 바라다보니 여러 장군들이 이리 갔다 저리 갔다 하며 모래사장에서 서로들 이야기를 하고 있었다. 임금이 말하였다. "이 무슨 말들인가?" 유후(장량)가 말하였다. "폐하께서 알지 못하십니까? 이는 모반하는 것입니다." 임금이 말하였다. "천하가 안정되었는데 무슨 까닭으로 모반하는 게요?" 유후가 말하였다. "폐하께서 서민으로 일어나시어 이 무리로써 천하를 얻어 이제 폐하께서 천자가 되셨는데, 봉해 준 사람은 모두 소하와 조참 같이 친애해 오던 벗들뿐이고, 죽인 사람은 모두 평생토록 원수같이 미워하던 사람들이었습니다. 지금 군의 관리가 공적을 헤아리고 있지만, 천하는 두루두루 봉해주기에 충족하지 못합니다. 이 무리들은 폐하께서 모두 다 봉하실 수 없을까 두려워하고 있습니다. 또 의심을 받아 평생의 과실로 주살됨에 이를까 걱정하여, 그러므로 서로들 모여들어 모반을 하려는 것입니다." 임금이 이에 걱정하여 말하였다. "이 일을 어떻게 하면 되겠소?" 유후가 말하였다. "임금께서 평생토록 미워하던 이를 여러 신하들은 한가지로 알고 있는데, 누가 가장 밉습니까?" 임금이 말하였다. "옹치가 나와 더불어 예로부터 몇 차례나 일찍이 나를 괴롭히고 욕보여 내가 그를 죽이고자 했으나 그의 공적이 많기에 차마 (죽이지) 못했소." 유후가 말하였다. "지금 빨리 먼저 옹치를 봉하여 여러 신하들에게 보이십시오. 여러 신하들은 옹치를 봉한 것을 보면 곧 사람마다 스스로 안정될 것입니다." 이래서

☞ 355쪽에 계속

76. 大勇(대용)

古之所謂豪傑之士 必有過人之節 人情有所不能忍者 匹夫見辱 拔劍而起 挺身而鬪 此不足爲勇也 天下有大勇者 卒然臨之而不驚 無故加之而不惑 此其所挾者甚大 而其志甚遠也.

留侯論

- 傑 : 준걸(걸).
- 人情 **(인정)** : 보통 사람들의 감정 · 정신.
- 不能忍 **(불능인)** : 차마 ~할 수 없다.
- 匹夫 **(필부)** : 졸장부.
- 挺 : 뺄(정), 뽑을(정).
- 卒然 **(졸연)** : 갑자기, 돌연.
- 留侯論 **(유후론)** : 송나라의 문인인 소식(蘇軾)이 쓴 유후(留侯) 장량(張良)에 관한 논설문.

☞ 352쪽에서 계속

- 窘 : 괴롭힐(군).
- 窘辱 **(군욕)** : 곤욕.
- 趣 : 서두를(촉), 재촉할(촉).

76. 큰 용기

옛날에 말하는바 호걸스러운 선비는 반드시 다른 사람보다 지나친 절개가 있었으니, 보통 사람의 감정으로는 차마 할 수 없는 것이 있었다. 보통 사람은 모욕을 당하면 칼을 뽑아 들고 일어나서 몸을 솟구쳐 싸우니 이것은 용기라고 할 수 없다. 천하에 큰 용기가 있는 사람은 갑자기 어떤 일에 임해도 놀라지 않고, 아무런 까닭 없이 무엇이 가해져도 미혹되지 않는다. 이런 이들은 그 품은 것이 매우 크고 그 뜻을 둠이 매우 멀다.

☞ 353쪽에서 계속

임금이 이에 술자리를 마련하고 옹치를 봉하여 십방후를 삼고서, 급히 서둘러 승상과 어사에게 공적을 확정하여 봉하도록 하니, 여러 신하들이 술자리가 파한 뒤에 모두 기뻐하며 말하였다. "옹치도 오히려 제후가 되는데 우리들은 근심할 것이 없다."

77. 老父獨耕(노부독경)

桓帝幸竟陵 過雲夢 臨沔水 百姓莫不觀者 有老父獨耕不輟 張溫異之 使問曰 人皆來觀 老父獨耕不輟 何也 老父笑而不對 溫下道百步 自與言 老父曰 我野人耳 不達斯語 請問 天下亂而立天子邪 理而立天子邪 立天子以父天下邪 役天下以奉天子邪 昔聖人宰世 茅茨采椽 而萬人以寧 今子之君 勞人自縱 逸遊無忌 吾爲子羞之 子何忍欲人觀之乎. **後漢書**

■ ■ ■

- 桓帝 **(환제)** : 후한(後漢) 말의 임금. 환관의 득세가 시작된 시기임.
- 沔水 **(면수)** : 한수(漢水)의 지류.
- 張溫 **(장온)** : 후한 환제 때의 신하.
- 使問 **(사문)** : 사역형. '사람을 시켜 묻다.'의 뜻.
- 不達 **(부달)** : 이해하지 못함. 잘 알지 못함.
- 宰世 **(재세)** : 치세(治世).
- 茨 : 띠(자), 대(자)
- 茅茨 **(모자)** : 띠나 대로 인 지붕.
- 椽 : 서까래(연).
- 采 : 참나무(채).
- 寧 : 편안할(녕).
- 後漢書 **(후한서)** : 남북조(南北朝)시대 송(宋)나라의 범엽(范曄)이 후한시대의 역사를 기전체로 기술한 역사서.

77. 노인이 홀로 밭갈이를 함

환제가 경릉에 행차할 때에 운몽을 지나 면수에 다다르니 구경하지 않는 백성이 없었는데, 어떤 노인이 홀로 밭갈이를 그치지 않았다. 장온이 그것을 이상하게 여겨 사람을 보내 물었다. "사람들이 모두 와서 구경하는데 노인께서 홀로 밭갈이를 그치지 않으니 무엇 때문입니까?" 노인이 웃으며 대답하지 않았다. 장온이 길에 내려 백 걸음을 가서 자신이 함께하고 말하니, 노부가 말하였다. "나는 시골 사람이라 이 말 뜻을 잘 모르겠습니다. 청하여 묻겠습니다. 천하가 어지러워 천자를 세웠습니까, 다스려져서 천자를 세웠습니까? 천자를 세워서 천하에 아버지 노릇을 하라는 것입니까, 천하로 하여금 천자를 받들게 하고자 함입니까? 옛날에 성인들이 세상을 다스릴 때에는 초가에 참나무 서까래라도 모든 사람이 편안했는데, 지금 당신의 임금은 사람들을 피로하게 하고 스스로 방종하여 싫도록 놀아 꺼릴 것이 없으니, 내가 당신을 위해 그것을 부끄럽게 여깁니다. 당신은 어찌하여 사람들이 구경하기를 바라는 것입니까?"

78. 名儒高鳳(명유고봉)

後漢高鳳 家以農爲業 鳳專精誦讀 晝夜不息 妻嘗之田 曝麥於庭 令鳳護雞 時天暴雨 而鳳持竿誦經 不覺潦水流麥 妻還怪問 方悟 後爲名儒.

蒙求

■ ■ ■

- 高鳳 **(고봉)** : 후한(後漢)시대의 학자. 벼슬에는 관심이 없었음.
- 息 : 쉴(식).
- 曝 : 쬘(폭), 햇볕에 쬠.
- 潦 : 길바닥물(료).
- 潦水 **(요수)** : 길바닥에 고인 빗물.

78. 이름난 유학자 고봉

후한시대의 고봉은 집안이 농업을 일삼았다. 고봉은 오로지 정성껏 외우고 읽어 밤낮으로 쉬지 않았다. 아내가 일찍이 밭에 가며 보리를 뜰에서 햇볕에 쬐어 말리는데 고봉으로 하여금 닭을 지키게 하였다. 때마침 하늘에서 소낙비가 내렸으나 고봉은 나무대기를 들고 경서를 외우느라 뜰에 고인 물이 보리로 흘러드는 것을 깨닫지 못하였다. 아내가 돌아와서 이상히 여겨 물으니 비로소 깨달았다. 뒤에 유명한 유학자가 되었다.

79. 伯兪泣杖(백유읍장)

伯兪有過 其母笞之 泣 其母曰 他日笞子 未嘗見泣 今泣何也 對曰 他日兪得罪 笞常痛 今母之力 不能使痛 是以泣. 說苑

■ ■ ■

- 杖 : 때릴(장).
- 過 : 허물(과), 잘못.
- 子 : 너(자), 2인칭.

79. 백유가 매를 맞으며 움

백유에게 잘못이 있어서 그 어머니가 매를 때리니 (백유가) 울었다. 그 어머니가 말하였다. "다른 날 너를 때려도 일찍이 우는 것을 보지 못하였는데 지금은 우니 무엇 때문인가?" 대답하여 말하였다. "다른 날 제가 죄를 지었을 때 매를 맞으면 항상 아팠는데, 지금은 어머니의 힘이 아프게 하지 못하니 이러므로 울었습니다."

80. 郭巨之孝(곽거지효)

後漢郭巨 家貧養老母 妻生一子三歲 母常減食與之 巨謂妻曰 貧乏不能供給 共汝埋子 子可再有 母不可再得 妻不敢違 巨遂掘坑二尺餘 忽見黃金一釜 釜上云 天賜孝子郭巨 官不得奪 人不得取.

孝子傳

■ ■ ■

- 郭巨 (곽거) : 후한(後漢)시대의 이름난 효자.
- 後漢 (후한) : 광무제(光武帝)의 유수(劉秀)가 왕망(王莽)을 멸하고 한실(漢室)을 중흥시킨 나라.
- 汝 : 너(여), 2인칭.
- 掘 : 팔(굴).
- 坑 : 구덩이(갱).
- 釜 : 용량 단위(부), 대여섯 되의 용량.
- 孝子傳 (효자전) : 전한의 유향(劉向)이 중국 역대 효자들의 사적(史蹟)을 엮은 책.

80. 곽거의 효성

후한의 곽거가 집이 가난한 가운데 늙은 어머니를 봉양하였다. 아내가 한 아들을 낳아 세 살이었는데, 어머니가 항상 음식을 덜어 그(손자)에게 주었다. 곽거가 아내에게 일러 말하였다. “가난하고 모자라 마련해 드릴 수 없으니 당신과 같이 아들을 묻어버리세. 아들은 다시 있을 수 있으나 어머니는 다시 얻을 수 없네.” 아내가 감히 어기지 못하였다. 곽거가 드디어 구덩이를 두 자 남짓 파다가 홀연 황금 한 덩어리를 보았는데, 황금 덩어리 위에 이르기를 “하늘이 효자 곽거에게 내려주는 것이니 관청에서 빼앗을 수 없고, 다른 사람이 가질 수 없다.”고 하였다.

81. 梁上君子(양상군자)

陳寔字仲弓 少作縣吏 有志好學 坐立誦讀 縣令奇之 聽受業太學 後除太丘長 修德淸靜 百姓以安 時歲荒 有盜夜入其室 止於梁上 寔陰見之 呼子孫 正色訓之曰 夫人不可不自勉 不善之人 未必本惡 習以生成 遂至於此 梁上君子是矣 盜大驚 自投於地 稽顙歸罪 寔曰 視君狀貌 不似惡人 當由貧困 令遺絹二匹 自是一縣無復盜竊.

後漢書

- 陳寔 (진식) : 후한말(後漢末)의 지방관. 송사(訟事)를 공정하게 판결함으로써 유명해 짐.
- 寔 : 진실로(식), 멈출(식).
- 作 : 일할(작).
- 稽 : 조아릴(계), 상고할(계).
- 顙 : 이마(상).

81. 대들보 위의 군자

진식은 자가 중궁이다. 젊어서 현리로 일하였는데 배움을 좋아함에 뜻을 두어서 앉거나 서거나 외우고 또 읽었다. 현령이 그를 기특하게 여겨 태학에서 수업하기를 청하고는 뒤에 태구의 장으로 임명했다. 덕을 닦아 깨끗하고 고요하여 백성들이 편안하였다. 이때에 흉년이 들었는데 도둑이 밤에 그 집안에 들어와 대들보 위에 머물렀다. 진식이 가만히 그를 보고 자손들을 불러 얼굴빛을 바로하고 그들을 가르쳐 말하였다. "무릇 사람은 스스로 근면하지 않을 수 없다. 착하지 못한 사람도 반드시 근본이 악한 것은 아닌데 습관으로 만들어져서 드디어 이에 이른 것이다. 대들보 위의 군자가 바로 그렇다." 도둑이 크게 놀라서 스스로 땅에 내려와 이마를 조아리고 죄를 고하였다. 진식이 말하였다. "당신의 생긴 모양을 보니 나쁜 사람 같지는 않다. 마땅히 가난 때문이다." 비단 두 필을 보내주도록 했다. 이로부터 한 고을에 다시는 도둑이 있지 않았다.

82. 遇賊爭死(우적쟁사)

王莽時 任孝爲郎 及天下亂 人相食 孝弟禮爲餓賊所得 孝聞之 即自縛詣賊 曰 禮久餓 羸瘦 不如孝肥飽 賊大驚 竝放之 時汝南有王琳者 弟季出遇赤眉 將爲所哺 琳自縛請先季死 賊矜而放遣 又齊國兒萌 梁國車成 二人兄弟 竝見執於赤眉 將食之 萌成叩頭乞以身代 賊亦哀而良兩釋焉.

後漢書

■ ■ ■

- 孝 **(효)** : 조효(趙孝). 한(漢)나라 때 우애가 돈독하기로 유명했던 인물.
- 王莽 **(왕망)** : 전한(前漢)과 후한(後漢) 사이에 신(新)나라를 세웠던 한나라의 역신(逆臣).
- 郎 : 벼슬이름(랑), 장관을 보좌하는 차관격인 벼슬.
- 羸 : 가득찰(영).
- 瘦 : 파리할(수).
- 赤眉 **(적미)** : 후한 초 산동(山東) 지방에 일어난 비도(匪徒)의 이름, 모두 눈섭을 빨갛게 물들이었으므로 이름.
- 哺 : 먹을(포).

82. 도적을 만나 죽음을 다툼

왕망의 시대에 조효가 낭관이 되었다. 천하가 어지러워져 사람들이 서로 잡아먹기에 이르렀다. 조효의 동생 조예가 굶주린 도적에게 잡힌바 되었는데, 조효가 그 소식을 듣고 즉시 스스로를 묶고 도적에게 나아가 말하였다. "예는 오랫동안 굶주려서 아주 파리하니 효의 기름지고 살이 찜만 같지 못합니다." 도적이 크게 놀라 그들을 아울러 놓아 주었다. 이때에 여남 땅에 왕림이란 사람이 있었는데, 동생 왕계가 나갔다가 적미를 만나 장차 잡아먹히게 되었는바, 왕림이 스스로를 묶고 왕계보다 먼저 죽기를 청하였다. 도적이 가엾게 여겨 놓아 보내었다. 또 제나라의 아맹과 양나라의 거성, 두 사람은 형제였는데 아울러 적미에게 잡혀 장차 잡아먹히게 되었는데, 아맹과 거성이 머리를 조아리며 자신의 몸으로 대신하겠다고 애걸하였다. 도적이 또한 불쌍히 여겨 곱게 두 사람을 풀어주었다.

83. 難得者兄弟(난득자형제)

蘇瓊字珍之 遷南淸河太守 有百姓乙普明 兄弟爭田 積年不斷 各相援據 乃至百人 瓊召諭之曰 天下難得者兄弟 易求者田地 假令得地失兄弟 心如何 因而下淚 衆人莫不灑泣 普明兄弟叩頭 乞外更思 分異十年 遂還同住.

北齊書

■ ■ ■

- 蘇瓊(소경) : 북제(北齊) 때 어질게 법을 시행한 관리.
- 據 : 의거할(거), 증거로 삼음.
- 諭 : 깨우칠(유).
- 灑 : 뿌릴(쇄).
- 北齊書(북제서) : 남북조시대 북조(北朝)의 하나인 북제의 역사를 당나라 이백약(李百藥)이 기전체로 편찬한 역사서.

83. 얻기 어려운 것이 형제

소경의 자는 진지이다. 남쪽 청하태수로 갔는데 백성 중에 을보명이라는 이가 있어서 형제간에 밭을 다투어 해가 쌓여도 끝나지 않았다. 각기 서로 의거하는 이가 백 명에 이르렀다. 소경이 그들을 불러 깨우쳐 말하였다. "천하에 얻기 어려운 것이 형제이고 쉽게 구할 수 있는 것이 논밭인데, 가령 땅을 얻고 형제를 잃는다면 마음이 어떻겠는가?" 이러면서 눈물을 흘리니 많은 사람들이 눈물을 뿌리지 않는 이가 없었다. 보명 형제가 머리를 조아리고 애걸하여 밖으로 나가 고쳐 생각하고, (그동안) 10년을 나뉘어 달리하였으나 드디어 돌아가 함께 살았다.

84. 斷機之誡(단기지계)

樂羊子遠尋師學 一年來歸 妻乃引刀趨機而言曰 此織一絲而累以至於寸 累寸不已 遂成丈匹 今若斷斯織也 則捐失成功 夫子積學 當日知所亡 以就懿德 中道而歸 何異斷斯織乎 羊子感其言 復還終業.

後漢書

■ ■ ■

- 樂羊子 (악양자) : 사람이름. 미상(未詳).
- 夫子 (부자) : 아내가 남편을 부르는 말.
- 亡 : 잊을(망), 忘(망).
- 懿 : 성실할(각), 愨(각).

84. 베틀을 잘라내는 훈계

악양자가 멀리 스승을 찾아 배우다가 일 년 만에 돌아오니, 아내가 이에 칼을 들고 베틀로 달려가서 말하였다. "이 천은 한 올이 쌓여서 일 촌이 되고, 몇 촌이 쌓이기를 그치지 않으면 드디어 일 장 피륙이 이루어지니, 지금 만약 이 천을 끊으면 곧 성공할 수가 없습니다. 당신이 배움을 쌓는데 당일마다 잊어버릴 것을 알아서 성실하게 공덕을 이루어야 하는데 중도에 돌아왔으니, 이 천을 끊는 것과 무엇이 다르겠습니까?" 악양자가 그 말에 감동하여 다시 돌아가 학업을 끝내었다.

85. 髀肉之嘆(비육지탄)

(劉)備住荊州數年 嘗於(劉)表坐起至厠 見髀裏肉生 慨然流涕 還坐 表怪問備 備曰 吾常身不離鞍 髀肉皆消 今不復騎 髀裏肉生 日月若馳 老將至矣 而功業不建 是以悲耳. 三國志

■ ■ ■

- 劉備 **(유비)** : 한(漢)나라의 왕족. 한왕조를 부흥시킨다 하여 사천성(四川省)에서 황제의 칭호를 사용하고 촉한(蜀漢)을 세움.
- 劉表 **(유표)** : 한나라의 왕족으로 후한 말 형주자사(荊州刺史)를 지냄.
- 荊州 **(형주)** : 중국의 지역 이름. 양자강 중류 지역. 후한 말기 유표(劉表)의 영지(領地)였음.
- 厠 : 뒷간(측).
- 流涕 **(유체)** : 눈물을 흘림.
- 涕 : 울(체).
- 三國志 **(삼국지)** : 진(晉) 나라 진수(陳壽)가 편찬한 위(魏), 촉(蜀), 오(吳) 세 나라의 역사를 기전체로 기술한 역사서.

85. 넓적다리에 찐 살을 탄식함

유비가 형주에 주둔한 지 몇 년이 되었다. 일찍이 유표와 앉아 있다가 일어나 뒷간에 갔다가 넓적다리 안쪽에 살이 찐 것을 보고 처량하여 눈물을 흘렸다. 돌아와서 앉으니 유표가 괴이하게 여겨 유비에게 물으니 유비가 대답하였다. "제가 항상 몸이 말안장에서 떠나지 않아 넓적다리에 살이 전혀 없었는데, 지금은 다시 말을 타지 않아 넓적다리 안쪽에 살이 쪘습니다. 세월은 달리는 말과 같아 늙어가고 있는데 공업은 세우지 못하였으니 그래서 슬퍼하는 것입니다."

86. 三顧草廬(삼고초려)

諸葛亮字孔明　琅邪陽都人也　躬畊隴畝　每自比於管仲樂毅　先主屯新野 徐庶謂先主曰 諸葛孔明者臥龍也 將軍豈願見之乎 先主曰 君與俱來 庶曰 此人可就見 不可屈政也 將軍宜枉駕顧之 由是先主遂詣亮 凡三往乃見 建興五年上疏曰 臣本布衣 躬耕於南陽 先帝不以臣卑鄙 猥自枉屈 三顧臣於草廬之中.

三國志

■ ■ ■

- **諸葛亮 (제갈량)** : 중국 삼국시대의 촉한(蜀漢)의 승상(丞相).
- **畊** : 갈(경), 耕(경)의 옛 글자.
- **隴畝 (농묘)** : 밭, 밭이랑, 시골.
- **樂毅 (악의)** : 전국시대 연(燕)나라의 장수. 제(齊)나라를 쳐서 큰 공을 세움.
- **先主 (선주)** : 중국 삼국시대 촉한(蜀漢)의 건국자인 유비(劉備)를 말함.
- **徐庶 (서서)** : 중국 삼국시대 유비를 돕다가 부득이하여 조조(曹操)에게 간 책사(策士).
- **豈** : 그(기).
- **屈政 (굴정)** : 굽혀 벼슬살게 함.
- **枉** : 굽힐(왕).
- **枉屈 (왕굴)** : 굽힘, 굽음.
- **廬** : 오두막집(려), 농막(려).
- **建興 (건흥)** : 촉한의 연호(年號).

86. 초가로 세 번 찾아감

제갈량의 자는 공명이고 낭야 양도 사람이다. 시골에서 농사를 지으며 늘 자신을 관중과 악의와 비교했다. 선주가 신야에 주둔할 때 서서가 선주에게 말하였다. "제갈공명이란 사람은 누워있는 용입니다. 장군께서 그를 만나보기를 바라십니까?" 선주가 말하였다. "그대가 데리고 오시지요." 서서가 말하였다. "이 사람은 찾아가야 볼 수 있지 굽혀 벼슬살게 할 수는 없습니다. 장군께서 마땅히 수레를 낮추어 그를 찾아가십시오." 이로부터 선주가 드디어 제갈량을 찾아가기, 무릇 세 번이나 가서야 만났다. 건흥 5년 (제갈량이) 상소를 올려 말하였다. "신은 본래 평범한 백성으로 남양에서 농사를 지었는데, 선제께서 신을 보잘 것 없다고 아니 하시고 외람되게 스스로 (몸을) 굽히시고 신을 초가 가운데로 세 번이나 찾아 오셨습니다."

87. 開門揖盜(개문집도)

孫權兄策 建安五年薨 以事授權 權哭未及息 張昭曰 今姦宄競逐 豺狼滿道 乃欲哀親戚顧禮制 是猶開門而揖盜 未可以爲仁也 乃改易權服 扶令上馬 使出巡軍.

三國志

■ ■ ■

- 揖 : 모일(집).
- 孫權 (손권) : 중국 삼국시대 오(吳)나라의 군주. 소패왕(小覇王)으로 불리는 그의 형 손책(孫策)의 기반을 물려받아 오나라의 제위(帝位)에 오름.
- 薨 : 훙서할(훙), 왕공·귀인이 죽음.
- 張昭 (장소) : 손권을 도와 오나라의 내정(內政)을 잘 다스린 현신(賢臣).
- 宄 : 간악할(귀).
- 競逐 (경축) : 서로 다툼, 겨룸.
- 豺狼 (시랑) : 승냥이와 이리.

87. 문을 열어놓고 도적을 모이게 함

손권의 형 손책이 건안 5년에 죽으니 나랏일을 손권이 맡게 되었다. 손권이 통곡함을 그만두지 않으니 장소가 말하였다. "지금 간사하고 간악한 이들이 서로 다투어 승냥이와 이리가 길에 가득한데, 이에 친척을 슬퍼하고 예법만을 돌보고자 하니, 이는 문을 열어놓고 도적을 모이게 함과 같으니 어질다고 할 수 없습니다." 이에 손권의 의복을 바꾸어 입게 하고 부축하여 말에 오르게 하여 나가 군대를 순찰하도록 하였다.

88. 雞肋(계륵)

後漢楊修字德祖 好學有俊才 爲丞相曹操主簿 操平漢中 欲因討劉備 而不得進 欲守之 又難爲功 操出敎 唯曰雞肋而已 外曹莫能曉 修獨曰 夫雞肋食之 無所得 棄之 如可惜 公歸計決矣 操於此回師 修與操至江南 讀曹娥碑 碑背有八字 曰 黃絹幼婦外孫齏臼 操不解 問修曰 卿知否 修曰 知之 操曰 姑勿言 待朕思之 行三十里乃得 令修解 修曰 黃絹 色糸 爲絶 幼婦 少女 爲妙 外孫 女子 是好 齏臼 受辛 爲辭 操曰 一如朕意 操忌修 後因事殺之.

後漢書

■ ■ ■

- 丞相 (승상) : 지금 국무총리와 같은 벼슬.
- 主簿 (주부) : 지금의 비서장과 같은 벼슬.
- 曹操 (조조) : 후한(後漢) 말기의 권력자로 승상이 되어 전권을 휘두르고 위왕(魏王)이 됨.
- 漢中 (한중) : 땅 이름. 섬서성(陝西省)에 있음.
- 外曹 (외조) : 본부 이외의 부서.
- 曹 : 마을(조), 관청.
- 曹娥碑 (조아비) : 조아의 비석. 조아는 한(漢)나라 때의 효녀.
- 齏 : 나물(제), 푸성귀를 썰어 무친 음식.
- 臼 : 절구(구).
- 八字 (팔자) : "黃絹幼婦外孫齏臼"의 여덟 글자는 곧 〈絕妙好辭〉를 나타낸 글이며, 이 비석의 문장이 절묘한 좋은 문장이란 뜻이다.

88. 닭갈비

후한의 양수는 자는 덕조이다. 학문을 좋아하며 재주가 뛰어났다. 승상 조조의 주부가 되었는데, 조조가 한중 지역을 평정하고 인하여 유비를 토벌하려 하였으나 전진하지 못하고, 그대로 지키고 있으려 하여도 공을 세우기가 어렵게 되었다. 조조는 명령을 내리기를 오직 '닭갈비'라고만 하였다. 밖에 있는 부서에서 (뜻을) 알 수가 없었는데, 양수는 말하기를 "그 닭갈비는 먹으려 해도 먹을 것이 없고 버리자니 아까운 것이니 공은 돌아가기로 결정한 것이다."하였는데, 조조는 이대로 군대를 끌고 돌아왔다. 양수가 조조와 강남에 갔다가 조아의 비석을 읽었는데, 비 뒷면에 "노란 명주, 어린 새악시, 외손과 푸성귀 썰어 무친 절구통"이라는 여덟 글자가 있었다. 조조는 그 뜻을 몰라 양수에게 "너는 알았느냐?"고 물으니 양수는 "알았다."라고 하였다. 조조는 "내가 생각해 볼 테니 아직 말하지 말라."하고 30리를 가서야 비로소 알아내서 양수로 하여금 해석하게 하니 양수가 말하였다. "노란 비단은 색깔 있는 실이니 色糸를 합하면 絕(절)이요 어린 새악시는 少女이니 합하면 妙(묘)요, 외손은 딸의 아들이니 女子를 합하면 好(호)요, 푸성귀 썰어 무친 절구통은 매운 것을 받는 것이니 受辛을 합하면 辭(사)입니다." 조조는 "나의 생각과 똑같다."하였다. 조조는 양수를 시기하여 뒤에 어떤 문제를 꼬투리 잡아서 그를 죽였다.

89. 死諸葛走生仲達(사제갈주생중달)

(諸葛亮卒於軍) 楊儀等整軍而出 百姓奔告宣王 宣王追焉 姜維令儀反旗鳴鼓 若將向宣王者 宣王乃退 不敢偪 於是儀結陳而去 入谷然後發喪 宣王之退也 百姓爲之諺曰 死諸葛走生仲達 或以告宣王 宣王曰 吾能料生 不能料死也. 三國志

■ ■ ■

- 諸葛亮 (제갈량) : 중국 삼국시대 촉한(蜀漢)의 승상(丞相). 유비가 삼고초려(三顧草廬)하여 등용함. 여섯 차례 중원(中原) 정벌에 나섰으나 성공하지 못하고 군중에서 병사(病死)하였음.
- 仲達 (중달) : 삼국시대 위(魏)나라의 명장(名將)이었던 사마의(司馬懿)의 자(字).
- 楊儀 (양의) : 제갈량을 수행한 촉한의 참모.
- 宣王 (선왕) : 사마의의 존호(尊號).
- 姜維 (강유) : 촉한의 장수로 제갈량의 유업을 이어 아홉 차례 중원 정벌에 나섰으나 실패하고 전사함.
- 偪 : 핍박할(핍). 逼(핍).
- 料 : 헤아릴(료). 처리함. 다스림.

89. 죽은 제갈량이 산 사마의를 달아나게 함

(제갈량이 군중에서 죽었다.) 양의 등이 군사를 정비하여 출발하자 백성들은 달려가 선왕에게 알리니, 선왕이 추격하였다. 강유는 양의로 하여금 군기를 반대로 하고 북을 울리도록 하여 장차 선왕을 향하도록 하는 것 같이 하니, 선왕은 이에 물러나고 감히 핍박하지 못하였다. 이때에 양의는 대열을 짜고 가서 계곡 안에 들어간 후에 상을 발표했다. 선왕이 물러났기에 백성들은 속어를 지어 말하였다. "죽은 제갈량이 살아 있는 사마의를 달아나게 했다." 어떤 이가 이것을 선왕에게 알리니, 선왕이 말하였다. "나는 산 사람을 요리할 수 있지 죽은 사람을 요리할 수는 없다."

90. 書忍字一百(서인자일백)

張公藝九世同居 北齊隋唐 皆旌表其門 麟德中 高宗封泰山幸其宅 召見公藝 問其所以能睦族之道 公藝請紙筆以對 乃書忍字百餘以進 其意以爲宗族所以不協 由尊長衣食 或有不均 卑幼禮節 或有不備 更相責望 遂爲乖爭 苟能相與忍之 則家道雍睦矣.

唐書

■ ■ ■

- 張公藝 **(장공예)** : 당(唐)나라 초기의 신하.
- 麟德 **(인덕)** : 당나라 고종 때의 연호(年號).
- 旌 : 나타낼(정).
- 旌表 **(정표)** : 선행을 표창함.
- 雍 : 화목할(옹).
- 雍睦 **(옹목)** : 화목함.
- 唐書 **(당서)** : 당(唐) 나라의 역사를 기술한 역사서. 구당서(舊唐書)와 신당서(新唐書)가 있음.

90. 참을 인자 일백 번을 씀

장공예는 9대가 함께 살았다. 북제 · 수 · 당에서 모두 그 집안을 표창하였다. (당나라) 인덕시대에 고종이 태산에서 하늘에 제사 지내고 그 집에 거둥하여 공예를 불러보고 가족이 화목할 수 있는 도리를 물었다. 공예가 종이와 붓을 청하여 대답하는데, 이에 참을 인자를 백여 번 써서 올렸다. 그 뜻은 이러했다. 종족이 화합하지 못하는 까닭은 위로 어른의 의복과 음식이 혹시 고르지 못하거나 아래로 어린 사람들의 예절이 혹시 갖추어지지 못하여 서로들 책망함에서 비롯되니, 드디어 멀어져 다투게 됨으로 진실로 서로서로 참을 수 있다면 곧 집안은 화목하게 된다는 것이다.

91. 亂臣敗子(난신패자)

夫德者 人之所嚴 而才者 人之所愛 愛者易親 嚴者易疏 是以察者多蔽於才 而遺於德 自古昔以來 國之亂臣 家之敗子 才有餘而德不足 以至于顚覆者 多矣. 資治通鑑

■ ■ ■

- 顚 : 뒤집힐(전)
- 覆 : 엎어질(복)
- 資治通鑑 **(자치통감)** : 송(宋)나라 사마광(司馬光)이 편찬한 편년체(編年體) 역사서. 주(周)나라부터 오대(五代) 후주(後周)까지의 역사를 서술함.

91. 나라를 어지럽히는 신하, 집안을 망치는 자식

무릇 덕이 있는 사람은 사람들이 엄하게 여기고 재주 있는 사람은 사람들이 좋아한다. 좋아하는 사람은 쉽게 친해지고 엄한 사람은 쉽게 멀어진다. 이러므로 사람을 관찰하는 이들은 많이들 재주에 가리어 덕에 대해서는 잃고 만다. 예로부터 나라를 어지럽히는 신하, 집안을 망치는 자식은 재주는 남음이 있지만, 덕이 부족하다. 그래서 자빠지고 엎어짐에 이르는 사람이 많은 것이다.

92. 路不拾遺(노불습유)

唐太宗與群臣論止盜 或請重法以禁之 上哂之曰 民之所以爲盜者 由賦繁役重 官吏貪求 飢寒切身 故不暇顧廉恥耳 朕當去奢省費 輕徭薄賦 選用廉吏 使民衣食有餘 則自不爲盜 安用重法耶 自是數年之後 海內升平 路不拾遺 外戶不閉 商旅野宿焉.

資治通鑑

■ ■ ■

- 唐太宗 (당태종) : 당나라 제 2대 황제. 이름은 이세민(李世民). 정관(貞觀)의 치적을 이룸.
- 止 : 막을(지). 금함.
- 哂 : 웃을(신).
- 賦繁役重 (부번역중) : 세금 부과가 빈번하고, 부역이 과중함.
- 去奢省費 (거사성비) : 사치를 없애고 비용을 절약함.
- 廉吏 (염리) : 청렴한 관리.

92. 길에 떨어진 것을 줍지 않음

당 태종이 여러 신하들과 함께 도적을 방지할 것을 의논하니, 어떤 이는 법을 무겁게 써서 도적을 금할 것을 청하였다. 임금이 그 말을 웃어넘기며 말하였다. “백성들이 도적질을 하는 까닭은 세금 부과가 빈번하고 부역이 과중하며, 관리들이 욕심껏 요구하여, 굶주림과 추위가 몸에 절실함이니, 그러므로 염치를 돌아볼 겨를이 없기 때문이다. 짐은 마땅히 사치를 없애고 비용을 절약하고, 부역을 가볍게 하고 세금을 적게 하며, 청렴한 관리를 뽑아 등용하여 백성들로 하여금 입고 먹기에 남음이 있도록 한다면, 곧 스스로 도적질을 하지 않으리니 어찌 무거운 법을 쓰겠는가?” 이로부터 몇 년 뒤에 나라 안이 태평해져서 길에 떨어진 것을 줍지 않고, 바깥문을 닫지 않으며, 상인들은 들에서 (편안히) 자게 되었다.

93. 朝爲梁將 暮爲唐臣(조위양장 모위당신)

梁將王彦章戰敗爲虜 唐莊宗惜其材 欲用之 屢遣人誘諭之 彦章曰 余本匹夫 蒙梁恩 位至上將 與皇帝交戰十五年 今兵敗力窮 死自其分 縱皇帝憐而生我 我何面目見天下之人乎 豈有朝爲梁將 暮爲唐臣乎 此我所不爲也. 自治通鑑

■ ■ ■

- 王彦章 **(왕언장)** : 오대(五代)시대 後梁(후량)의 용장. 항상 철창(鐵槍)을 가지고 분전하였으므로 왕철창이라고도 함.
- 遣 : 보낼(견). 하여금(견), ~로 하여금 ~하게 하다.
- 屢 : 자주(루).
- 匹夫 **(필부)** : 보잘 것 없는 남자의 신분.
- 蒙 : 입을(몽). 받을(몽).
- 縱 : 가령(종). 가정사(假定詞).

93. 아침에 양나라의 장수, 저녁에는 당나라의 신하

양나라 장군 왕언장이 싸움에 패하여 포로가 되었다. 당나라의 장종이 그 재주를 아껴 그를 등용하려고 하였다. 자주 사람을 보내서 그를 달래고 깨우쳤다. 왕언장이 말하였다. "나는 본래 보잘 것 없는 사람으로, 양나라의 은혜를 입어 지위가 상장군에 이르러 황제와 더불어 서로 싸운 지 15년에, 지금 군사는 패하고 힘이 다하였으니 죽는 것이 그 본분이다. 가령 황제께서 불쌍히 여겨 나를 살려준다 해도 내가 무슨 면목으로 천하의 사람들을 보겠습니까? 어찌 아침에는 양나라의 장수가 되어 있다가 저녁에는 당나라의 신하가 되겠습니까? 이것이 내가 하지 못할 바(이유)입니다.

94. 聖人知麟(성인지린)

麟之爲靈 昭昭也 詠於詩 書於春秋 雜出於傳記百家之書 雖婦人小子 皆知其爲祥也 然麟之爲物 不畜於家 不恒有於天下 其爲形也不類 非若牛馬犬豕豺狼麋鹿然 然則雖有麟 不可知其爲麟也 角者 吾知其爲牛 鬣者 吾知其爲馬 犬豕豺狼麋鹿 吾知其爲犬豕豺狼麋鹿 惟麟也不可知 不可知 則其謂之不祥也 亦宜 雖然 麟之出 必有聖人 在乎位 麟爲聖人出也 聖人者必知麟 麟之果不爲不祥也 又曰 麟之所以爲麟者 以德不以形 若麟之出 不待聖人 則謂之不祥也 亦宜哉.

古文眞寶

■ ■ ■

- 昭昭 **(소소)** : 밝은 모양. 세상에 널리 잘 알려져 있다는 뜻임.
- 麟 : 기린(린).
- 詩 : 시경(詩經) (시).
- 春秋 **(춘추)** : 공자(孔子)께서 편찬한 노(魯)나라 역사. 엄정한 사관(史觀)으로 집필되어 후세 역사 편찬의 귀감이 됨.
- 豕 : 큰 돼지(시).
- 鬣 : 갈기(렵).
- 鬣者 **(엽자)** : 사자나 말과 같이 갈기가 있는 짐승.
- 在位 **(재위)** : 임금 자리에 있음.

94. 성인만이 기린을 알아 봄

기린이 신령함은 잘 알려져 있다. '시경'에 읊조렸고, '춘추'에 기록되었으며, 전기와 제자백가의 글 여기저기에서 나온다. 비록 여자나 어린 아이라도 모두 기린이 상서로운 것임을 알고 있다. 그러나 기린이라는 동물은 집에서 기르지 아니하며, 항상 세상에 있는 것이 아니다. 그 형상됨이 (다른 짐승과) 같은 유형이 아니어서 소 · 말 · 돼지 · 승냥이 · 이리 · 고라니 · 사슴 같지 않다. 그래서 비록 기린이 있더라도 그것이 기린인 줄 알지 못하는 것이다. 뿔이 난 것은 우리가 소인 줄 알고, 갈기가 있는 것은 우리가 말인 줄 알고, 개 · 돼지 · 승냥이 · 이리 · 고라니 · 사슴은 우리가 그것이 개 · 돼지 · 승냥이 · 이리 · 고라니 · 사슴인 줄 아는데 오직 기린만은 알 수 없으니, 알 수 없어서 곧 상서롭지 못하다고 하더라도 또한 마땅할 것이다. 비록 그러하나 기린이 나옴에 반드시 성인이 임금 자리에 있으니 기린은 성인을 위하여 나오는 것이다. 성인만이 반드시 기린을 알아보니 기린은 과연 상서롭지 못한 것이 아니다. 또 말한다. 기린이 기린 되는 까닭은 덕 때문이요, 형상 때문이 아니니 만약 기린이 나옴에 성인을 기대하지 못한다면 곧 상서롭지 못하다고 하더라도 또한 마땅할 것이다.

95. 養生(양생)

硯與筆墨 盖氣類也 出處相近 任用寵遇相近也 獨壽夭不相近也 筆之壽以日計 墨之壽以月計 硯之壽以世計 其故何也 其爲體也 筆最銳 墨次之 硯鈍者也 豈非鈍者壽而銳者夭乎 其爲用也 筆最動 墨次之 硯靜者也 豈非靜者壽而動者夭乎 吾於是 得養生焉 以鈍爲體 以靜爲用 或曰 壽夭數也 非鈍銳動靜所制 借令筆不銳不動 吾知其不能與硯久遠矣 雖然寧爲此 勿爲彼也 銘曰 不能銳 因以鈍爲體 不能動 因以靜爲用 惟其然 是以能永年.

古文眞寶

■ ■ ■

- 氣類 (기류) : 기품이나 기상이 같은 유형이라는 뜻임.
- 壽夭 (수요) : 오래 살고 일찍 죽음. 수명의 길고 짧음을 말함.
- 制 : 부릴(제). 지배함.
- 數 : 운수(수). 운명.
- 借令 (차령) : 가령.

95. 오래 사는 방법

벼루와 붓과 먹은 기품이 같은 유형이다. 나온 곳이 서로 가깝고, 쓰이거나 사랑받는 것이 서로 가깝지만 오직 수명의 길고 짧음이 서로 가깝지 않다. 붓의 수명은 날로 헤아리고, 먹의 수명은 달로 헤아리고, 벼루의 수명은 세대로 헤아리니 그 까닭은 무엇인가? 그 몸 됨이 붓은 가장 날카롭고, 먹은 그 다음이고, 벼루는 둔하니 어찌 둔한 것이 수명이 길고 날카로운 것이 수명이 짧지 않겠는가? 그 쓰임 됨은 붓은 가장 많이 움직이고, 먹은 그 다음이고, 벼루는 고요하게 있으니 어찌 고요하게 있는 것이 수명이 길고 움직이는 것이 수명이 짧지 않겠는가? 나는 그래서 삶을 기르는 법을 터득하였다. 둔함으로 몸을 삼고, 고요함으로 쓰임을 삼는 것이다. 어떤 사람이 말하였다. "수명이 길고 짧음은 운명이다. 둔하고 날카롭고 움직이고 고요함으로 제어되는 것이 아니다. 가령 붓이 날카롭지 않고 움직이지 않을지라도 나는 그것이 벼루처럼 오래 갈 수 없음을 안다." 비록 그러하나 차라리 이것(벼루)이 될지언정 저것(붓)이 되지는 않으리라. 명에 말하였다. "날카로울 수 없으리니, 이로 인해 둔함으로 몸을 삼고, 움직일 수 없으리니, 이로 인해 고요함으로 쓰임을 삼는다. 오직 그렇게 해야만 이로써 길이 살 수 있는 것이다."

96. 簞食瓢飮(단사표음)

古之君子 一簞食瓢飮 而處之泰然 未嘗有戚戚乎其心 而汲汲乎其言者 彼其窮於當世 有甚於余矣 而有以自得於己者如此 必其所以用心者 或異於予矣 孔子曰 貧而樂 又曰 古之學者 爲己 其然也 豈以饑寒者動其志.

朱文公文集

■ ■ ■

- 未嘗有 (미상유) : 일찍이 ~한 적이 없음.
- 戚 : 슬퍼할(척), 근심할(척).
- 戚戚乎 (척척호) : 조심하고 근심하는 모양.
- 汲汲乎 (급급호) : 조급하게 서두르는 모양.
- 汲 : 당길(급).
- 爲己 (위기) : 자기 수양.
- 朱文公文集 (주문공전집) : 남송(南宋) 주희(朱熹)의 시문집(詩文集). 회암집(晦庵集).

96. 대바구니 밥과 표주박의 물

옛날에 군자는 한 대바구니 밥과 한 표주박의 물로 살아도 태연하였다. 일찍이 그 마음에 근심함이 있지 않았고, 그 말에 조급함이 없었다. 저들이 당세에 곤궁함이 나보다 심한데도 자기에게서 스스로 얻는 것이 이와 같으니 반드시 그 마음을 쓰는 까닭이 혹 나와는 다른 것이구나! 공자께서 말씀하셨다. "가난하지만 즐긴다." 또 말씀하셨다. "옛날에 배우는 이는 자기 수양을 위함이었다." 그렇구나. 어찌 굶주림과 추위 때문에 그 마음을 움직이겠는가?

97. 花之君子(화지군자)

水陸草木之花 可愛者甚蕃 晉陶淵明獨愛菊 自李唐來 世人甚愛牡丹 予獨愛蓮之出於淤泥而不染 濯淸漣而不夭 中通外直 不蔓不枝 香遠益淸 亭亭淨植 可遠觀而不可褻翫焉 予謂菊花之隱逸者也 牡丹花之富貴者也 蓮花之君子者也 噫 菊之愛 陶後鮮有聞 蓮之愛 同予者何人 牡丹之愛 宜乎衆矣.

古文眞寶

- 蕃 : 우거질(번).
- 李唐 (이당) : 당나라. 고조(高祖) 이연(李淵) 일가가 세운 나라라 하여 '이당'이라고 함.
- 淤 : 진흙(어).
- 淤泥 (어니) : 진흙. 흙탕.
- 漣 : 잔물결(련).
- 褻 : 무람없을(설), 너무 가까이하여 버릇이 없음.
- 翫 : 갖고 놀(완).
- 鮮 : 드물(선).

97. 꽃 중의 군자

물이나 땅에서 자라는 풀과 나무의 꽃 중에는 정말 사랑할 만한 것이 매우 많다. 진나라 도연명은 홀로 국화를 사랑하였고, 당나라 이래로 세상 사람들은 모란을 무척 사랑하였다. 나는 홀로 연꽃이 진흙 속에서 나왔는데도 더럽지 않고, 맑은 잔물결에 씻기면서도 요염하지 않음을 사랑한다. 줄기 속은 비고 겉은 곧아 덩굴로 무성하지 않고 가지를 치지 않으며, 향기는 멀수록 더욱 맑아서 우뚝 깨끗하게 서 있으니 멀리서도 바라볼 수 있지만 아무렇게나 가지고 놀 수는 없다. 나는 이른다. "국화는 꽃 중의 은둔한 자요, 모란은 꽃 중의 부귀한 자요, 연꽃은 꽃 중의 군자이다. 아! 국화를 사랑함은 도연명 후에 들은 적이 드물고, 연꽃을 사랑함은 나와 같은 사람이 몇 사람인가? 모란을 사랑함은 의당 많을 것이다."

98. 汝凍吾兒(여동오아)

艾子有孫 慵劣不學 每加杖而不悛 其子僅有是兒 恒恐兒之不勝杖而死也 責必悌泣以請 艾子怒曰 吾爲若敎子 不善邪 杖之愈峻 其子無如之何 一日雪 孫摶雪而嬉 艾子見之 褫其衣 使跪雪中 其子不復敢言 亦脫其衣跪其傍 艾子驚問曰 汝兒有罪 應受此罰 汝何與焉 其子泣曰 汝凍吾兒 吾亦凍汝兒 艾子笑而釋之.

艾子後語

■ ■ ■

- 艾 : 성(애), 늙은이(애).
- 艾子 **(애자)** : 명(明)나라 육작(陸灼)을 일컫는 칭호.
- 慵劣 **(용렬)** : 재능이 부족함.
- 悛 : 고칠(전).
- 若 : 너(약).
- 峻 : 엄할(준).
- 無如之何 **(무여지하)** : 無何如, 어찌할 수 없음.
- 嬉 : 놀이(희).
- 褫 : 옷 벗길(치).
- 艾子後語 **(애자후어)** : 명(明) 나라 육작(陸灼)의 문집.

98. 당신이 내 아이를 얼립니다

애자에게 손자가 있는데 재능이 부족하여 배우지 아니하였다. 매번 매를 때렸으나 고치지 않았다. 그 아들에게는 겨우 이 아이가 있을 뿐이어서, 항상 아이가 매를 이기지 못하여 죽을까봐 두려워했다. 문책할 때마다 반드시 눈물을 흘리면서 간청했다. 애자가 화가 나서 말하였다. "내가 너를 위해 자식을 가르치는데 좋지 아니한가?" 그를 매 때리기를 더욱 엄하게 하니 그 아들이 어찌할 수 없었다. 하루는 눈이 내리는데 손자가 눈싸움을 하며 놀았다. 애자가 그것을 보고서는 옷을 벗기고, 눈 가운데 꿇어 앉혔다. 그 아들이 다시는 감히 말하지 못하고 또한 그 옷을 벗고 그 옆에 꿇어앉았다. 애자가 놀라 물었다. "네 아들이 죄가 있어 마땅히 이 벌을 받는데, 너는 무엇 때문에 함께 하는가?" 그 아들이 울며 말하였다. "아버지께서 제 아들을 얼게 하니 저 또한 아버지의 아들을 얼게 하고 있습니다." 애자가 웃으면서 그들을 풀어주었다.

99. 相讓之德(상양지덕)

印觀賣綿於市 有署調者 以穀買之而還 有鳶攫其綿 墮印觀家 印觀歸于署調曰 鳶墮汝綿於吾家 故還汝 署調曰 鳶攫綿與汝 天也 吾何爲受 印觀曰 然則還汝穀 署調曰 吾與汝市者二日 穀已屬汝矣 二人相讓 并棄於市 掌市官以聞王 并賜爵.

明心寶鑑

■ ■ ■

- 印觀 **(인관)** : 사람이름, 미상(未詳).
- 署調 **(서조)** : 사람이름, 미상(未詳).
- 攫 : 움킬(확).
- 墮 : 떨어질(타).
- 明心寶鑑 **(명심보감)** : 명나라 범립본(范立本)이 선현들의 교훈이 담긴 단문(短文)들을 엮어 모은 수신서(修身書).

99. 서로 양보하는 미덕

인관은 저자에서 솜을 팔았다. 서조라는 사람이 있어 곡식으로 그것(솜)을 사서 돌아오는데 연이 그 솜을 휘감아 인관의 집에 떨어졌다. 인관이 서조에게 가서 말하였다. "연이 당신의 솜을 우리 집에 떨어뜨려서, 그러므로 당신에게 돌려주겠소." 서조가 말하였다. "연이 솜을 휘감아 당신에게 줌은 하늘이 한 일이오. 내가 어떻게 받겠소?" 인관이 말하였다. "그렇다면 당신의 곡식을 돌려 드리겠소." 서조가 말하였다. "내가 당신과 더불어 사고 판 지 이틀이니 곡식도 이미 당신의 것이오." 두 사람이 서로 양보하다가 아울러 시장에다 내버렸다. 시장을 관장하는 관리가 임금께 아뢰어드리니 아울러 벼슬을 내려주었다.

100. 愚公移山(우공이산)

太形王屋二山 方七百里 高萬仞 本在冀州南 河陽之北 北山愚公者 年且九十 面山而居 懲山北之塞 出入之迂也 聚室而謀曰 吾與汝畢力平險 指通豫南 達于漢陰 可乎 雜然相許 其妻獻疑曰 以君之力 曾不能損魁父之丘 如太形王屋何 且焉置土石 雜曰 投諸渤海之尾 隱土之北 遂率子孫荷擔者三夫 叩石墾壤 箕畚運於渤海之尾 鄰人京城氏之孀妻有遺男 始齔 跳往助之 寒暑易節始一反焉 河曲智叟笑而止之曰 甚矣汝之不慧 以殘年餘力 曾不能毁山之一毛 其如土石何 北山愚公長息曰 汝心之固 固不可徹 曾不若孀婦弱子 雖我之死有子存焉 子又生孫 孫又生子 子又有子 子又有孫 子子孫孫無窮匱也 而山不加增 何苦而不平 河曲智叟亡以應 操蛇之神聞之 懼其不已也 告之於帝 帝感其誠 命夸蛾氏二子負二山 一厝朔東 一厝雍南 自此冀之南漢之陰無隴斷焉.

列子

■ ■ ■

- 懲 : 징계할(징), 지난날을 경계삼아 멈추게 함.
- 仞 : 길(인), 한 길은 8척.
- 陰 : 북쪽(음), 산의 북쪽. 남쪽(음), 하천의 남쪽.
- 雜 : 다(잡), 모두, 함께.
- 魁 : 흙덩이(괴).

☞ 404쪽에 계속

100. 어리석은 노인이 산을 옮김

태형 · 왕복 두 산은 사방이 칠 백리, 높이가 만 길로 본래 기주 남쪽, 하양 북쪽에 있었다. 북산의 우공은 나이가 아흔인데 산을 마주하고 살고 있었다. 산 북쪽이 막혀 나가고 들어옴에 멀리 돌아야함을 멎게 하려고 집안사람들을 모아 꾀하여 말하였다. "나와 너희들이 힘을 다해 험지를 평탄하게 만들어 예남으로 바로 통하게 하여 한수의 남쪽까지 이르려고 하는데 괜찮은가?" 모두가 그렇다고 여겨 서로 허락하였으나, 그 아내가 의문이 들어 물었다. "당신의 힘으로는 괴부의 언덕조차 덜어내지 못할 텐데 태형과 왕복을 어찌할 것이며, 또 흙과 돌은 어디에 둡니까?" 모두 말하였다. "발해의 끄트머리 은토 북쪽에 던지면 됩니다." 드디어 자식과 손자, 짊어지고 멜 수 있는 세 남자를 데리고 돌을 두드리고 땅을 일궈 삼태기로 발해 끄트머리로 날랐다. 이웃 사람 경성 씨의 과부가 사내아이가 있어서 이를 갈 나이였는데 뛰어와서는 이를 도왔다. 여름과 겨울 계절이 바뀌고야 비로소 한 번 되돌아오게 되었다. 하곡지수가 웃으며 만류하여 말하였다. "당신의 지혜롭지 못함이 매우 심하다. 얼마 남지 않은 생애와 여력으로 산의 한 터럭조차 헐지 못할 것인데 그 흙과 돌은 어찌하겠는가?" 북산의 우공이 길게 탄식하며 말하였다. "당신의 생각함이 고루하다. 고루하면 통할 수가 없으니 과부의 어린아이와도 같지 못하다. 비록 내가 죽어도 자식이 있으니 자식이 또 손자를 낳고, 그 손자가 또 자식을 낳으며, 그 자식은 또 자식이 있고, 그 자식은 또 손자가 있어, 자자손손 끝이 없으나 산은 불어나지 않으니 어찌 수고롭다 불평하겠는가?" 하곡지수가 대답할 말을 잃었다. 뱀을 부리는 신이 이를 듣고 그가

☞ 405쪽에 계속

101. 南柯之夢(남가지몽)

淳于棼家居廣陵 宅南有古槐樹 棼醉臥其下夢 二使者曰 槐安國王奉邀 棼隨使入穴中見榜 曰 大槐安國 其王曰 吾南柯郡政事不理 屈卿 爲守理之 棼至郡凡二十載 使送歸遂覺 因尋古槐下穴 洞然明朗 可容一榻 有一大蟻 乃王也 又尋一穴直上南柯 卽棼所守之郡也.

太平廣記

■ ■ ■

- 淳于棼 **(순우분)** : 당(唐)나라의 문인 이공좌(李公佐)의 소설 '남가태수기(南柯太守記)'에 나오는 주인공.
- 柯 : 가지(가).
- 槐 : 홰나무(괴), 회화나무.
- 洞然 **(통연)** : 텅 빈 모양.
- 榻 : 걸상(탑).
- 蟻 : 개미(의).
- 太平廣記 **(태평광기)** : 송(宋)나라 이방(李昉) 등이 한(漢)나라에서 오대(五代)에 이르기까지의 전설(傳說), 기문(奇聞)을 수록한 책.

☞ 402쪽에서 계속

- 魁父 **(괴부)** : 작은 산 이름. 상상 속의 산으로 추정됨.
- 畚 : 삼태기(분).
- 齔 : 이 갈(츤). 어릴(츤), 이를 갈 무렵의 나이에 해당하는 어린 아이.
- 徹 : 통할(철), 통철함.
- 厝 : 둘(조).

101. 남쪽 나무 가지 밑의 꿈

순우분의 집안은 광릉에서 살고 있었는데, 그의 집 남쪽에 오래된 회화나무가 있었다. 순우분이 술에 취하여 그 나무 밑에 누워 꿈을 꾸었다. 두 명의 사자가 말하였다. "괴안국 임금의 명을 받들어 모시겠습니다." 순우분이 사자를 따라 들어가 굴 가운데에 써 붙인 방을 보았는데, 이르기를 '대괴안국'이라 하였다. 그 임금이 말하였다. "우리 남가군의 정사가 다스려지지 못하니 경이 몸소 태수가 되어 다스려주십시오." 순우분이 군을 다스린 지 무릇 스무 해에 돌아가도록 보내주어 드디어 꿈을 깨었다. 그래서 오래된 회화나무의 밑의 굴을 찾아보니 텅 비어 환했는데 걸상 하나가 들어갈 만했다. 한 마리의 큰 개미가 있었는데 이것이 임금이었다. 또 한 굴을 찾아보니 곧게 올라간 남쪽 가지였는데, 곧 순우분이 군수였던 고을이었다.

☞ 403쪽에서 계속

그만두지 않을 것을 두려워하여 천제에게 고하였다. 천제가 그 정성에 감동하여 과아씨의 두 아들에게 명하여 두 산을 짊어지고 하나는 삭주의 동쪽에, 하나는 옹주의 남쪽에 두게 하였다. 이로부터 기주의 남쪽 한수의 북쪽으로 험준한 산등성이가 없게 되었다.

102. 治國之大本(치국지대본)

竊嘗深惟歐洲富强之本 不盡在於船堅礮利 壘固兵强 而在於人能盡其才 地能盡其利 物能盡其用 貨能暢其流 此四事者富强之大經 治國之大本也 我國家欲恢擴宏圖 勤求遠略 仿行西法 以籌自强 而不急於此四者 徒惟堅船利礮之是務 是舍本而圖末也.

上李鴻章書

■ ■ ■

- 竊 : 몰래(절). '숨어서 몰래'라는 뜻으로 윗사람에게 올리는 글에 쓰임.
- 歐洲 (구주) : 구라파(歐羅巴). 곧 유럽주를 말함.
- 礮 : 돌쇠뇌(포). 대포(포). 砲(포)와 같음.
- 恢擴 (회확) : 회복하여 확대함.
- 宏 : 클(굉).
- 籌 : 꾀할(주). 계획함.
- 上李鴻章書 (상이홍장서) : 청(淸)나라 말기 손문(孫文)이 북양대신(北洋大臣) 이홍장에게 보낸 편지글.

102. 나라를 다스리는 근본

저는 일찍이 가만히 깊이 생각했습니다. 유럽이 부강한 근본은 배가 견고하고 대포가 예리하며, 진지가 굳세고 군대가 강한 데에 있지 않고, 사람은 그 재주를 다 발휘할 수 있고, 땅은 그 이로움을 다 활용할 수 있으며, 물자는 그 쓰임을 다하고, 재화는 그 흐름을 다 펼 수 있는 데(유통)에 있습니다. 이 네 가지는 (나라를) 부강하게 하는 큰 줄기이고 나라를 다스리는 근본입니다. 우리나라는 광대했던 판도를 회복하고 확대하고자 하여, 심원한 방략을 구하고자 힘써 서양의 방법을 본받아 스스로 강해지고자 계획하면서도 이 네 가지를 빨리 하지 않고, 헛되이 배를 견고하게 하고 대포를 예리하게 함에만 힘쓰니 이것은 근본을 버리고 말단만을 꾀하는 것입니다.

부록

꼭 알아야 할 고사 성어

ㄱ

가가대소(呵呵大笑) : 소리 내어 크게 웃다. 몹시 우스워 큰 소리로 웃음.

가담항설(街談巷說) : 거리의 이야기와 거리의 풍문. 항담(巷談). 거리에 떠도는 소문.

가인박명(佳人薄命) : 아름다운 여자는 수명이 짧다. 여자가 너무 아름다우면 운명이 박복함.

가정맹어호(苛政猛於虎) : 가혹한 정치는 호랑이보다 무서움.

각골난망(刻骨難忘) : 뼈에 새겨져 잊기가 어렵다. 은혜가 뼈에 사무쳐 잊을 수 없음.

각골명심(刻骨銘心) : 뼈에 새기고 마음에 새기다. 마음에 깊이 새겨 둠.

각자무치(角者無齒) : 뿔이 있는 것은 이가 없다. 한 사람이 모든 복을 다 가질 수는 없음.

각주구검(刻舟求劍) : 배에 새기고 칼을 구하다. 일의 선후를 모르고 변통성이 없음.

간담상조(肝膽相照) : 간과 쓸개가 서로 비추다. 서로 터놓고 사귐. 서로 생각하는 바가 통함.

간어제초(間於齊楚) : 제나라와 초나라 사이에 끼이다. 약자가 강자 사이에 끼어 있어 괴로움을 받음.

갈이천정(渴而穿井) : 목이 말라야 우물을 판다. 미리 준비를 하지 않고 있다가, 일이 벌어진 후에 서둘러도 아무 소용이 없음.

감불생심(敢不生心) : 감히 마음이 생기게 하지 않는다. 감히 엄두를 못 냄.

감언이설(甘言利說) : 달콤한 말과 이로운 말. 여러 가지의 달콤한 말과 이로운 조건으로 다른 사람을 유혹함.

감탄고토(甘呑苦吐) : 달면 삼키고 쓰면 뱉는다. 자기에게 이로우면 하고 이롭지 않으면 하지 않음.

갑남을녀(甲男乙女) : 갑이라는 남자와 을이라는 여자. 평범한 사람.

강구연월(康衢煙月) : 넓은 길거리에 은은한 달빛. 태평성대의 평화로운 풍경.

개과천선(改過遷善) : 지나간 허물을 고치고 착하게 됨. 잘못을 고치고 착한 사람이 됨.

거두절미(去頭截尾) : 머리는 없애고 꼬리는 잘라내다. 일의 핵심만 말하고 자질구레한 것은 생략함.

거안사위(居安思危) : 편안하게 살고 있을 때 위태로움을 생각함.

거자일소(去者日疎) : 죽은 사람을 애석히 여기는 마음은 날이 감에 따라 차차 사라짐. 서로 떨어져 있으면 사이가 점점 멀어짐.

거재두량(車載斗量) : 수레에 싣고 말로 헤아리다. 수량이 많음. 너무 많아서 귀하지 않음.

거폐생폐(去弊生弊) : 폐단을 없애려다가 도리어 폐단이 생김.

건곤일척(乾坤一擲) : 세상에 한 번 던지다. 어려운 고비를 당하여 운에 맡기고 단번에 일을 결정함.

건단곤예(乾端坤倪) : 하늘의 끝과 땅의 끝. 천지의 끝.

걸아득금(乞兒得錦) : 거지 아이가 비단을 얻다. 분수에 넘친 일을 지나치게 자랑함.

격화소양(隔靴搔癢) : 신발을 신고 발바닥을 긁다. 애는 쓰지만 정통을 찌르지 못하여 아무 소용이 없음.

견강부회(牽强附會) : 억지로 끌어다 붙이다. 알맞지 않은 것을 억지로 맞춤.

견금여석(見金如石) : 황금을 보기를 돌 같이 하다. 대의를 위해 부귀영화를 돌보지 않음.

견리사의(見利思義) : 이로운 것을 보면 의리를 생각함.

견마지로(犬馬之勞) : 개나 말의 노력. 자신의 노력을 겸손하게 낮추는 것.

견문발검(見蚊拔劍) : 모기를 보고 칼을 뽑는다. 보잘 것 없는 일에 발끈 성을 냄.

견물생심(見物生心) : 물건을 보면 마음이 생기다. 실물을 보면 욕심이 생기게 됨.

견여금석(堅如金石) : 굳기가 쇠나 돌과 같다. 굳은 맹세.

견위치명(見危致命) : 나라의 위태로움을 보면 목숨을 바침.

견인불발(堅忍不拔) : 굳게 참아 뽑지 않다. 굳게 참음.

견토지쟁(犬兎之爭) : 개와 토끼의 싸움. 쌍방이 싸우는 틈에 제 삼자가 이익을 취함.

결자해지(結者解之) : 맺은 사람이 그것을 풀다. 자기가 저지른 일은 자기가 해결해야 함.

결초보은(結草報恩) : 풀을 매어 은혜를 갚다. 죽은 후에도 은혜를 잊지 않고 갚음.

겸인지용(兼人之勇) : 몇 사람을 당해 낼만한 용기.

경거망동(輕擧妄動) : 경솔하고 망령된 행동.

경국제세(經國濟世) : 나라를 잘 다스리고 세상을 구제함.

경국지색(傾國之色) : 나라를 쓰러뜨리게 할 만한 미인. 자색이 뛰어난 미인.

경당문노(耕當問奴) : 농사는 마땅히 노비에게 묻는다. 어떠한 일이든 그 방면의 전문가에게 묻는 것이 옳음.

경산조수(耕山釣水) : 산에서 밭을 갈고 물에서 낚시질을 하다. 속세를 떠나 자연을 벗하며 한가로이 지냄.

경이원지(敬而遠之) : 겉으로는 존경하면서 실제로는 멀리하다. 경원(敬遠).

경전하사(鯨戰蝦死) : 고래 싸움에 새우가 죽다. 고래 싸움에 새우등 터짐. 강한 자들끼리의 싸움에 아무 관계도 없는 약한 자가 피해를 봄.

경조부박(輕佻浮薄) : 행동이 가볍고 방정맞고 들뜨고 경박함. 말과 행동이 경박함.

경천위지(經天緯地) : 하늘을 다스리고 땅을 다스리다. 천하를 다스림.

계란유골(鷄卵有骨) : 달걀에도 뼈가 있다. 공교롭게 일이 방해됨.

계륵(鷄肋) : 닭갈비. 가져야 별 이익도 없고 버리기는 아까운 것.

계명구도(鷄鳴狗盜) : 닭 울음과 개 흉내를 내는 도둑. 얕고 비겁한 지혜로 물건을 훔치거나 남을 속이는 것. 천한 기예를 가진 사람을 비유함.

고굉지신(股肱之臣) : 팔과 다리와 같은 신하. 임금이 가장 신임하는 신하.

고군분투(孤軍奮鬪) : 외로운 군대가 용감하게 싸우다. 홀로 여럿을 상대하여 싸움.

고량진미(膏粱珍味) : 살진 고기와 좋은 곡식으로 만든 맛있는 음식. 기름지고 맛있는 음식.

고려공사삼일(高麗公事三日) : 고려의 정책이나 법령이 3일을 가지 못함. 시작한 일이 자주 바뀜.

고복격양(鼓腹擊壤) : 배를 두드리며 땅을 치다. 배불리 먹으며 풍족하고 편안하게 지냄.

고분지통(叩盆之痛) : 묘를 두드리며 슬퍼하는 고통. 아내가 죽어 슬프고 고통스러움.

고성낙일(孤城落日) : 고립 무원한 외딴 성에 해가 지고 있음. 도움이 없이 고립된 정상. 즉 남은 생명이 얼마 되지 않은 쓸쓸한 심정을 비유함.

고식지계(姑息之計) : 일시적인 꾀. 일시적으로 편안하고자 생각해 낸 계책. 고식책(姑息策).

고신얼자(孤臣孼子) : 임금에게 소외당한 신하와 서자(庶子). 처지가 외로운 사람.

고장난명(孤掌難鳴) : 외손바닥이 소리 나지 않는다. 혼자서는 일을 성사시키기 어려움.

고진감래(苦盡甘來) : 쓴 것이 다하면 단 것이 온다. 고생 끝에 낙이 옴.

고침단금(孤枕單衾) : 외로운 베개와 하나의 이불. 혼자 쓸쓸히 자는 여자의 이부자리.

고혈단신(孤孑單身) : 혈육이 없는 외로운 홀몸.

고희(古稀) : 70세. 옛날 70세까지 사는 경우가 드물었던 데에서 성립된 말.

곡학아세(曲學阿世) : 스스로 믿는 학문을 왜곡하여 세상에 아첨하다.

골육상쟁(骨肉相爭) : 뼈와 살이 서로 다투다. 동족끼리 서로 싸움. 골육상잔(骨肉相殘).

공중누각(空中樓閣) : 공중에 세운 누각. 사물의 기초가 견고하지 못함.

과대망상(誇大妄想) : 크게 과장하고 헛된 생각. 이치에 맞지 않는 헛된 생각.

과부추일영(夸父追日影) : 과부(상고 시대의 사람)가 해를 좇아가다. 자신의 역량도 모르고 함부로 큰일을 계획하였다가 중도에서 쓰러짐의 비유로 쓰임.

과유불급(過猶不及) : 지나침은 모자람만 못함. 사물은 중용을 중히 여김.

과전불납리(瓜田不納履) : 오이 밭에서는 신을 고쳐 신지 말라. 남에게 의심받을 일은 하지 말라는 뜻.

관중지천(管中之天) : 대통 속의 하늘. 소견이 좁음.

관포지교(管鮑之交) : 관중과 포숙의 사귐. 친밀한 우정.
괄목상대(刮目相對) : 눈을 비비고 보다. 인식을 새롭게 함.
교각살우(矯角殺牛) : 뿔을 바로 잡으려다 소를 죽이다. 조그만 일을 고치려고 하다가 큰일을 그르침.
교언영색(巧言令色) : 교묘한 말과 좋은 얼굴빛. 아첨하는 언행.
교천언심(交淺言深) : 사귐은 얕은데 심중의 깊은 것을 말함.
교학상장(敎學相長) : 가르침과 배움은 서로를 성장시킴.
구곡간장(九曲肝腸) : 아홉 번이나 굽이굽이 구부러진 간장. 굽이굽이 사무친 마음.
구미속초(狗尾續貂) : 담비꼬리가 모자라 개꼬리를 잇는다. 훌륭한 것에 보잘것 없는 것이 이어짐.
구밀복검(口蜜腹劍) : 입으로 꿀같이 단 말을 하면서 뱃속에는 칼을 품다. 겉으로는 안 그런 척 하면서 속으로 남을 해칠 생각을 함.
구사일생(九死一生) : 아홉 번 죽을 번 하다가 살아나다. 여러 번 죽을 고비를 넘기고 간신히 살아남.
구상유취(口尙乳臭) : 입에서 아직 젖 냄새가 난다. 행동이 유치함.
구우일모(九牛一毛) : 아홉 마리 소 가운데 한 가닥의 털. 많은 것 가운데 극히 적은 것.
구전문사(求田問舍) : 밭을 구하고 살 집을 묻다. 국가 대사에는 뜻이 없고 일신상의 이익만 추구함.
구절양장(九折羊腸) : 아홉 번 꺾어진 양의 내장. 꼬불꼬불한 길.
군계일학(群鷄一鶴) : 많은 닭 가운데 한 마리의 학. 많은 사람 중의 뛰어난 인물.
군웅할거(群雄割據) : 많은 영웅들이 저마다 땅을 차지하여 세력을 떨치다. 한 시기에 많은 영웅들이 일어나 위세를 부림.
군자삼락(君子三樂) : 군자의 세 가지 즐거움. 첫째 부모가 살아 계시고 형제가 무고함, 둘째 하늘과 사람에게 부끄러움이 없음, 셋째 천하의 영재를 얻어 교육함.
궁조입회(窮鳥入懷) : 곤궁에 빠진 새는 품에 날아듦.
권모술수(權謀術數) : 임기응변의 모략과 술책. 목적을 위해서 수단을 가리지 않고 인정이나 도덕도 없이 권세와 모략과 중상 등 온갖 수단과 방법을 쓰는 술책.

권불십년(權不十年) : 권세는 십 년을 가지 않는다. 아무리 높은 권세라도 오래 가지 못함.

권선징악(勸善懲惡) : 착한 것은 권하고 악한 것은 벌을 줌.

권토중래(捲土重來) : 땅을 마는 것 같은 세력으로 다시 오다. 한 번 패하였던 사람이 세력을 회복하여 다시 쳐들어 옴.

귀곡천계(貴鵠賤鷄) : 따오기는 귀하게 여기고 닭은 천하게 여기다. 먼 데 있는 것은 귀하게 생각하고 가까이 있는 것은 천하게 생각함.

극기복례(克己復禮) : 자신의 욕심을 이기고 예로 돌아옴.

근묵자흑(近墨者黑) : 먹을 가까이 하는 사람은 검어진다. 나쁜 사람과 가까이 있으면 물들기 쉽다는 뜻.

금과옥조(金科玉條) : 금과 같은 법률, 옥과 같은 규정. 귀중한 법률이나 규정.

금란지교(金蘭之交) : 금과 난이 어울리는 것 같은 사귐. 지극히 친한 사이.

금린옥척(錦鱗玉尺) : 비단 같은 비늘을 가진 한 자 가량 되는 옥 같은 물고기. 준수하게 잘 생김.

금성철벽(金城鐵壁) : 쇠로 만든 것같이 굳은 성벽. 아주 견고한 사물.

금성탕지(金城湯池) : 쇠같이 굳은 성과 성 밖에 파놓은 도랑. 방비가 아주 견고한 성.

금슬(琴瑟) : 거문고와 비파. 부부간의 애정이 돈독함을 뜻함.

금슬상화(琴瑟相和) : 거문고와 비파가 서로 조화를 이루다. 단란한 부부 사이.

금의야행(錦衣夜行) : 비단옷을 입고 밤에 다니다. 성공은 했지만 아무런 보람이 없는 행동.

금지옥엽(金枝玉葉) : 금 같은 가지와 옥 같은 잎. 귀한 자손.

기고만장(氣高萬丈) : 기세가 만 길이나 높다. 기세가 등등함.

기사회생(起死回生) : 죽을 지경에서 일어나 생명이 회복되다. 죽을 번하다가 살아남.

기세도명(欺世盜名) : 세상을 속이고 이름을 도둑질함.

기우(杞憂) : 기 나라 사람의 걱정. 쓸데없는 걱정.

기호지세(騎虎之勢) : 범을 타고 가는 형세. 이미 시작한 일이라 중도에서 그만 둘 수 없는 형편.

ㄴ

낙양지가귀(洛陽紙價貴) : 낙양의 종이 값이 오름. 문장이 뛰어남.

난형난제(難兄難弟) : 형이라 하기도 어렵고 동생이라 하기도 어렵다. 둘의 우열을 분간하기 어려움.

남가일몽(南柯一夢) : 남쪽 나뭇가지 밑의 한 바탕 꿈. 허무한 한 때의 부귀영화.

남귤북지(南橘北枳) : 남쪽의 귤나무를 북쪽에 옮겨 심으면 탱자가 된다. 사람은 사는 환경에 따라 착하게도 되고 악하게도 됨.

남부여대(男負女戴) : 남자는 등에 지고 여자는 머리에 이다. 가난한 사람들이 떠돌아다니는 모양.

낭중지추(囊中之錐) : 주머니 속의 송곳. 재능이 있는 사람은 어디서나 그 재능을 발휘함.

낭중취물(囊中取物) : 주머니 속에 들어 있는 물건. 손쉽게 얻을 수 있음.

내우외환(內憂外患) : 나라 안의 근심과 나라 밖의 걱정.

노당익장(老當益壯) : 늙었어도 더욱 건장함.

노류장화(路柳墻花) : 길 가의 버들과 담 밑의 꽃. 기생.

노심초사(勞心焦思) : 마음을 수고롭게 하고 속을 태우다. 애를 씀.

녹음방초(綠陰芳草) : 푸른 나무 그늘과 향기로운 풀. 여름 경치를 말함.

녹의홍상(綠衣紅裳) : 푸른 저고리와 붉은 치마. 젊은 여자가 곱게 차려 입은 옷.

농와지경(弄瓦之慶) : 실패를 가지고 노는 경사. 딸을 낳은 즐거움. '와(瓦)'는 길쌈할 때 실을 감는 실패, '농와(弄瓦)'는 커서 길쌈이나 바느질을 잘 하라는 뜻.

농장지경(弄璋之慶) : 구슬을 가지고 노는 경사. 아들을 낳은 즐거움. '장(璋)'은 신하가 갖는 구슬로, '농장(弄璋)'은 고관대작이 되라는 뜻.

누란지세(累卵之勢) : 알을 쌓아 놓은 형세. 매우 위태로운 형세.

눌언민행(訥言敏行) : 느린 말과 민첩한 행동. 말은 천천히 하고 행동은 제 때에 늦지 않게 빨리 해야 함.

능소능대(能小能大) : 작은 일도 할 수 있고 큰일도 할 수 있다. 모든 일에 두루 능함.

ㄷ

다기망양(多岐亡羊) : 여러 갈래의 길에서 양을 잃어버리다. 학문의 길이 여러 갈래이어서 진리를 찾기가 어려움.

다다익선(多多益善) : 많으면 많을수록 좋음.

단금지교(斷金之交) : 쇠도 끊을 만한 사귐. 우정이 두터움.

단기지계(斷機之戒) : 베틀의 베를 자르는 훈계. 배움을 중단해서는 안 됨.

단도직입(單刀直入) : 단 칼에 곧바로 찌르다. 핵심을 찌름.

단사표음(簞食瓢飮) : 대바구니 밥과 표주박 물. 간소한 음식물. 곧 소박한 생활.

단순호치(丹脣皓齒) : 붉은 입술과 흰 이. 아름다운 여인을 뜻함.

당구풍월(堂狗風月) : 서당 집 개가 풍월을 읊는다. 무식한 사람도 유식한 사람들 틈에 끼면 다소 알게 됨.

당랑거철(螳螂拒轍) : 버마재비가 수레바퀴에 항거하다. 가당치 않은 일에 무모하게 덤빔.

대기만성(大器晩成) : 큰 그릇은 오랜 시간 후에 만들어진다. 크게 될 사람은 늦게 성공함.

대우탄금(對牛彈琴) : 소에게 비파를 타 줌. 어리석은 사람은 도리를 설명해 주어도 깨닫지 못함.

대한색구(大寒索裘) : 큰 추위가 닥치자 털옷을 찾는다. 소 잃고 외양간 고치는 격.

도룡지기(屠龍之技) : 용을 잡는 재주. 쓸데없는 재주.

도청도설(道聽塗說) : 큰 길에서 듣고 작은 길에서 말하다. 오다가다 들은 이야기.

도탄(塗炭) : 진흙탕과 숯불. 고생.

독서망양(讀書亡羊) : 책을 읽느라 양을 잃어버리다. 마음이 딴 곳에 쏠림.

독서백편의자현(讀書百遍意自見) : 책을 백 번 되풀이 하여 읽으면 저절로 뜻을 알게 됨.

독서삼도(讀書三到) : 책을 읽는 데 눈으로 다른 것을 안 보고, 입으로 다른 말을 안 하고, 마음을 하나로 가다듬고 반복하면 그 진의를 깨닫게 됨.

독서상우(讀書尙友) : 책을 읽어서 옛 현인들과 벗이 됨.

동가숙서가식(東家宿西家食) : 동쪽 집에서 자고 서쪽 집에서 밥을 먹다. 떠돌아다님. 지조가 없음.

동가홍상(同價紅裳) : 같은 값이면 다홍치마.

동량지재(棟梁之材) : 대들보가 될 만한 재료. 큰 인재.

동문서답(東問西答) : 동쪽을 물으니 서쪽을 대답하다. 묻는 말에 엉뚱한 대답을 함.

동병상련(同病相憐) : 같은 병을 앓는 사람끼리 서로 가엾게 여긴다. 어려운 처지의 사람끼리 동정하고 도움.

동분서주(東奔西走) : 동쪽으로 뛰어갔다 서쪽으로 뛰어갔다 하다. 이리저리 바삐 돌아다님.

동상이몽(同床異夢) : 같은 침상에 있으면서 각기 다른 꿈을 꾸다. 겉으로는 같이 행동하면서 속으로는 다른 생각을 하고 있음.

동주상구(同舟相救) : 같은 배를 타면 서로를 구제한다. 이해관계를 같이 하면 아는 사이거나 모르는 사이거나 서로 돕게 됨.

두문불출(杜門不出) : 문을 꼭 닫고 나가지 아니하다. 바깥출입을 하지 않음.

등고자비(登高自卑) : 높은 곳에 오르려면 낮은 곳에서부터. 모든 일은 순서를 밟아야 함.

등용문(登龍門) : 입신출세에 연결되는 어려운 관문이나 중요한 시험.

등하불명(燈下不明) : 등잔 밑이 밝지 않다. 가까운 것을 오히려 모름. 쉬운 것을 모름.

등화가친(燈火可親) : 등불을 가까이 할 수 있다. 글 읽기에 좋음.

ㅁ

마이동풍(馬耳東風) : 말의 귀에 스치는 봄바람. 남의 말을 조금도 귀담아 듣지 않음.

마행처우역거(馬行處牛亦去) : 말 가는 곳에 소도 또한 간다. 다른 사람도 노력만 하면 할 수 있음.

막역지우(莫逆之友) : 거역할 수 없는 사귐. 매우 친하여 허물없는 벗.

만경창파(萬頃蒼波) : 만 이랑의 넓은 바다. 넓고 넓은 바다.

만수무강(萬壽無疆) : 만 살까지 살아 끝이 없음. 수명이 한이 없음.

만시지탄(晚時之歎) : 때 늦은 탄식. 기회를 놓침.

만신창이(滿身瘡痍) : 온 몸에 상처.

만화방창(萬化方暢) : 온갖 꽃이 바야흐로 활짝 피다. 따뜻한 봄날에 만물이 나서 자람.

망매해갈(望梅解渴) : 매실을 바라보고 입에 침이 돌아 갈증을 풂음.

망양보뢰(亡羊補牢) : 양을 잃어버리고 외양간을 고침. 소 잃고 외양간 고친다.

망양지탄(望洋之歎) : 바다를 바라보고 하는 탄식. 어떠한 일에 자기의 힘이 미치지 못하여 하는 탄식.

망운지정(望雲之情) : 고향 쪽에 있는 구름을 바라보고 부모를 그리는 정. 타향에서 부모를 생각함.

매검매우(賣劍買牛) : 칼을 팔아 소를 사다. 전쟁을 그치고 농사를 짓게 함.

맥수지탄(麥秀之嘆) : 보리가 길게 자란 것에 대한 한탄. 나라를 잃고 탄식함을 뜻함.

맹모삼천(孟母三遷) : 맹자의 어머니가 맹자를 가르치기 위해 세 번 이사함.

맹완단청(盲玩丹青) : 장님이 단청을 감상하다. 참모습을 모르고 부분적인 것만 이해함.

면종복배(面從腹背) : 면전에서는 복종하나 속으로는 배반함.

면종후언(面從後言) : 앞에서는 복종하고 뒤에서는 다른 말을 함.

명경지수(明鏡止水) : 맑은 거울처럼 잔잔한 물. 맑고 깨끗한 마음.

명모호치(明眸皓齒) : 맑은 눈동자와 흰 이. 미인을 뜻함.

명실상부(名實相符) : 이름과 실상이 서로 꼭 맞음.

명약관화(明若觀火) : 밝기가 불을 보는 것 같다. 명백함.

명재경각(命在頃刻) : 목숨이 경각에 있다. 생명이 위급함.

모순(矛盾) : 창과 방패. 이치에 맞지 않음을 뜻함.

목불식정(目不識丁) : 눈으로 보고도 '정(丁)'과 같은 쉬운 글자도 모름. 낫을

놓고 'ㄱ'자도 모른다.

목불인견(目不忍見) : 눈으로 차마 더 볼 수 없음. 잔혹한 광경을 말함.

무릉도원(武陵桃源) : 무릉(武陵)의 복숭아꽃이 핀 동산. 이상향.

무소부지(無所不知) : 모르는 것이 없음.

문외한(門外漢) : 문 밖의 사람. 어떠한 일에 전문가가 아닌 사람.

문전성시(門前成市) : 문 앞이 복잡한 시장을 이룸. 찾아오는 사람이 많음.

물각유주(物各有主) : 물건은 각각 주인이 있음.

물실호기(勿失好機) : 좋은 기회를 놓치지 않음.

물아일체(物我一體) : 물건과 자아 또는 주관과 객관이 하나가 됨.

물외한인(物外閑人) : 물질에 관심 없는 한가한 사람. 세상 물정의 번잡을 피하여 한가롭게 지내는 사람.

미대부도(尾大不掉) : 꼬리가 크면 흔들기가 어렵다. 일의 끝이 커져서 처리하기 힘듦.

ㅂ

박옥혼금(璞玉渾金) : 아직 다듬지 아니한 옥과 제련하지 아니한 금. 바탕은 좋으나 꾸미지 아니한 것.

박이부정(博而不精) : 널리 알면서 정밀하지 못함.

박장대소(拍掌大笑) : 손바닥을 치면서 크게 웃음.

반목질시(反目嫉視) : 눈을 흘기면서 밉게 봄.

반의지희(班衣之戱) : 색동옷을 입고 춤을 춤. 지극한 효성을 뜻함.

방약무인(傍若無人) : 옆에 사람이 없는 것처럼 하다. 말이나 행동을 멋대로 함.

방저원개(方底圓蓋) : 네모진 밑바닥에 둥근 뚜껑. 서로 맞지 않음.

방휼지쟁(蚌鷸之爭) : 조개와 황새의 다툼. 쌍방이 싸우는 틈을 타서 제 삼자가 이익을 봄.

배수지진(背水之陣) : 물을 뒤로 한 진영. 물러나면 물에 빠지므로 목숨을 걸고 필사적으로 싸움을 뜻함.

배은망덕(背恩忘德) : 은혜를 배반하고 덕을 잊어버리다. 은혜를 모름.

백년하청(百年河淸) : 백 년을 기다려도 물이 맑아질까 말까 한다. 중국의 황하가 항상 흐려 맑을 때가 없다는 데서 나온 말로, 아무리 기다려도 일이 이루어지기 어려움을 뜻함.

백년해로(百年偕老) : 부부가 백 년이 되도록 함께 늙음. 금슬 좋은 부부.

백면서생(白面書生) : 글만 읽어 얼굴이 하얀 사람. 세상일에 경험이 없는 사람.

백미(白眉) : 흰 눈썹. 여럿 가운데 뛰어난 사람이나 물건.

백아절현(伯牙絶絃) : 백아가 거문고의 줄을 끊다. 자신을 알아주는 사람의 죽음을 아쉬워함.

백의종군(白衣從軍) : 벼슬이 없는 몸으로 흰 옷을 입고 군대를 따라 다니며 일함.

백전노장(百戰老將) : 여러 번 싸움을 치른 노련한 장군. 세상일에 경험이 많고 온갖 풍파를 겪은 사람.

백전백승(百戰百勝) : 백 번 싸워 백 번 이기다. 싸울 때마다 모조리 이김.

백절불굴(百折不屈) : 여러 번 꺾이어도 굴복하지 않다. 결코 굽히지 아니함.

백척간두(百尺竿頭) : 백 척이나 되는 높은 장대의 끝. 매우 위험스러움.

백팔번뇌(百八煩惱) : 불가에서 말하는 108가지의 번뇌. 인생에서 겪게 되는 온갖 번뇌.

부전자전(父傳子傳) : 아버지에게 전해 진 것이 자식에게도 전해짐.

부화뇌동(附和雷同) : 일정한 식견이 없이 남의 말에 분별없이 따라서 행동함.

북창삼우(北窓三友) : 거문고 · 술 · 시를 일컬음.

분골쇄신(粉骨碎身) : 뼈가 가루가 되고 몸이 깨어지도록 노력하다. 목숨을 걸고 온갖 힘을 다함.

분서갱유(焚書坑儒) : 책을 불태우고 유학하는 선비들을 구덩이에 파묻음. 진시황이 자신의 정치에 대한 비판을 금하기 위해 학문을 억압했음.

불가사의(不可思議) : 생각할 수 없다. 사람의 생각으로는 알 수 없게 이상하고 야릇함.

불고염치(不顧廉恥) : 염치를 돌아보지 않다. 예의염치가 없음.

불구대천(不俱戴天) : 같은 하늘 아래 함께 살지 못함 이 세상에서는 같이 살 수 없는 원수.

불모지지(不毛之地) : 풀이나 나무가 나지 않는 거친 땅.
불문가지(不問可知) : 묻지 않아도 알 수 있다.
불문곡직(不問曲直) : 옳고 그른 것을 묻지 않고 실행함.
불철주야(不撤晝夜) : 밤낮을 가리지 않다. 조금도 쉴 사이 없이 일에 힘쓰는 모양.
불치하문(不恥下問) : 아랫사람에게 묻는 것을 부끄러워하지 않음.
불편부당(不偏不黨) : 한 쪽으로 치우치지도 않고 무리를 짓지도 않다. 공평함.
빙탄지간(氷炭之間) : 얼음과 숯의 사이. 서로 정반대가 되어 조화되지 못함.

ㅅ

사고무친(四顧無親) : 사방을 둘러보아도 친한 사람이 없음. 의지할 데가 도무지 없음.
사기충천(士氣衝天) : 사기가 하늘을 찌를 듯이 높음.
사량침주(捨糧沈舟) : 식량을 버리고 배를 침몰시킴. 승리를 얻기 전에는 돌아가지 않겠다는 굳은 결심.
사면초가(四面楚歌) : 사방에서 들리는 초나라의 노래. 적에게 포위되어 고립된 상태. 도와줄 만한 사람이 주위에 없음.
사상누각(沙上樓閣) : 모래 위에 지은 집. 기초가 견고하지 못함.
사생취의(捨生取義) : 목숨을 버리고 의를 택함.
사자후(獅子吼) : 사자의 울음. 열변을 뜻함.
사족(蛇足) : 뱀의 발. 쓸데없는 것. 화사첨족(畵蛇添足).
사필귀정(事必歸正) : 일은 반드시 바른 곳으로 돌아감.
산전수전(山戰水戰) : 산에서도 싸워보고 물에서도 싸워봄. 험한 세상일에 경험이 많음.
산해진미(山海珍味) : 산과 바다의 진귀한 맛. 맛좋은 음식.
살신성인(殺身成仁) : 자신의 몸을 죽여 인을 이룩하다. 자신을 희생하면서 좋은 일을 함.
삼고초려(三顧草廬) : 유비가 제갈량의 초가를 세 번이나 찾아가다. 인재를 얻기 위해 자신을 굽히고 참을성 있게 노력함.

삼매(三昧) : 잡념이 없이 한 가지 일에만 전념함.
삼성오신(三省吾身) : 날마다 세 번씩 자신을 반성함.
삼순구식(三旬九食) : 삼순(30일)에 아홉 끼를 먹음. 지극히 가난함.
삼인성호(三人成虎) : 세 사람이 말하면 호랑이가 됨. 근거 없는 말이라도 여러 사람이 모두 함께 말하면 참말로 듣게 됨.
삼천지교(三遷之敎) : 맹자의 어머니가 맹자의 교육을 위해 세 번 이사함.
상가지구(喪家之狗) : 초상집 개. 매우 수척한 사람을 뜻함.
상루하습(上漏下濕) : 위에서는 비가 새고 아래서는 습기가 올라오다. 가난한 집.
상전벽해(桑田碧海) : 뽕나무 밭이 푸른 바다가 되다. 세상이 크게 변함.
상탁하부정(上濁下不淨) : 윗물이 흐리면 아랫물이 맑지 못함. 윗사람이 바르지 않으면 아랫 사람도 이를 본받아 행실이 바르지 않음.
새옹지마(塞翁之馬) : 변방에 있는 늙은이의 말. 인생의 길흉화복은 항시 바뀌어 예측할 수 없음.
선유자익(善游者溺) : 헤엄을 잘하는 사람이 물에 빠져 죽음.
선풍도골(仙風道骨) : 신선의 풍채와 도인의 골격. 풍채와 골격이 뛰어남.
설상가상(雪上加霜) : 눈 위에 서리를 더하다. 불행한 일이 엎친 데 덮쳐서 거듭 일어남.
섬섬옥수(纖纖玉手) : 가냘프고 옥 같은 손. 여자의 손.
소탐대실(小貪大失) : 작은 것을 탐내다가 큰 것을 잃음.
속수무책(束手無策) : 손이 묶여 계책이 없음. 어찌 할 방책이 없어 손을 묶은 듯이 꼼짝할 수 없음.
송구영신(送舊迎新) : 묵은해를 보내고 새해를 맞이함.
송양지인(宋襄之仁) : 송나라 양공의 어짊. 쓸데없는 동정.
수과하욕(受袴下辱) : 다른 사람의 바지 아래 사이를 기어가는 치욕을 받다. 남에게 당하는 수모를 이겨냄.
수구여병(守口如甁) : 병에 담아 놓은 것 같이 입을 다물다. 비밀을 잘 지켜서 남에게 알리지 아니함.
수구초심(首丘初心) : 여우는 죽을 때 제가 살던 언덕으로 머리를 향함. 고향을 그리워하는 마음. 근본을 잊지 않음.
수불석권(手不釋卷) : 손에서 책을 놓지 않다. 항상 글을 읽음.

수수방관(袖手傍觀) : 팔짱을 끼고 보기만 함.
수어지교(水魚之交) : 물과 고기 같은 사이. 떨어질 수 없는 가까운 사이.
수원수구(誰怨誰咎) : 누구를 원망하며 누구를 허물하겠는가? 남을 원망하거나 책망할 것이 없음.
수주대토(守株待兎) : 나무 그루터기를 지켜서 토끼가 부딪혀 죽기를 기다리다. 변통할 줄은 모르고 기다리기만 함.
순망치한(脣亡齒寒) : 입술이 없으면 이가 시리다. 이해관계가 밀접한 두 사람 중에 한 쪽이 망하면 다른 쪽도 또한 위험하게 됨을 뜻함.
순풍이호(順風而呼) : 바람이 부는 방향으로 소리를 지름. 좋은 기회를 타서 일을 하면 성공하기 쉬움.
시종여일(始終如一) : 시작과 끝이 한결같음.
식소사번(食少事煩) : 식사량은 적은데 하는 일은 많음.
식자우환(識字憂患) : 글자를 아는 것이 근심이다. 지식이 걸림돌이 되기도 함.
신상필벌(信賞必罰) : 공 있는 사람은 반드시 상을 주고, 죄 있는 사람은 반드시 벌을 주다. 상벌을 공정하게 함.
신언서판(身言書判) : 인물을 선택하는 기준인 생김새, 말씨, 글씨와 판단력.
신출귀몰(神出鬼沒) : 귀신같이 나왔다가 귀신같이 사라지다. 변화를 헤아릴 수 없는 일.
심사숙고(深思熟考) : 깊이 잘 생각함.
십시일반(十匙一飯) : 열 사람이 한 술씩 보태면 한 끼의 밥이 됨. 여러 사람이 힘을 합하면 한 사람을 구할 수 있음.

ㅇ

아비규환(阿鼻叫喚) : 아비지옥의 고통을 못 참아 울부짖는 소리. 심한 참상.
아전인수(我田引水) : 제 논에 물 대기. 자신에게만 유리하게 함.
안고수비(眼高手卑) : 눈은 높고 손은 낮다. 이상은 높으나 재주가 없어 행동이 따르지 못함.
안빈낙도(安貧樂道) : 가난함에 안주하고 도를 즐김. 가난한 중에도 편안한 마음으로 생활함.

안하무인(眼下無人) : 눈 아래에 사람이 없다. 교만하여 모든 사람을 업신여김.
양두구육(羊頭狗肉) : 양의 머리에 개고기. 겉으로는 훌륭하게 내세우나 속은 그렇지 않음.
양상군자(梁上君子) : 대들보 위의 군자. 도둑을 뜻함.
양호유환(養虎遺患) : 범을 길러 우환을 남기다. 화근이 될 것을 길러 후에 화를 입음.
어두육미(魚頭肉尾) : 물고기는 대가리, 짐승의 고기는 꼬리가 맛이 있다.
어부지리(漁父之利) : 어부의 이익. 쌍방이 싸우는 틈을 타서 제삼자가 힘들이지 않고 이익을 얻음.
어불성설(語不成說) : 말이 되지 않다. 말이 조금도 이치에 맞지 않음.
억조창생(億兆蒼生) : 수많은 백성.
언중유골(言中有骨) : 말 가운데 뼈가 있다. 예사로운 말 속에 단단한 속뜻이 들어있음.
여리박빙(如履薄氷) : 살얼음을 밟는 듯하다. 몹시 위험함을 말함.
역지사지(易地思之) : 처지를 바꾸어서 생각하다.
연목구어(緣木求魚) : 나무에 올라가서 고기를 구하다. 되지 못할 일을 무리하게 하려고 함.
연비어약(鳶飛魚躍) : 솔개가 나니 고기가 뛰다. 천지조화의 작용이 오묘함.
염화시중(拈華示衆) : 석가가 연꽃을 들어 대중에게 보이다. 마음에서 마음으로 전함.
오리무중(五里霧中) : 오리에 걸쳐 낀 안개 속. 앞일이 막막함.
오매불망(寤寐不忘) : 자나 깨나 잊지 못함.
오비삼척(吾鼻三尺) : 내 코가 석 자. 자기의 곤궁이 심하여 남의 사정을 돌아볼 수 없음.
오비이락(烏飛梨落) : 까마귀 날자 배 떨어진다. 우연한 일치로 혐의를 받게 됨.
오십보백보(五十步百步) : 오십 보나 백 보, 근소한 차이는 있으나 본질적으로는 같음.
오월동주(吳越同舟) : 서로 원수인 오나라 사람과 월나라 사람이 함께 배를 타다. 원수끼리도 위급한 때에는 서로 도움.
오합지졸(烏合之卒) : 까마귀들이 모인 것 같은 군사. 훈련을 받지 않은 군사.

또는 통일성 없는 군중.

옥상가옥(屋上架屋) : 지붕 위에 또 지붕을 만들다. 부질없는 중복. 옥상옥(屋上屋).

옥석구분(玉石俱焚) : 옥과 돌이 함께 타다. 선인이나 악인이 다 같이 재앙을 당함.

온고지신(溫故知新) : 옛 것을 익혀 새 것을 알다. 옛 것을 연구하여 새로운 지식이나 도리를 발견하는 일.

와신상담(臥薪嘗膽) : 장작더미 위에 누워 잠을 자고 쓰디쓴 쓸개를 맛보다. 원수를 갚으려고 고생을 참고 견디어 냄.

요조숙녀(窈窕淑女) : 깊숙한 방에 있는 여자. 언행이 단정한 여자.

용두사미(龍頭蛇尾) : 용의 머리에 뱀의 꼬리. 시작은 힘차면서 끝은 보잘 것 없음.

용사비등(龍蛇飛騰) : 용이 하늘로 날아오르다. 생동하는 것 같은 글씨.

우수마발(牛溲馬勃) : 소의 오줌과 말의 똥. 대수롭지 않은 것.

우유부단(優柔不斷) : 유순하여 끊지 못하다. 결단성이 부족함.

우이독경(牛耳讀經) : 쇠귀에 경 읽기. 아무리 가르치고 일러주어도 알아듣지 못함.

우후죽순(雨後竹筍) : 비 온 후에 돋는 죽순. 어떠한 일이 한 때에 많이 일어남.

원화소복(遠禍召福) : 화를 멀리하고 복을 불러들임.

위편삼절(韋編三絶) : 책을 맨 가죽 끈이 세 번 끊어지다. 독서에 힘씀.

유만부동(類萬不同) : 많은 것이 모두 서로 같지 않다. 분수에 맞지 않거나 정도에 넘음.

유명무실(有名無實) : 이름만 있고 실속은 없음.

유비무환(有備無患) : 준비가 있으면 근심이 없음.

유시무종(有始無終) : 시작만 있고 끝이 없음.

유언비어(流言蜚語) : 떠돌아다니는 말.

유유상종(類類相從) : 같은 종류끼리 서로 따르고 어울림.

은인자중(隱忍自重) : 마음속에 감추어 참고 스스로 신중히 함.

음풍농월(吟風弄月) : 맑은 바람과 밝은 달을 읊으며 시를 짓고 즐겁게 놂.

이사구(二寺狗) : 두 절의 개. 두 절에 속해 있는 개는 양쪽으로 돌아다니다가 결국에는 어느 한 쪽 절에서도 밥을 얻어먹지 못함. 양쪽에 이름을 걸어 두면 어느 한 쪽의 일도 제대로 하지 못함.

이심전심(以心傳心) : 마음에서 마음으로 전함.

인면수심(人面獸心) : 사람의 얼굴이지만 마음은 짐승. 인정이 없는 사람.

인명재천(人命在天) : 사람의 목숨은 하늘에 달려 있음.

인자무적(仁者無敵) : 어진 사람은 적이 없음.

일각천금(一刻千金) : 짧은 순간도 천금과 같이 중요함.

일거양득(一擧兩得) : 한 가지 일을 하여 두 가지 성과를 봄.

일망타진(一網打盡) : 한 그물에 모조리 잡음.

일목요연(一目瞭然) : 한 눈에 분명하게 보이다. 한 번 보고 환하게 알 수 있음.

일사불란(一絲不亂) : 하나의 실 가닥처럼 난잡하지 않다. 질서 정연하여 조금도 흐트러짐이 없음.

일사천리(一瀉千里) : 한 번 쏟아지는 물이 천리를 가다. 문장이나 변론이 거침없이 명쾌함. 일이 거침없이 속히 진행됨.

일일삼추(一日三秋) : 하루가 삼 년 같다. 몹시 애태우며 기다림.

일장춘몽(一場春夢) : 한 바탕의 봄 꿈. 덧없는 부귀영화.

일조일석(一朝一夕) : 하루아침 하룻저녁. 짧은 시간.

일촉즉발(一觸卽發) : 한 번 대기만 해도 곧 폭발하다. 아슬아슬한 형세.

일취월장(日就月將) : 날로 나아가고 달로 발전하다. 시간이 지남에 따라 크게 진보함.

일필휘지(一筆揮之) : 한 번에 붓을 힘차게 휘갈기다. 한숨에 흥취 있고 줄기차게 글씨를 씀.

일확천금(一攫千金) : 한 번에 많은 돈을 얻다. 단번에 많은 재물을 얻음.

임갈굴정(臨渴掘井) : 목이 말라야 우물을 판다. 준비 없이 일을 당하여 허둥지둥함.

임기응변(臨機應變) : 때에 따라서 적절하게 변화하다. 그때그때 일을 적당히 처리함.

임전무퇴(臨戰無退) : 싸움에 임하여 물러서지 않음.

입추지지(立錐之地) : 송곳을 세울 만한 땅. 매우 좁아 조금도 여유가 없음.

ㅈ

자가당착(自家撞着) : 스스로 앞뒤가 맞지 않다. 같은 사람의 문장이나 언행이 앞뒤가 맞지 않고 모순됨.

자강불식(自强不息) : 스스로 힘써 쉬지 않음.

자괴지심(自愧之心) : 스스로 부끄러워하는 마음.

자수성가(自手成家) : 자기 힘으로 한 살림을 이룩함.

자승자박(自繩自縛) : 자신의 끈으로 자신을 묶다. 자신의 마음씨나 언행으로 자신의 행동에 자유를 갖지 못하도록 함.

자문자답(自問自答) : 스스로 묻고 스스로 대답함.

자업자득(自業自得) : 자신이 지은 재앙이 자신에게 닥침.

자원자예(自怨自艾) : 전에 저지른 비행(非行)을 후회하고 언행을 삼감.

자유자재(自由自在) : 마음대로 할 수 있음.

자작지얼(自作之孽) : 자신이 저지른 재앙.

자중지란(自中之亂) : 내분(內紛).

자초지종(自初至終) : 처음부터 끝까지의 동안이나 일.

자포자기(自暴自棄) : 스스로 포기하다. 행동을 마음대로 하고 자신을 함부로 함.

자화자찬(自畵自讚) : 스스로 그린 그림을 스스로 칭찬하다. 제 일을 스스로 자랑함.

작심삼일(作心三日) : 결심한 것이 3일밖에 못 간다. 결심이 굳지 못함.

장삼이사(張三李四) : 장 씨네 셋째 아들과 이 씨네 넷째 아들. 평범한 사람.

장주지몽(莊周之夢) : 장자의 꿈. 자아와 외물(外物)은 본래 동일함.

재대난용(材大難用) : 재목이 너무 커서 쓰기가 곤란하다. 재주가 있는 사람이 불우한 처지에 있음.

재자가인(才子佳人) : 재주 있는 젊은 남자와 아름다운 여자.

적반하장(賊反荷杖) : 도둑이 도리어 매를 든다. 잘못한 사람이 오히려 대들음.

적소성대(積小成大) : 작은 것도 쌓이면 큰 것이 되다. 적은 것도 모아 쌓으면 많아짐.

적수공권(赤手空拳) : 맨 손 맨 주먹. 아무 것도 가진 것이 없음.

전광석화(電光石火) : 번갯불과 부싯돌의 불. 극히 짧은 시간. 빠른 동작을 뜻함.

전전긍긍(戰戰兢兢) : 몹시 두려워 조심함.
전전반측(輾轉反側) : 누워서 잠이 안 와 엎치락뒤치락함.
전화위복(轉禍爲福) : 화가 변해서 복이 됨.
절차탁마(切磋琢磨) : 옥돌을 자르고 갈고 쪼고 닦다. 학문이나 덕행을 수련함.
절치부심(切齒腐心) : 매우 분하여 이를 갈고 속을 썩임.
점입가경(漸入佳境) : 점점 재미있는 경지로 들어감.
정문일침(頂門一鍼) : 정수리에 침을 놓다. 따끔한 충고.
정저지와(井底之蛙) : 우물 안의 개구리. 견문이 좁고 세상 물정에 어두운 사람을 뜻함.
조강지처(糟糠之妻) : 지게미와 쌀겨를 먹은 아내. 가난한 때에 고생을 함께 한 아내.
조령모개(朝令暮改) : 아침에 명령을 내리고 저녁에 고치다. 법령이나 명령이 자주 바뀜.
조반석죽(朝飯夕粥) : 아침에는 밥 저녁에는 죽을 먹음. 구차한 생활을 뜻함.
조삼모사(朝三暮四) : 아침에 셋 저녁에 넷. 얕은꾀로 남을 농락함을 뜻함.
조족지혈(鳥足之血) : 새 발의 피. 아주 적은 양.
좌불안석(坐不安席) : 앉아도 자리가 편안하지 않다. 마음에 불안 · 초조 · 근심이 있어 오래 앉아 있지 못함.
좌정관천(坐井觀天) : 우물 속에 앉아서 하늘을 보다. 견문이 좁음.
주객전도(主客顚倒) : 주인과 손님의 위치가 뒤바뀜.
주경야독(晝耕夜讀) : 낮에는 밭을 갈고 밤에는 책을 읽다. 가난을 극복하며 열심히 공부함.
주마가편(走馬加鞭) : 달리는 말에 채찍질을 하다. 열심히 일하는 사람을 더욱 열심히 하게 함.
주마간산(走馬看山) : 달리는 말을 타고서 산을 보다. 사물의 겉만 훑어보고 내면의 참모습을 알아내지 못함.
주지육림(酒池肉林) : 술의 못과 고기의 숲. 호화롭고 방탕한 생활.
죽마고우(竹馬故友) : 죽마를 타고 놀던 친구. 어릴 때부터 같이 놀며 자란 친구.
중과부적(衆寡不敵) : 수효가 많은 것과 수효가 적은 것은 서로 대적하지 못함.
중구난방(衆口難防) : 여러 사람의 입은 막기가 어려움.

중구삭금(衆口鑠金) : 여러 사람의 말은 쇠도 녹인다. 여러 사람의 말은 무섭다는 뜻.

지록위마(指鹿爲馬) : 사슴을 가리켜 말이라고 한다. 윗사람을 농락하여 권세를 마음대로 함.

지리멸렬(支離滅裂) : 흩어져 없어지다. 뒤섞여 갈피를 잡을 수 없음.

지성감천(至誠感天) : 지극한 정성은 하늘도 감동시킴.

지척지간(咫尺之間) : 짧은 거리.

지호지간(指呼之間) : 손짓하여 부를 만한 가까운 거리.

진인사대천명(盡人事待天命) : 사람으로서 할 수 있는 일을 다 하고 하늘의 뜻을 기다림.

진퇴양난(進退兩難) : 나아가기도 어렵고 물러가기도 어려움. 이러지도 저러지도 못하는 매우 난처한 입장에 섬.

진퇴유곡(進退維谷) : 나아가지도 물러나지도 못하는 골짜기. 매우 어려운 처지.

ㅊ

창업수성(創業守成) : 나라를 세우고 부조(父祖)가 이룩한 업적을 이어받아 지킴.

창해일속(滄海一粟) : 넓은 바다에 한 알의 좁쌀. 큰 곳에 있는 보잘 것 없는 존재.

천고마비(天高馬肥) : 하늘은 높고 말은 살찌다. 가을을 말함.

천석고황(泉石膏肓) : 샘이나 돌 같은 자연을 좋아하는 고질병. 자연 사랑.

천신만고(千辛萬苦) : 천 가지 만 가지 맵고 쓴 것. 온갖 고생.

천양현격(天壤懸隔) : 하늘과 땅이 매우 떨어져 있다. 현격한 차이.

천애지각(天涯地角) : 하늘의 끝과 땅의 모퉁이. 아주 먼 곳. 아득하게 멀리 떨어져 있는 곳.

천우신조(天佑神助) : 하늘이 돕고 신이 돕다. 하늘과 신령의 도움.

천의무(天衣無縫봉) : 천사의 옷은 솔기가 없다. 사물에 흠이 없음.

천재일우(千載一遇) : 천 년에 한 번 만나다. 만나기 어려운 좋은 기회.

천재지변(天災地變) : 하늘의 재난과 땅의 재앙.

천진난만(天眞爛漫) : 거짓이 없고 꾸밈이 없음.

철두철미(徹頭徹尾) : 철저한 처음과 철저한 끝. 처음부터 끝까지 철저함.

철천지한(徹天之恨) : 하늘에 사무치는 한.

청산가매골(靑山可埋骨) : 도처에 청산이 있어서 뼈를 묻을 수 있음. 남자는 반드시 고향에서 묻혀야 한다는 법은 없다는 말.

청산백운인(靑山白雲人) : 높은 산의 흰 구름이 끼는 곳에 있는 사람. 신선(神仙).

청산유수(靑山流水) : 말을 잘하는 것을 이름.

청운지사(靑雲之士) : 학덕이 높은 사람. 고위고관에 오른 사람.

청운지지(靑雲之志) : 푸른 빛깔 구름의 뜻. 높은 지위나 벼슬에 올라가고자 하는 뜻.

청천백일(靑天白日) : 푸른 하늘의 맑게 갠 날. 심사가 명백하여 조금도 은폐하거나 의혹하는 것이 있지 않음. 죄가 판명되어 무죄가 되는 일.

청출어람(靑出於藍) : 푸른빛은 쪽에서 나왔으나 쪽보다 더 푸름. 제자가 스승보다 뛰어남을 비유한 말.

초근목피(草根木皮) : 풀뿌리와 나무껍질. 영양가 없는 안 좋은 음식.

초록동색(草綠同色) : 풀과 푸른빛은 같은 색이다. 같은 처지의 사람들끼리 어울림.

촌철살인(寸鐵殺人) : 조그마한 쇳조각으로 사람을 죽이다. 간단한 말로 핵심을 찌름을 뜻함.

춘치자명(春雉自鳴) : 봄의 꿩은 스스로 운다. 강요하거나 재촉하지 않아도 스스로 하게 됨.

출장입상(出將入相) : 나아가면 장군이 되고 들어오면 재상이 된다. 벼슬하여 문무(文武)에 모두 뛰어난 재능을 발휘함.

충언역이(忠言逆耳) : 충고하는 말은 귀에 거슬림.

취생몽사(醉生夢死) : 술에 취한 듯 꿈을 꾸는 듯 살다가 죽다. 평생을 아무 의미 없이 흐리멍덩하게 살아감.

측은지심(惻隱之心) : 불쌍하고 가엾게 여기는 마음.

칠보지시(七步之詩) : 일곱 걸음을 걷는 사이에 지은 시. 아주 뛰어나게 시를 잘 짓는 재주.

칠전팔기(七顚八起) : 일곱 번 넘어져도 여덟 번 일어나다. 실패를 거듭하여도 굴하지 않고 다시 일어섬.

칠종칠금(七縱七擒) : 일곱 번 놓아주었다가 일곱 번 사로잡다. 전략이 뛰어남.

침소봉대(針小棒大) : 바늘같이 작은 것을 곤봉같이 크게 말하다. 작은 것을 크게 과장해서 말함.

ㅌ

타산지석(他山之石) : 다른 산의 돌. 다른 산의 거친 돌이 옥을 다듬는 데에 사용되듯, 다른 사람의 잘못된 언행도 나에게 거울이 될 수 있음.

탐관오리(貪官汚吏) : 탐욕이 많은 관리와 행실이 깨끗하지 못한 관리. 부패한 관리.

태산북두(泰山北斗) : 태산과 북두칠성. 세상 사람들로부터 존경을 받는 사람.

퇴고(推敲) : 시문(詩文)의 자구(字句)를 여러 번 생각하여 고침.

ㅍ

파사현정(破邪顯正) : 사악함을 깨뜨리고 올바름을 나타냄.

파죽지세(破竹之勢) : 대나무를 쪼개는 기세. 거침없이 뻗어나가는 당당한 기세.

파천황(破天荒) : 하늘을 깨뜨리다. 아무도 하지 못한 큰일을 해냄.

팔방미인(八方美人) : 어느 모로 보나 아름다운 사람. 여러 방면으로 능통한 사람.

폐포파립(弊袍破笠) : 떨어진 옷과 부서진 갓. 너절하고 구차한 차림새.

포복절도(抱腹絶倒) : 배를 움켜쥐고 쓰러지다. 몹시 우스워서 크게 웃음.

포식난의(飽食暖衣) : 배불리 먹고 따뜻하게 옷을 입다. 음식과 의복이 넉넉하여 풍족히 사는 상태.

풍비박산(風飛雹散) : 바람에 날리고 사방으로 흩어짐.

풍수지탄(風樹之嘆) : 바람에 흔들리는 나무의 한탄. 효도를 하려고 마음먹었을 때 이미 부모가 죽어 효도를 하지 못하는 자식의 한탄.

풍월(風月) : 바람과 달. 주로 시의 대상이 되는 자연의 아름다움.
풍전등화(風前燈火) : 바람 앞의 등불. 위급한 상태.
필부필부(匹夫匹婦) : 평범한 남녀.

ㅎ

학수고대(鶴首苦待) : 학의 목처럼 길게 늘이어 몹시 기다리다. 몹시 기다림.
한강투석(漢江投石) : 한강에 돌을 던지다. 아무리 애써도 보람이 없음.
한단지몽(邯鄲之夢) : 한단의 꿈. 세상의 부귀영화가 덧없음.
한단지보(邯鄲之步) : 한단의 걸음걸이. 자기의 본분을 버리고 남의 흉내를 내면 두 가지 다 잃음.
한단학보(邯鄲學步) : 한단에서 배운 걸음걸이. 한단지보(邯鄲之步)의 뜻과 같음.
한마지로(汗馬之勞) : 말에 땀이 나게 하는 일. 전쟁에서의 공로.
한우충동(汗牛充棟) : 실으면 소가 땀을 흘리고 쌓으면 대들보에 꽉 차다. 책이 많음.
함분축원(含憤蓄怨) : 분함과 원통함을 품음.
함흥차사(咸興差使) : 함흥에 간 사신. 심부름을 간 사람이 소식이 없거나 회답이 늦게 올 때 쓰는 말.
해로동혈(偕老同穴) : 함께 늙어 같은 굴에 묻히다. 부부의 금슬이 좋음을 뜻함.
해어지화(解語之花) : 말을 하는 꽃. 미인을 뜻함.
허심탄회(虛心坦懷) : 텅 비어 넓고 편안한 마음. 마음에 아무런 생각이나 거리낌이 없음.
혈혈단신(孑孑單身) : 의지할 곳 없는 홀몸.
형설지공(螢雪之功) : 반딧불과 눈빛에 비춰 공부한 보람. 고생하면서 공부하여 얻은 보람.
호가호위(狐假虎威) : 여우가 범의 위세를 빌린다. 남의 권세를 빌어 위세를 부림.
호구지책(糊口之策) : 입에 풀칠할 계책. 먹고 살아갈 계책.
호사다마(好事多魔) : 좋은 일에는 마귀가 많다. 좋은 일에는 방해되는 것이 많음.

호시탐탐(虎視眈眈) : 호랑이가 눈을 부릅뜨고 노려보다. 탐욕스런 마음으로 기회를 노리며 형세를 살핌.

호연지기(浩然之氣) : 넓고 큰 기운. 공명정대하여 당당한 용기. 자유스럽고 유쾌한 마음.

호의현상(縞衣玄裳) : 흰 옷 검은 치마. 두루미의 깨끗하고 아름다움을 비유한 말.

혹세무민(惑世誣民) : 세상을 어지럽히고 백성을 속임.

혼비백산(魂飛魄散) : 혼이 날아가고 혼이 흩어지다. 몹시 놀라 정신이 없음.

혼정신성(昏定晨省) : 저녁에는 잠자리를 정하고 새벽에는 안녕함을 살피다. 조석으로 부모의 안부를 물어서 살핌.

홍로점설(紅爐點雪) : 벌겋게 단 화로에 눈을 뿌리면 순식간에 녹는다. 큰일에는 작은 힘이 보탬이 되지 못함. 또는 도를 깨달아 마음속이 탁 트여 맑아짐. 의혹이 일시에 꺼져 없어짐.

홍안애명(鴻雁哀鳴) : 기러기가 슬피 울다. 가난한 백성들이 비참한 경지에 있음.

홍일점(紅一點) : 붉은 하나의 점. 많은 남자들 사이에 있는 한 사람의 여자.

화룡점정(畵龍點睛) : 용을 그릴 때 마지막으로 눈동자를 찍다. 사물의 긴요한 곳에 손을 대 전체를 완성시킴.

화무십일홍(花無十日紅) : 꽃은 열흘 동안 붉은 것이 없다. 성하거나 좋은 현상이 오래 가는 것이 없음.

화민성속(化民成俗) : 백성을 교화하여 좋은 풍속을 만듦.

화복동문(禍福同門) : 화와 복은 같은 문에서 나옴.

화사첨족(畵蛇添足) : 뱀을 그리는데 발을 첨가하다. 쓸데없는 일을 함. 사족(蛇足).

화용월태(花容月態) : 꽃 같은 얼굴 달 같은 맵시. 미인의 얼굴과 맵시.

화종구생(禍從口生) : 화는 입으로부터 나오다. 재앙은 입을 잘못 놀리는 데서 생김.

화중지병(畵中之餠) : 그림의 떡.

환골탈태(換骨奪胎) : 뼈를 바꾸고 태를 빼앗다. 다른 사람의 글에서 뜻을 취하거나 모방함. 다른 사람이 된 것처럼 용모가 환하게 아름다워짐.

환해풍파(宦海風波) : 벼슬길에 있는 세찬 바람과 험한 물결.

황당무계(荒唐無稽) : 근거가 없고 허황됨. 터무니없는 이야기.

회자인구(膾炙人口) : 날고기와 구운 고기가 사람의 입에 오르내리다. 널리 사람의 입에 오르내림.

회자정리(會者定離) : 만난 사람은 반드시 헤어짐.

횡설수설(橫說竪說) : 아무렇게나 지껄이다. 조리가 없는 말을 함부로 떠듦.

후생가외(後生可畏) : 뒤에 태어난 사람이 두렵다. 후배가 두려운 존재임.

흥진비래(興盡悲來) : 즐거움이 다하면 슬픔이 옴.

지혜를 키우는

이야기 고사 성어

2010년 4월 10일 1판 1쇄 인쇄
2010년 4월 20일 1판 1쇄 발행

지은이 • 최 웅
펴낸이 • 조승식
펴낸곳 • (주) 도서출판 북스힐
주소 • 서울시 강북구 수유2동 258-20
등록 • 제 22-457 호
전화 • (02) 994-0071(代)
팩스 • (02) 994-0073
bookswin@unitel.co.kr
www.bookshill.com

정가 19,000원
ISBN : 978-89-5526-676-4